W0022945

Mathias Wais – Ingrid Gallé

... der ganz alltägliche Mißbrauch

Aus der Arbeit mit Opfern, Tätern und Eltern

edition tertium

Die Deutsche Bibliothek – CIP-Einheitsaufnahme
Wais, Mathias:
... der ganz alltägliche Mißbrauch : aus der Arbeit mit Opfern, Tätern und Eltern / Mathias Wais ; Ingrid Gallé. - Ostfildern : Ed. Tertium, 1996
ISBN 3-930717-33-6
NE: Gallé, Ingrid:

ISBN 3-930717-33-6

Gestaltung: Burkhard Finken, Matthias Bumiller
Finken & Bumiller
Herstellung: Druckerei Wagner, Nördlingen

Inhalt

9 **Vorwort**

13 **1. Eine kurze Geschichte der Empörung**
18 *Was geschieht beim sexuellen Mißbrauch?*
19 *Wer tut so etwas?*
20 *Wer ist betroffen?*
21 *Welche Hinweise geben die Kinder?*
21 *Welche Folgen tragen die Kinder?*
22 *Was wird die Empörung bewirken?*

25 **2. »Es ist einfach passiert« – Strategien der Mißbraucher**
29 *Vorbereitung*
37 *Aufrechterhaltung*
46 *Aufdeckung*

48 **3. »Ich kann nichts dafür« – Die »Triebtheorie« des Mißbrauchers**
52 *Der psychodynamische Konflikt*
56 *Männliche Norm*
58 *Pädophilie*

61 **4. »Was Frauen mit Kindern tun, tun sie aus Liebe«? – Mißbraucherinnen**
62 *Weniger Frauen als Männer mißbrauchen Kinder?*
63 *Sexueller Mißbrauch durch Frauen ist nicht so schlimm?*
65 *Frauen mißbrauchen nicht so gewalttätig wie Männer?*
66 *Mißbraucherinnen sind selbst mißbraucht worden?*
67 *Ein Mann hat sie gezwungen?*
68 *Diese Frauen sind abartig?*
68 *In der Regel internalisieren Frauen Gewalterfahrungen und richten sie nicht wie Männer gegen andere?*
71 *Es gibt kaum Opfer, die davon berichten!*
72 *Was hat das mit mir als Frau, als Beraterin zu tun?*

74 **5. »Er sagt, es ist Liebe« – Vom Erleben des Opfers**
75 *Ich wurde ausgewählt*
77 *Jetzt bin ich nicht mehr allein – aber* damit *bin ich allein*
78 *Meine Eltern stimmen zu*
79 *Ich stehe zu ihm*
81 *Warum gehe ich immer wieder hin?*
84 *Im Labyrinth der Schuld*
87 *Er sagt mir, was Wirklichkeit ist*
89 *Ich möchte mich verbergen*
90 *Ich kann es niemandem sagen*
92 *Ich bin schmutzig*
94 *Ich soll nicht ich werden*
97 *Die Einbahnstraße*
99 *Aufdeckung*
106 *Bin ich ein richtiger Junge?*

109 **6. So nah und so fern – Die Mutter**
113 *Erziehung zur Frau*
115 *Beziehung zum Lebenspartner*
115 *Beziehung zwischen Mutter und Kind*
117 *Weibliche Machtstrategien*
120 *Aufdeckung*
123 *Was tun mit den Müttern? – Arbeit mit Müttern nach sexuellem Mißbrauch*

129 **7. »Tu's mir zuliebe« – Die alltägliche Übermächtigung**
131 *Das Kind als Verfügungsmasse – Emotionale Ausbeutung im Erziehungsalltag*
134 *Strategien der alltäglichen Übermächtigung*
142 *Offene und verdeckte Macht*
144 *Ich kann nur ich sein, wenn du kein Ich bist*
147 *Das gefügige Individuum*
150 *Fließender Übergang zum sexuellen Mißbrauch*
153 *Fazit*

156 **8. Die Befreiung vom Mißbraucher –**
Zur Psychotherapie mißbrauchter Frauen und Männer
158 *Die Präsenz des Mißbrauchers*
160 *Erinnerungsarbeit*
170 *Ablegen des Opferstatus – Konfrontationsarbeit*
180 *Das Kind taucht auf*
184 *Durchbrechung der Geheimnisbindung*
189 *Einbeziehung des Partners*
190 *Nach der Therapie*
192 *Gruppen-Kurzzeittherapie*

198 **9. »Wo ist das Problem?« – Präventive Arbeit mit Mißbrauchern**
199 *Ziel und Vorgehensweise*
201 *Das Setting*
203 *Bedingungen*
204 *Rekonstruktionsarbeit*
210 *Opferempathie lernen*
214 *Übernahme der Verantwortung*
215 *Selbstkontrolle*
216 *Über den Mißbraucher hinaus?*
217 *Erfolgskontrolle*
217 *Therapie mit Opfern und Arbeit mit Mißbrauchern*

219 **Nachwort – Die Macht und das Ich**

223 **Literatur**

Vorwort

Das Thema »sexueller Mißbrauch« hat eine Außenseite und eine Innenseite. Die Außenseite läßt sich mit Zahlen, Definitionen und Symptomen beschreiben: Wie häufig kommt ein Mißbrauch vor? Werden mehr Mädchen als Jungen mißbraucht? Welche Wahrscheinlichkeit besteht für ein Opfer, erneut mißbraucht zu werden? Wieviele Kinder fallen dem durchschnittlichen Mißbraucher zum Opfer? Wieviel Prozent der Mütter von Betroffenen wissen, daß ihr Partner ihr Kind mißbraucht? Wieviel wissen es nicht? Wieviele verdrängen es? Welche Verhaltensauffälligkeiten zeigen Kinder in einer Mißbrauchssituation? Welche psychosomatischen und psychopathologischen Symptome treten bei ehemaligen Mißbrauchsopfern auf? Wieviel Prozent der Opfer zeigen selbstaggressives Verhalten? Wieviel Prozent der Mißbraucher waren selbst einmal Opfer sexueller Übergriffe? Ist Mißbrauch durch einen Mann schlimmer als Mißbrauch durch eine Frau? In welchem Zahlenverhältnis stehen Mißbraucher gegenüber Mißbraucherinnen? – Auf Fragen dieser Art gehen wir hier nicht ein. Es gibt sehr viele lesenswerte und instruktive Bücher, die sich mit ihnen beschäftigen. Solche Aspekte der Außenseite können mit einem Sprechen *über* dieses Thema behandelt werden.

Unser Anliegen ist es dagegen, den Mißbrauch von der Erlebniswelt, von der Innenseite her zu beschreiben. Was erlebt das Opfer, der Mißbraucher, das Umfeld? Und: Was erleben *wir alle,* die Öffentlichkeit und die Fachwelt, an dem Thema »sexueller Mißbrauch«? Wie können wir es verstehen, wie können wir uns zu ihm verhalten? Genauer: Wie *wollen* wir zu ihm stehen? Die Betrachtung der Innenseite kann sich nicht mit einem Sprechen *über* dieses Thema begnügen.

Dieser Ansatz vom Erlebnis her führt uns zu der Auffassung, daß sexueller Mißbrauch kein isolierbares, scharf und präzise umschreibbares Ereignis ist, sondern – ungemütlicherweise – sich nahtlos einfügt in den ganz alltäglichen Umgang mit Überlegenheit und Macht den Kindern gegenüber. Es gibt eine Grauzone um den Mißbrauch, die das Beschreiben mit Zahlen, Definitionen und Symptomen als unzureichend erweist. Sexueller Mißbrauch ist nicht nur sexueller Mißbrauch. Ist daraus auch noch keine bündige Erklärung für den Mißbrauch zu erwarten, so wollen wir doch mit diesem Ansatz einen Aspekt des Themas herausarbeiten, der in der bisherigen Debatte vernachlässigt wurde, aber zum Verständnis des Mißbrauchs als gesellschaftliches Phänomen beitragen kann.

Wir stellen das Mißbrauchs-Thema also in keiner Weise umfassend oder erschöpfend dar. Vielmehr schreiben wir über das, was wir in der praktischen Arbeit mit den Opfern, den Mißbrauchern, den Müttern, dem Umfeld und in der allgemeinen Erziehungsberatung erleben und was wir daraus ableiten. Natürlich sind in die hier vorgebrachten Erfahrungen, Gesichtspunkte und Überlegungen auch unsere fachlichen Auseinandersetzungen mit der vorhandenen Literatur zu diesem Thema eingegangen, aber weder diskutieren wir sie, noch zitieren wir sie. Wir beschreiben, was wir auf diesem Feld in den letzten Jahren erlebt haben, und einzelne Kapitel lassen sich im Sprachstil nicht von den persönlichen Erfahrungen trennen (Kap. 4 und 8). Es handelt sich insofern um einen Werkstattbericht, von dem keine Rezepte zu erwarten sind, noch weniger Anleitungen zu praktischer Arbeit. In erster Linie geht dieses Buch aus unserer gemeinsamen Arbeit und unserer Zusammenarbeit in diesem Bereich hervor. Und wenn wir uns die Niederschrift der Kapitel auch untereinander aufgeteilt haben, so wurde es insofern doch durchgängig gemeinsam geschrieben.

Wie alle Texte über sexuellen Mißbrauch, so ist auch dieser ungemütlich zu lesen. Wir gehen davon aus, daß er darüber hinaus streckenweise auch anstrengend ist, denn auf wohl keinem anderen Feld menschlichen Erlebens ist es derart mühselig, die Wirklichkeit dingfest zu machen. Der Leser wird sich beteiligt sehen an einer Spurensuche im Nebel.

Im Februar 1996

Mathias Wais
Ingrid Gallé

1. Eine kurze Geschichte der Empörung

Beschreibt man die Geschichte einzelner Phänomene oder Epochen, so gibt es gewöhnlich einen Anfang und ein Ende. Will man die Geschichte des sexuellen Mißbrauchs schreiben, so muß man nach dem Anfang erst suchen. »So etwas hat es doch früher nicht gegeben«, heißt es dann oft, oder: »Wann hat das alles angefangen?« Dazu ist zu sagen, daß zu allen Zeiten Kinder sexuell und körperlich ausgebeutet wurden, und daß es darüber auch Dokumente gibt. Kleine Jungen wurden als Lustknaben gehalten, und kleine Mädchen schon sehr jung mit erwachsenen Männern verheiratet. Das Phänomen des sexuellen Mißbrauchs ist also keineswegs neu oder nur eine Randerscheinung unserer Zeit (Rush 1985).

Erstmals wurde zu Ende des 13. Jahrhunderts in England ein Gesetz zum Schutz von Mädchen erlassen. Strafbar sollte die Vergewaltigung von Mädchen unter zwölf Jahren sein, auch wenn sie keinen sichtbaren Widerstand leisteten. Etwa 150 Jahre später erließ man ein ähnliches Gesetz zum Schutz der Jungen. Anwendung fanden diese Gesetze jedoch kaum. Kinder galten als »kleine Erwachsene«, und man sah keine Notwendigkeit, sie einer besonderen Obhut oder einem besonderen Schutz zu unterstellen. Erst mit der Anerkennung der Kindheit und Jugend als besondere Lebensphasen mußte man auch anerkennen, daß ihnen besonderer Schutz zusteht.

Ein anderes Problem war die Erkrankung von Mädchen an Geschlechtskrankheiten. Von 13.971 Frauen, die 1899 wegen Geschlechtskrankheiten in Krankenhäusern behandelt werden mußten, waren 434 Mädchen unter vierzehn Jahren und 4.268 zwischen fünfzehn und zwanzig Jahren (vgl. Bange 1992). Diese

Geschlechtskrankheiten wurden keineswegs »nur« bei der Prostitution übertragen, sondern häufig beim sexuellen Mißbrauch durch Väter, Brüder oder nahe Bekannte der Familie. Bereits zu diesem Zeitpunkt hätte die Chance bestanden, den sexuellen Mißbrauch durch nahe Bekannte oder Verwandte ins Bewußtsein der Öffentlichkeit zu heben, doch diese Chance wurde vertan.

1896 schrieb Freud, er sei sicher, daß hinter manch auffälligem Verhalten (Hysterie) einiger seiner Patientinnen sexuelle Übergriffe durch den Vater oder eine nahestehende Person stehen. Viele seiner Patientinnen erinnerten sich langsam entsprechender Ereignisse in ihrer Biographie. Er hielt diese Erkenntnis für nahezu revolutionär, erklärte sie doch viele Absonderlichkeiten seiner Patientinnen. Doch was bedeutete dies für die damalige Gesellschaft, und was bedeutete dies für ihn? Freud wurde von allen Seiten unter Druck gesetzt. Kollegen und Freunde versuchten, ihm seine Erkenntnisse auszureden, und zugleich wurde seine berufliche Kompetenz in Frage gestellt. Er mußte die mögliche berufliche Isolation, die Veröffentlichung seiner Theorie fürchten. Ausdruck dafür ist seine bewußte »Fälschung« von Patientenberichten.

In der Darstellung eines Falles ließ er nicht den Vater, sondern den Onkel der Klientin den Mißbraucher sein, womit er eine ganz andere Beziehung zugrundelegte und den Fall maßgebend veränderte. Offenbar wollte er die gesellschaftliche Ordnung nicht gefährden. Freud, der anfänglich von seiner These durchaus überzeugt war, revidierte sie unter dem allgemeinen Druck. Er kam zu dem Schluß, daß die Geschichten der Frauen lediglich phantasiert seien, des realen Hintergrunds entbehrten, bzw. dieser im typisch weiblichen Ödipuskomplex zu suchen sei, der die Frauen sexuelle Begebenheiten mit ihrem Vater phantasieren lasse. Es wurde auch die Vermutung geäußert, Freud selbst wäre von sexuellem Mißbrauch betroffen gewesen, er und seine Geschwister zählten zu den Opfern, aufgrund seiner eigenen Symptome ließe sich auf sexuellen Mißbrauch durch seinen Vater schließen. Der Widerruf seiner Theorie könne als Abwehr- und Selbstschutz gedeutet werden. Jedenfalls ließ Freud dem Widerruf seiner Theorie des sexuellen Mißbrauchs die Theorie von der kindlichen Sexualität folgen (Masson 1984). Aber auch diese Theorie wurde von der damaligen Gesellschaft nicht nur anerkannt und akzeptiert, sondern ebenso heftiger Kritik ausgesetzt. Doch in diesem Fall veranlaßte ihn das nicht zum Widerruf, worin man einmal mehr eine Bestätigung für die Vermutung sehen kann, daß hinter dem Widerruf der Theorie vom sexuellen Mißbrauch viel mehr stand. Die Diskussion um den sexuellen Mißbrauch wurde jedoch erst einmal aus dem Rampenlicht gezogen.

Es hat fast hundert Jahre gedauert, bis diese Diskussion erneut aufbrach, ein Jahrhundert, in dem nicht weniger Kinder sexuell mißbraucht wurden als zuvor ... Auch die letzten zehn bis zwanzig Jahre haben die Geschichte dieses Themas fortgeschrieben. Zum Teil ähnelt sie der von vor hundert Jahren, zum Teil entwickelte sie sich weiter. In der Geschichte des sexuellen Mißbrauchs lösen Phasen der intensiven Diskussion immer wieder solche des Verschweigens und der Verdrängung ab. Auch Episoden wie diejenige um Freud lassen sich immer wieder und auch heute noch mit allen zugehörigen Umständen berichten.

1975 wurde in Berlin das erste Frauenhaus eingerichtet. Geschlagene, mißhandelte und gedemütigte Frauen und ihre Kinder sollten die Möglichkeit erhalten, der Gewalt durch den Lebenspartner zu entkommen. Das nun zutagetretende Ausmaß an Gewalt gegenüber Frauen und Kindern erregte Erstaunen und Erschütterung. Es war ein Ziel der Frauenbewegung, diesen als privat geschützten und verdeckten Bereich öffentlich und damit politisch wirksam zu machen. Die Gewalt sollte nicht länger unter dem schützenden Mantel der »Familie« geduldet werden.

Weitere Frauenhäuser entstanden auch an anderen Orten, und immer mehr Frauen fanden den Mut, über Erfahrungen und Erlebnisse mit ihren Lebenspartnern zu sprechen. Bald mußte man feststellen, daß ihnen diese nicht die ersten Erfahrungen mit der Gewalt zugefügt hatten. Von kleinen Mädchen war zu hören, die bereits in ihrer Kindheit sexuell mißbraucht oder körperlich mißhandelt worden waren. Männliche Machtausübung kennt offenbar keine Altersbeschränkungen. Das Thema »Gewalt gegen Frauen« mußte um den Bereich des sexuellen Mißbrauchs von kleinen Mädchen ergänzt werden. Die Biographien mancher Frauen waren erschreckend, zog sich doch der rote Faden der Gewalt durch ihr ganzes bisheriges Leben.

1983 forcierte die Zeitschrift »Brigitte« die Diskussion. Sie bat Frauen, ihre Mißbrauchserfahrungen der Kindheit aufzuschreiben und an die Redaktion zu schicken. Die Reaktion war enorm und bestätigte das befürchtete Ausmaß. Ab 1984 widmete sich auch die Wissenschaft dem Thema. So versuchten eine Sozialwissenschaftlerin und eine Rechtsanwältin (Kavemann / Lohstöter), Näheres über Ausmaß und Folgen für die Betroffenen zu erforschen. Ihre Ergebnisse legten sie in dem Buch »Väter als Täter« nieder. Dabei wurde auf die Frage, »Was ist sexueller Mißbrauch?« eine erste Definition erarbeitet: »... all das, was einem Mädchen vermittelt, daß es nicht als Mensch interessant und wichtig ist, sondern daß Männer frei über es verfügen dürfen; daß es durch seine Reduzierung zum Sexualobjekt Bedeutung erlangt; daß es mit körperlicher Attraktivität und Einrichtungen ausgestattet ist, um Männern ›Lust‹ zu beschaffen. Hierzu gehört jeder Übergriff auf das Mädchen. Egal, ob es heimliche, vorsichtige Berührungen sind, die es über sich ergehen lassen oder selbst ›vornehmen‹ muß, erzwungener Oralverkehr oder eine regelrechte Vergewaltigung. Dazu gehört aber auch das Befühlen und die ›fachmännische‹ Begutachtung der sich entwickelnden körperlichen Rundungen, das Betasten der Brust oder des Brustansatzes, verbunden mit abschätzigen oder auch wohlwollenden Qualitätsurteilen, daß das Mädchen jetzt zur Frau und damit als Sexualobjekt attraktiv wird.« (Kavemann / Lohstöter 1984)

Ist dies auch eine nur begrenzt gültige bzw. erweiterungsbedürftige Definition, so kennzeichnet sie doch einen damaligen

Stand der Diskussion. Allerdings erhebt sich an dieser Stelle die Frage, worin der Sinn einer Definition liegen kann. Vielleicht ist es dies: Wir wollen etwas eingrenzen, genauer beschreiben, sicher sein, daß wir verstanden haben. Verstanden wurde zu Beginn der Diskussion, daß Mädchen für sexuelle Bedürfnisse von Männern ausgenutzt wurden. Alles, was in die Richtung der Auffassung vom Mädchen als »Sexualobjekt« ging, wurde demnach als sexueller Mißbrauch bezeichnet. Diese Kennzeichnung und die daraus folgenden Statistiken lösten Empörung aus, weil nun das Ausmaß des sexuellen Mißbrauchs in die Höhe schnellte. 90% der Opfer waren demnach Mädchen, und zu 98% waren die Täter Männer.

Die Erfahrungen von professionellen Therapeuten, Sozialarbeitern etc. ließen nun etwa 200.000–300.000 Kinder vermuten, die jährlich sexuell mißbraucht werden. Die Täter waren in der Regel nicht unter Fremden, sondern eher im engeren Familienkreis des Mädchens zu suchen, ganz im Gegensatz zu den früheren Warnungen der Kinder vor den Triebtätern, dem bösen Onkel, der mit einer Bonbontüte hinter dem Gebüsch lauert, Kinder bedroht und mißbraucht, wenn nicht gar umbringt. Der sexuelle Mißbrauch rückte dem persönlichen Umfeld näher. Diese Tatsache ist bis heute gültig und läßt mehr denn je nach einer Beschreibung fragen, einer Eingrenzung, weil immer deutlicher wird, daß niemand vor irgendeiner Form des Mißbrauchs gefeit ist.

Was geschieht beim sexuellen Mißbrauch?
Wer tut so etwas?
Wer ist betroffen?
Welche Hinweise geben die Kinder?
Welche Folgen tragen die Kinder?

All diese Fragen tauchen immer wieder auf und wollen beantwortet oder eingegrenzt werden.

Was geschieht beim sexuellen Mißbrauch?

An erster Stelle einer Beschreibung steht die Beziehung zwischen Opfer und Mißbraucher. Dieser baut sie – wie es das folgende Kapitel eingehend beschreiben wird – zu seinem potentiellen Opfer regelrecht auf, er prüft das Kind auf seine Tauglichkeit. Eignet sich dieses Kind für mein Vorhaben oder nicht? Kann er diese Frage bejahen, so intensiviert der Mißbraucher die Beziehung, macht sie möglicherweise sogar »gesellschaftsfähig«. Alles geschieht auf dem Hintergrund der *Geheimhaltung*.

Der Mißbraucher will auf jeden Fall verhindern, daß sich das Kind jemand anderem anvertraut und die Art der »Beziehung« aufdeckt, er muß verhindern, daß jemand Verdacht schöpft. Das ist die Voraussetzung für den sexuellen Übergriff. Das Kind faßt Vertrauen zu einem Erwachsenen, glaubt ihm trauen zu können und sich in seine Hände begeben zu dürfen. Das ist die gravierendste und verletzendste Erschütterung, daß das Vertrauen des Kindes mißbraucht wird und damit seine Beziehungsfähigkeit, sein Grundvertrauen gegenüber nahestehenden Menschen zerstört wird. Der Mißbraucher wird nun aufgrund seiner Macht die Grenzen, die das Kind um sich zieht, spielerisch »verschieben«, d.h. die gesetzten Grenzen ignorieren, sie als bedeutungslos darstellen. Wie durch Zufall wird er dem Mädchen beim Spiel in das Höschen greifen. Auch wenn das Kind fühlt, daß es dies nicht möchte, traut es sich jedoch nicht mehr, sich an Außenstehende zu wenden.

Ein Mann spielt mit einem sechsjährigen Mädchen Gegenstände verstecken. Zuerst darf das Mädchen den Kugelschreiber an seinem Körper verstecken, der Mann muß ihn suchen. Das Mädchen versteckt ihn in der rechten Socke. Der Mann »sucht« ihn auch im Schlüpfer des Mädchens. Als dieses erschreckt bemerkt, daß er dort nicht zu finden sei, entgegnet der Mann, daß es das Versteck doch nicht verraten dürfe. In der nächsten Runde darf der Mann den Kugelschreiber verstecken. Er steckt ihn sich in die Unterhose. Das Mädchen sucht, greift dabei in die Unterhose des Mannes und findet dort auch den Kugelschreiber.

Zugleich ist das Mädchen nun gefangen. Der Mann wird es Außenstehenden immer so darstellen, ihm habe das Mädchen ja in die Unterhose gefaßt. Damit fühlt sich das Mädchen für das Geschehene verantwortlich. Der Mißbraucher hat erreicht, was er wollte. Unter dem möglichen Vorwurf, »du hast ihm ja in die Unterhose gefaßt«, wird das Mädchen nicht mehr den Mut aufbringen, jemandem davon zu erzählen. Bestärkt der Mann diese von ihm bewußt herbeigeführte Situation möglicherweise mit dem Satz, »Du bist ja eine ganz Schlimme«, so fühlt sich das Mädchen nicht nur verantwortlich dafür, sondern auch schuldig, es schämt sich. Nun gibt es für das Mädchen scheinbar kein Entkommen mehr, es ist in das Geheimnis des sexuellen Mißbrauchs eingebunden (auf das Erleben des Kindes geht das 5. Kapitel genauer ein). Der Mißbraucher wird sich zunehmend sicherer fühlen dürfen, daß seine Übergriffe unentdeckt bleiben, sie werden zunehmen, parallel dazu die Forderungen an das Kind, d.h. die Übergriffe werden eskalieren. Sexueller Mißbrauch ist kein einmaliges Vergehen. In der Regel findet er über Jahre statt. Einige Kinder werden ein Leben ohne sexuelle Übergriffe und einhergehende Schuldgefühle nicht kennenlernen.

Schon die Geschichte der Definition des sexuellen Mißbrauchs macht deutlich, daß es sich nicht allein um das sexuelle Ereignis (verbotene Sexualität zwischen erwachsenen Männern und kleinen Mädchen) handelt, sondern um die Ausnutzung einer Beziehung und die geschickte Einbindung des Opfers in das Geschehen. Sichtbar wird die Komplexität des Themas.

Wer tut so etwas?

Männer. So hätte zumindest Mitte der achtziger Jahre die Antwort gelautet. Es bot sich das Bild, daß überwiegend Männer die

Mißbraucher und Mädchen die Opfer sind. Mittlerweile weiß man, daß auch Frauen Kinder sexuell mißbrauchen (darüber berichtet das 4. Kapitel). Was sind das für Menschen? Sind sie krank? Ist das nicht ein Problem sozial Schwacher?

Sexueller Mißbrauch findet in allen Gesellschaftsschichten und in allen weltanschaulichen Gruppierungen statt. Mißbraucher können Männer und Frauen jeden Alters sein. Sie sind nicht krank, aber sie stellen ihre Bedürfnisse nach Macht über alles andere, über alle Gefühle, über alle Persönlichkeitsgrenzen der Kinder. Sie ignorieren die Bedürfnisse und existentiellen Sicherheitswünsche der Kinder. In der Arbeit mit Mißbrauchern kann es dementsprechend auch nicht um Heilen, sondern nur um das Einüben von Kontrollmechanismen gehen (dem ist das 9. Kapitel gewidmet).

Wer ist betroffen?

Hier hätte die Antwort bis vor ein paar Jahren »Mädchen jeden Alters« gelautet. Doch weiß man mittlerweile, daß ebenso Jungen jeden Alters Opfer sexuellen Mißbrauchs werden können (davon handelt der Abschnitt »Bin ich ein richtiger Junge?« im 5. Kapitel). Vielleicht möchte man an dieser Stelle auch erfahren, wieviele Kinder betroffen sind, d.h. welches Ausmaß das Problem hat. Dabei ist es schwierig zu sagen, jede x. Frau und jeder x. Mann ist Opfer sexuellen Mißbrauchs, denn die Zahlen sind immer von der zugrundegelegten Definition abhängig. Was würde es auch besagen, wenn wir zu dem Schluß kämen, daß jede zweite oder jede zwanzigste Frau betroffen ist? Die Zahl der betroffenen Menschen zu erforschen, lenkt von der dringend notwendigen Entwicklung von Hilfsangeboten ab. Sexueller Mißbrauch findet in einem überaus großen Ausmaß statt, einem Ausmaß, das unsere Auseinandersetzung mit dem Problem fordert.

Welche Hinweise geben die Kinder?

Viele wünschen sich eine Liste von Symptomen, anhand derer man bestimmen kann, ob sexueller Mißbrauch vorliegt oder nicht. Leicht wäre es, wenn man aufgrund von Symptom a oder b sicher sein könnte, daß Mißbrauch vorliegt. Hat man Interessierten zunächst häufig Listen mit möglichen Hinweisen an die Hand gegeben, so ist man damit heute vorsichtiger geworden, zu häufig wurden sie wie Bestimmungslisten gehandhabt: Wenn a und b, dann ... Sexueller Mißbrauch muß als mögliche Ursache für jedes auffällige Verhalten bei Kindern in Betracht gezogen werden. Damit ist auch gesagt, daß man sehr genau prüfen muß, welche Ursache ein bestimmtes Verhalten des Kindes haben kann.

Welche Folgen tragen die Kinder?

Die Auswirkungen des sexuellen Mißbrauchs sind zahlreich, ähnlich bei Mädchen wie bei Jungen. Entsprechend der Persönlichkeit des Kindes, der Mißbrauchssituation und des sonstigen sozialen und familiären Umfeldes wirken sie sich unterschiedlich aus. Rosemarie Steinhage (1989) spricht von körperlichen Verletzungen (z.B. Verletzungen im Genitalbereich), von psychischen und psychosomatischen Folgen (z.B. Schlafstörungen, Angstgefühle), Verhaltensauffälligkeiten (z.B. sexualisierte Verhaltensweisen) sowie von langfristigen Folgen (Angstgefühlen, Problemen in der Sexualität und Partnerschaft etc.). Solche Folgen lassen sich in der praktischen Arbeit immer wieder bestätigen und fast unendlich vermehren (worüber im 5. und im 8. Kapitel zu lesen ist).

Was wird die Empörung bewirken?

Bezeichnend für die Geschichte des sexuellen Mißbrauchs ist das immer erneute Aufflammen der Diskussion und daran anschließend zumeist der Versuch, die Flamme wieder zu ersticken und das Problem aus dem allgemeinen Bewußtsein zu streichen. Deutlich wird dies, wenn man die Darstellung des Themas in den Medien der letzten Jahre verfolgt. Anfangs wurde ein neuer Gesellschaftsskandal dankbar aufgegriffen; Parteilichkeit für betroffene Mädchen und Frauen war angesagt. Im Mittelpunkt standen die Betroffenen; Entsetzen und Mitleid mit den Mädchen prägten die Reportagen. Mit dem steigenden Mut der Betroffenen kamen weitere Facetten ins Spiel. Man suchte nach Erklärungen dafür, warum Männer so etwas tun, warum Mütter nichts davon wahrnehmen wollen. Täterprofile sollten erstellt und die Mütter als Mittäterinnen zur Verantwortung herangezogen werden. War man zunächst sicher, daß es sich um einige wenige kranke oder monsterähnliche Männer handeln muß, so sind heute ganz andere Wege in der Darstellung von Mißbrauchern und der Arbeit mit ihnen einzuschlagen. Längst ist eine pauschale Etikettierung nicht mehr möglich, zu weit liegen z.B. Herkunft und Alter auseinander.

In der Zeit der aufflammenden Diskussion und der Unsicherheit im Umgang mit allen Betroffenen kam es auch zu Fällen unberechtigter Anschuldigung. Die Medien nahmen sich ihrer gerne an, man sprach von der Hysterie der Erzieher, Pädagogen und Psychologen. Die Unschuldsbeteuerungen auch von überführten Mißbrauchern fielen auf fruchtbaren Boden. War vielleicht doch alles nicht so schlimm und nur auf die Hysterie des Feminismus zurückzuführen? So hatten z.B. Fernsehreportagen zunächst von massiven Fällen sexuellen Mißbrauchs berichtet und dringend die Verurteilung der Täter gefordert. Monate später wurden dieselben Fälle anders dargestellt. Alles sollte Irrtum gewesen sein, lediglich dadurch zustandegekommen, daß einige

Kinderpsychiater suggestiv gefragt hatten. Von objektiver oder für die Opfer parteilicher Darstellung konnte nicht mehr die Rede sein, die Aufdeckungen wurden ins Gegenteil gewendet. Gab es nun einen Mißbrauch mit dem Mißbrauch? Man lastete z.B. Müttern an, den Vorwurf des sexuellen Mißbrauchs lediglich zur Belastung ihres Mannes zu äußern oder damit vor dem Familiengericht das Sorgerecht für die Kinder zu erwirken. Auch heute noch vergeht kein Tag ohne Pressenotiz über einen Fall des sexuellen Mißbrauchs. Bei genauerer Betrachtung wird jedoch deutlich, daß der Begriff davon längst verwässert ist.

Wird eine Frau im Park von einem fremden Mann belästigt oder vergewaltigt, in der Regel wird in beiden Fällen von sexuellem Mißbrauch gesprochen. Damit wird erreicht, daß die Leser verunsichert sind, worum es sich überhaupt handelt, und daß sie sich übersättigt von dem Thema abwenden. Zeitweise war kaum ein Fernsehfilm oder -krimi zu sehen, ohne daß man die Überraschung des sexuellen Mißbrauchs gewärtigen mußte. Mittlerweile hat diese Flut abgenommen, was nur um so dringender die Frage nach dem Fortgang der Geschichte des sexuellen Mißbrauchs aufwirft.

Es gibt viele Möglichkeiten. Wünschenswert wäre es, daß das Interesse und die Bereitschaft zur Auseinandersetzung, auch zur sehr persönlichen, erhalten blieben. Schließlich könnte es erneut passieren, daß das Thema wieder aus der öffentlichen Diskussion gerät, was lediglich den Mißbrauchern helfen würde, indem sie, daraus klug geworden, den verdeckten sexuellen Mißbrauch noch geschickter integrieren können. Zu befürchten ist jedoch auch, daß der sexuelle Mißbrauch an Kindern gesellschaftlich akzeptiert wird. Bereits in den 68er Jahren propagierte man den »freizügigen« Umgang mit Kindern, wobei den Eltern die Rolle der Lehrmeister für die Sexualität ihrer Kinder zugedacht wurde. Aus heutiger Sicht würde man dies ganz sicher als sexuellen Mißbrauch bezeichnen. Der Fortgang der Geschichte könnte auch das Ende des sexuellen Mißbrauchs mit sich bringen. Doch was müßte hierzu passieren? Jeder einzelne müßte sich der persönlichen Auseinandersetzung stellen, wie ganz individuell mit Kindern und deren Persönlichkeitsgrenzen umzugehen ist. Dies würde jedoch voraussetzen, Kinder als eigenständige Individuen anzuerkennen.

2. »Es ist einfach passiert« – Strategien der Mißbraucher

Wie und in welcher Haltung können wir uns überhaupt mit Männern beschäftigen, die Kinder sexuell mißbrauchen? – Mit Blick auf die Opfer sind wir vom sexuellen Mißbrauch erschüttert und fühlen uns zu einem eindeutigen Engagement, zu einer solidarischen Haltung mit den Traumatisierten aufgerufen. Mit Blick auf die Täter kommen wir nicht so leicht zu einer eindeutigen Haltung. Normal und auch legitim ist es, den Mißbrauchern gegenüber zunächst Empörung und auch Abscheu zu empfinden. Solches Verhalten schafft Sicherheit, gibt Halt, weil es Distanz gewährt.

Wohl jeder, der mit Mißbrauchern zu tun hat, stellt aber bald fest, daß er diese Position nicht aufrechterhalten kann. Tatsächlich wäre es leichter, sich mit Mißbrauchern zu befassen, wenn es sich um eine klar abgrenzbare Personengruppe handelte, z.B. eine neu entdeckte Gruppe von Perversen, Trägern einer neuartigen Suchtkrankheit o.ä. Auch für den Laien, der sich informieren möchte, wäre es leichter, wenn er auf Mißbrauch und Mißbraucher aus sicherer Entfernung, gleichsam durch ein Fernrohr blicken könnte. Katastrophen und Verbrechen, die weit von uns entfernt, irgendwo in der Welt geschehen und von denen wir über die Medien erfahren, lassen uns kurz erschauern, erscheinen gruselig – und dann gehen wir wieder zur Tagesordnung über.

Mit Blick auf den sexuellen Mißbrauch und Mißbraucher bricht diese innere, Distanz schaffende Haltung schnell in sich zusammen. Denn wer sind die Männer, die Kinder sexuell mißbrauchen, welche Art Mann ist das? – Fast möchte man sagen: »Leider« ist es kein bestimmter Typ Mann, dem man es irgendwie ansehen könnte, daß er Kinder mißbraucht. Mißbraucher kommen in allen Bevölkerungsschichten vor – zu ihnen gehört der leitende Kinderarzt an der Uniklinik, der Bankangestellte, der Hafenarbeiter, der Pfarrer, der Handwerksmeister mit eigenem Betrieb. Mißbraucher gibt es in allen religiösen und weltanschaulichen Gruppierungen, unter den Pfarrern der evangelischen Gemeinden, den Waldorflehrern, den engagierten Zeugen Jehovas, den konservativen türkischen Moslems, den politisch verfolgten Kommunisten, den Künstlern. Mißbraucher sind weder irgendwie verhaltensgestört noch sonstwie auffällig. Mißbraucher sind nicht die sexuell frustrierten Männer, es ist auch nicht der verklemmte Junggeselle von nebenan, den man schon einmal mit gesenktem Blick aus dem Pornokino kommen sah. Der Mißbraucher ist auch nicht das Triebmonster, der alkoholisierte Gorilla, der aus dem Gebüsch springt und kleine Mädchen vergewaltigt. Der Mißbraucher hat – außer, daß er eben Mißbraucher ist – nichts an sich, was helfen könnte, was insbesondere den Männern helfen könnte, sich von ihm zu distanzieren. Das ist das Verunsichernde. Und diese Verunsicherung nimmt beängstigende Ausmaße an, wenn man sich mit ihm, seinen Motiven und Strategien näher befaßt.

Der Mißbraucher ist in seiner äußeren Erscheinung, nach seiner sozialen Einbindung, seinen beruflichen und kollegialen Verhältnissen ein normaler, in seinen Kreisen anerkannter und oft wegen seiner Hilfsbereitschaft auch beliebter Mann. Es ist ihm nicht anzusehen, daß er meistens Mehrfachtäter ist. Er schleicht nicht auf der Jagd nach Kindern mit irrem Blick um Hausecken, er riecht weder nach Gier noch nach Verworfenheit. Und doch gibt es Mißbraucher, die im Lauf von Jahrzehnten Hunderte von Kindern mißhandeln. Statistisch gesehen vergreift sich jeder Mißbraucher an acht Kindern. Es gibt auch welche, die »nur« ein Kind mißbrauchen. All dies geschieht innerhalb eines, von außen betrachtet, völlig normalen und sozial gut integrierten Lebens. *Sexueller Mißbrauch geschieht im normalen Alltag.*

Ein Beispiel mag das anschaulicher werden lassen: Herr N. aus O. kommt zur Beratung, weil er befürchtet, des sexuellen

Mißbrauchs an einem jetzt vierzehnjährigen Mädchen angezeigt zu werden. Herr N. ist eine gepflegte und im bürgerlichen Sinn korrekte Erscheinung. Er ist 42 Jahre alt, verheiratet, seine beiden Kinder gehen auf das Gymnasium. Frau N. arbeitet als Teilzeitkraft in einem Verlag. Das Eigenheim ist weitgehend abbezahlt. Herr N. ist Berufsschullehrer, stellvertretender Schulleiter und in seiner Freizeit engagierter Jugendsporttrainer. In seinem Sportverein ist er beauftragt, die Leichtathletik- und die Handballjugendsportmannschaft zu betreuen und zu trainieren. Er leistet dort gute pädagogische Arbeit. Die ihm anvertrauten Kinder sind in Wettkämpfen erfolgreich. Auch andere Sportvereine ziehen ihn als Jugendtrainer heran. Seine Ehe ist ihm ein Halt. Er und seine Frau pflegen bewußt die Zweisamkeit, intensivieren sie während kurzer Wochenendurlaube etc. Auch in sexueller Hinsicht »kommt keiner zu kurz von uns«, wie er sich ausdrückt.

Vor fünf Jahren kam ein damals neunjähriges Mädchen, Ilona, in seine Leichtathletikgruppe. Sie stammte aus schwierigen Verhältnissen: Die Mutter war drogenabhängig, Ilona wuchs bei ihren Großeltern auf. Sie machte zunächst einen etwas verlorenen Eindruck, und Herr N. kümmerte sich in besonderer Weise um sie. Er trainierte mit ihr mehr als mit den anderen, engagierte sich für ihr Privatleben, in dem es immer wieder zu dramatischen Verwicklungen kam. Und bald sah nicht nur er sich als eine Art Ziehvater Ilonas, auch Ilona, ihre dankbaren Großeltern, selbst die Freunde im Sportverein sahen ihn in dieser Rolle. Ilona entpuppte sich als vielversprechende Nachwuchssportlerin.

Herr N. fing dann an, Ilona vor den Trainingsstunden zu massieren, zuerst auf einer Liege am Sportplatz, später im Umkleideraum. Ilona fühlte sich ob so viel Sonderzuwendung und so herzlichem Interesse an ihrer kleinen Person geschmeichelt. Die beiden wurden ein eingeschworenes Team, und keiner, auch Ilona nicht, hatte Vorbehalte, als Herr N. die Massagestunden in sein Büro verlegte. Da er bestimmte Muskelstränge nicht massieren konnte, solange sie die Sportkleidung anhatte – »Schade, ich kann jetzt den Wärmestrom zu deinen Oberschenkeln nicht aufbauen, weil ich ja an deinen Bauch nicht richtig rankomme« –, zog sich Ilona aus. Sie genierte sich nur ein bißchen und nur einen Moment lang, hatte sie doch zu Herrn N. völliges Vertrauen. Sie war auch nur kurz irritiert, als er dazu überging, sein Büro während dieser Massagestunden von innen abzuschließen. »Die anderen würden das doch mißverstehen, wenn sie dich hier so liegen sähen«, sagte er. Ilona verstand zwar nicht genau, was er meinte, aber sie registrierte, daß er sie beruhigen wollte, und deshalb war sie ruhig. – Herr N. begann nun, während der Massage des öfteren »zufällig« Ilonas Scheide zu berühren. Ilona kicherte und wandte sich zur Seite, wehrte sich aber nicht. »Siehst du, das magst du doch«, war Herrn N.s Kommentar. Ihr halb peinlich berührtes, halb neugieriges Verhalten sah er als Berechtigung, ihre Scheide immer ausführlicher zu massieren.

Eines Tages, sie lag schon ausgezogen auf der Liege, massierte er sie nicht, sondern setzte sich neben sie und seufzte: »Ich glaube, heute kann ich dich nicht massieren. Ich bin selbst so verspannt heute.« Ilona fragte, ob sie ihm helfen könne. »Ich glaube nicht«, sagte er, »höchstens, du würdest mir den Bauch massieren.« Gern ging sie darauf ein, endlich konnte sie sich auch einmal revanchieren. Als sie seine Erektion bemerkte, schaute sie weg, ließ ihre Hand aber halb fasziniert, halb verängstigt zu seinem Glied gleiten. Beide waren ganz still. Herr N. bewegte sich so, daß sein Glied in ihre Handfläche rutschte. Sie begriff, worum es ging, und setzte die »Massage« an seinem Glied fort ...

So eskalierte die Beziehung weiter, und bereits nach drei Jahren hatte Herr N. regelmäßig Verkehr mit Ilona. Erst als sie in die Pubertät kam, erkannte Ilona die Bedeutung dieser Beziehung und wollte sie beenden. Sie verlangte von ihm den Abbruch. Wenn er nicht aufhören würde, wollte sie es der Oma sagen. Herr N., am Ende seiner Erzählung angelangt, ist empört: »Ich hab' doch so viel für sie getan. Aus ein paar zufälligen Berührungen, wie sie unter Sportlern immer mal vorkommen, macht sie ein

Theater.« Und überhaupt habe es »die Kleine« ja von Anfang an auf ihn abgesehen. »Die war doch scharf auf mich. Die wollte immer mehr über Sex wissen. Ich hab' sie aufgeklärt. Sie konnte ja nicht genug bekommen, wollte schließlich wissen, wie mein Schwanz schmeckt. Die war doch total versaut, das Luder.«

Dies ist ein – man muß es so sagen – durchaus normaler Mißbrauchsfall, anhand dessen sich zeigen läßt, worum es sich beim sexuellen Mißbrauch für den Täter handelt.

Vorbereitung

Schon aus Herrn N.s erstem Bericht, der hier zusammenfassend wiedergegeben wurde, wird deutlich, was auch die Gespräche mit anderen Mißbrauchern – oft erst nach und nach – erkennen lassen: *Der Mißbrauch wird von langer Hand vorbereitet,* die entsprechende Beziehung wird wohlüberlegt und zielgerichtet aufgebaut.

In den Phantasien des Mannes spielt der Mißbrauch oft schon lange vor seiner wirklichen Ausübung eine Rolle. Die meisten Mißbraucher hegen – Herr N. berichtete im ersten Gespräch davon noch nichts – Monate, oft Jahre, bevor sie tatsächlich Kinder sexuell mißhandeln, Phantasien über sexuelle Kontakte mit Kindern. Charakteristisch ist dabei, daß der Mißbraucher sich nicht sexuelle Handlungen am Kind vorstellt. Das phantasierte Szenario verläuft umgekehrt: Das Kind manipuliert an ihm in sexueller Absicht, masturbiert ihn, befriedigt ihn oral etc., während er selbst nur eine passive, sich zur Verfügung stellende Rolle spielt. Es wird sich herausstellen, daß der Mißbraucher die Beziehung tatsächlich so veranlagt und gestaltet, daß das Kind selbst und später davon erfahrende Außenstehende den Eindruck gewinnen, das Kind habe den sexuell initiativen Part übernommen. Vorzugsweise hat der Mißbraucher dabei eine Situation der Dankesbezeugung vor sich. Der Vater stellt sich z.B. vor, er habe der Tochter bei den Hausaufgaben geholfen und diese dann *zum Dank* ihren Kopf an seinem Schoß gerieben, woraus eine Situation der oralen Befriedigung »hervorgeht«. Andere Szenarien haben den Charakter des leichten, beiläufigen Spiels, innerhalb dessen sich das Kind wie von ungefähr sexuell anbietet oder sexuell aktiv wird. Der weitere Verlauf wird noch zeigen, daß damit eine der hauptsächlichen Verleugnungsstrategien schon angelegt ist, noch bevor es überhaupt etwas zu leugnen gibt. Einige wenige potentielle Mißbraucher phantasieren Szenarien der Gewalt (Fesseln, Schlagen etc.) mit sexuellen Handlungen. Aber selbst in solch sadistischen Phantasien beruht die grundlegende Stimmung auf Einverständnis – »Sie braucht es auf die harte Tour.«

Der entsprechende Mann kann sich monate- oder jahrelang solchen oder ähnlichen Phantasien hingeben – meist nährt er sie durch den Konsum kinderpornographischer Schriften oder Videos –, bevor er *beschließt* – und es ist immer ein Beschluß und ergibt sich nie zwangsläufig, auch wenn der Mißbraucher es später anders behaupten wird –, die Phantasien in die Wirklichkeit umzusetzen.

Er beginnt dann, *ein ihm geeignet erscheinendes Kind zu suchen,* keinesfalls nimmt er irgendeines und vergewaltigt es. Er wird sorgfältig in der Reihe der Kinder Ausschau halten, die bereits in einem Abhängigkeits- oder Vertrauensverhältnis zu ihm stehen – die eigene Tochter, Stieftochter, der kleine Neffe etc. – oder mit denen er ein solches Abhängigkeits- oder Vertrauensverhältnis aufbauen kann. An einem Vertrauensverhältnis ist ihm gelegen, weil er die geplante sexuelle Ausbeutung dem Kind gegenüber – und auch sich selbst und seinem Selbstbild gegenüber – als natürlichen und selbstverständlichen Teil dieser Beziehung erscheinen lassen will – »Ich werde doch wohl noch meine Tochter aufklären dürfen!«

Nach welchen Kriterien wird das Kind nun ausgewählt? Oder anders gefragt: Welches Kind ist gefährdet, einem Mißbraucher zum Opfer zu fallen? – Der Mann, der beschlossen hat, ein Kind sexuell auszubeuten, wird nach *Kindern* suchen, *die ihm in irgendeiner Weise bedürftig erscheinen*. Er wird ihnen in Aussicht stellen, sie von ihrer Bedürftigkeit zu befreien – und sie damit an sich binden. Das ist die Strategie.

Es werden also Kinder gesucht, die z.B. kein gutes Verhältnis oder vielleicht gar keinen Kontakt mehr zu ihren Eltern haben (Heimkinder), Kinder, die einsam sind, weil sie keine Freunde haben, Außenseiter. So kann der Mißbraucher z.B. wochenlang im Straßencafé gegenüber dem Schulhof der Gesamtschule sitzen, während dort Große Pause ist, und nach Kindern Ausschau halten, die regelmäßig alleine herumstehen oder von anderen gehänselt werden. Oder der Mißbraucher sucht nach Kindern, von denen er weiß, daß sie zu Hause streng und mit harten Strafen erzogen werden. Dem einsamen Kind wird er sich als Freund, dem geprügelten als liberale Vaterfigur präsentieren. Er wird eine kumpelhafte, das Kind älter erscheinen lassende Strategie anwenden: Es darf bei ihm rauchen, bekommt schon einmal Alkohol, darf Videofilme sehen, die es zu Hause nicht sehen dürfte etc. Das Kind wird sich wie ein Erwachsener behandelt fühlen, und der Mißbraucher hat damit bereits eine Verleugnungsstrategie veranlagt, auf die er später, nach der Aufdeckung, zurückgreifen wird: »Sie war ja wie eine Erwachsene.«

Vor allem für außer-familiären Mißbrauch werden regelmäßig Kinder gewählt, die wenig kontaktfreudig oder -fähig sind, die wenig Selbstvertrauen haben und von ihrem Wesen her oder aufgrund einschüchternder Erfahrungen gehemmt, schüchtern, passiv oder zurückhaltend sind. Selbstbewußte, schlagfertige Kinder werden in der Regel keine Mißbrauchsopfer. So sind z.B. Kinder gefährdet, deren Eltern getrennt leben. Kinder machen sich oft selbst dafür verantwortlich, daß die Eltern sich trennen, und werden dadurch in ihrem Selbstbild verunsichert und labil, werden empfänglich für alles und jeden, der Halt und Selbstbewußtsein verspricht. – Bei inner-familiärem Mißbrauch sind Trennungskinder deshalb gefährdet, weil sie sich aus der Sicht des Mißbrauchers gut dafür eignen, Rache an der Ehefrau zu nehmen, sie einzuschüchtern, überhaupt noch einmal Macht in einer Situation zu zeigen, in der ihm alles aus der Hand gleitet.

Schließlich erkennt der Mißbraucher Kinder als geeignet, die zuwendungsbedürftig sind, weil sie schon einmal sexuell mißbraucht wurden oder sich aktuell in einer Mißbrauchssituation befinden. Für all diese verunsicherten, eingeschüchterten Kinder bietet sich der Täter nun als Halt und Retter an, und damit beginnt die Installation seiner Macht und Kontrolle über das Kind, längst bevor er es noch angefaßt hat. Der Mißbrauch ist latent, längst bevor er real beginnt.

Betrachten wir nun im einzelnen, mit welchen Strategien der Mißbraucher das gewählte Kind fängt und von sich abhängig macht. Zunächst wird er dem Kind signalisieren, daß er erstens dessen Mangel erkannt hat, daß er zweitens diesem Mangel abhelfen kann, und drittens gerade dieses Kind es wert ist, von ihm mit ganz persönlichem Interesse bedacht zu werden. Vielleicht wird der Mißbraucher das ausgewählte Kind nun auf dem Schulweg des öfteren ansprechen: »Ich glaube, du bist ein bißchen traurig«, oder: »Du gehst ja heute wieder mal alleine nach Hause.« Danach wird er wieder auftauchen und das Kind vielleicht nur kurz grüßen. Eines Tages wird er einen ersten Versuch machen, das Kind über ein Hilfsangebot an sich zu binden. »Weißt du, ich suche schon lange einen guten Kumpel, der mich ein Stück begleitet, wenn ich zur Arbeit gehe.« Geschickterweise macht er das Hilfsangebot nicht als solches kenntlich, denn das Kind könnte dann einfach »Nein« sagen, also seine Souveränität aufrechterhalten. Vielmehr tarnt er sein Hilfsangebot als Hilfesuche. Er stellt sich als den Hilsbedürftigen dar. Damit ist schon eine erste Abhängigkeit installiert, weil das seinerseits hilfs- bzw. zuwendungsbedürftige Kind dieser scheinbaren Bitte nicht neutral gegenüberstehen kann. Es wird darauf eingehen, weil erstens seinem Mangel abgeholfen werden wird, zweitens beide so tun können, als habe es gar keinen Mangel. Das Spiel beginnt schon mit falschen Karten.

In einem zweiten Schritt wird der Mißbraucher *das Kind befangen machen* und seine Gedanken verunklaren. So mag er einen schüchternen neunjährigen Jungen angesprochen haben. Nun erzählt er ihm zunehmend anzügliche Witze, die der Junge kaum zur Hälfte versteht. Dieser wird befangen, denn es geschieht etwas, bzw. hört er etwas, das er gar nicht richtig versteht. Zugleich aber wurde er erwürdigt, solche nur den Erwachsenen verständliche Dinge erzählt zu bekommen. Der Erwachsene, der ihn dessen für würdig befunden hat, ist der einzige, der ihm die Rätsel auflösen kann. Also wird er diesem Erwachsenen weiterhin zuhören, ihn vielleicht sogar auffordern, noch mehr von diesem Stoff zu erzählen. – Der Mißbraucher wird später sagen: »Der wollte die versautesten Witze von mir hören. Der konnte gar nicht genug bekommen.« – Wahrscheinlich geht der Junge immer öfter in den Stadtpark, wo ihn der Mann erstmals angesprochen hatte ... *Das Kind wird also in einer Weise befangen gemacht, die als Befreiung von Befangenheit daherkommt.*

Ein elfjähriges, etwas pummeliges Mädchen konnte der Mißbraucher durch folgende Strategie befangen und zugleich von sich abhängig machen: »Du hast so eine frische Art, dich zu bewegen. Ich sehe dir gerne zu, wenn du Sport machst. Und wenn du noch ein bißchen abnehmen würdest, wärst du meine Idealfrau. – Übrigens, ich weiß da ein paar Gymnastikübungen zum Abnehmen. Aber die kann man nur mit jemandem machen, zu dem man ganz viel Vertrauen hat. – Wieso? – Weil man dazu das Höschen auszieht. Es stört nur dabei ...« Diese Art befangen zu machen ist ein wesentlicher Teil der Machtstrategie des Mißbrauchers.

Mit einem nächsten Schritt wird der Mißbraucher *das Kind isolieren*. Er wird versuchen, für es so bedeutsam zu werden, daß es sich nur an ihm orientiert und andere Kontakte möglichst vernachlässigt. Ziel ist es, sich dem Kind als einzige Vertrauensperson anzubieten. Die Isolation, die nie angesprochen oder gar direkt gefordert werden wird, beginnt mit einer Mischung aus

Lob, Anerkennung und Schmeichelei einerseits und einer exklusiven Nähe andererseits, deren Natur das Kind nicht verstehen kann und auch gar nicht verstehen soll.

Der Mißbraucher wird jetzt viel Zeit alleine mit dem Kind verbringen, wird ihm besondere Privilegien einräumen, die sonst älteren Kindern oder Erwachsenen vorbehalten sind, z.B. Erwachsenen-Videos anschauen. Er wird viel mit dem Kind herumtollen und dabei ganz »zufällig« in den Intimbereich des Kindes »geraten«. Der Mißbraucher kommt zufällig ins Badezimmer, während der Junge auf der Toilette sitzt. Oder der Vater sitzt in der Badewanne, onaniert und ruft nun seine Tochter, sie solle ihm die Seife reichen. Sie bemerkt natürlich die Grenzüberschreitung, wenn sie nun kommt, und während sie befangen wieder geht, sagt er: »Du brauchst dir keine Vorwürfe zu machen«, und befestigt damit erst recht ihre Selbstvorwürfe, denn *sie* ist in den Intimbereich des Vaters eingedrungen. Ein paar Tage später wird er sie ansprechen: »Du hast mich da neulich bei etwas ertappt, das will ich dir mal näher erklären.« Und das Mädchen wird sich nicht wehren, denn es wird ihm ja die Auflösung seiner Befangenheit angeboten.

Der Mißbraucher zieht jetzt das Kind in *seinen,* den erwachsenen Intimbereich hinein – »Nur dir erlaube ich, mich abzutrocknen.« Er wird ihm anbieten, es aufzuklären, zeigt ihm dann Pornohefte. Das Kind versteht nur die Hälfte und schämt sich zugleich darüber. Der Mißbraucher bindet diese seelische Selbstblockade des Kindes an sich, indem er z.B. sagt: »Du brauchst dich vor mir nicht zu schämen. Frag mich einfach, wenn du etwas nicht verstehst.« – So ist der Mißbraucher wieder der, der die Scham hervorruft *und* zugleich anbietet, von der Scham zu befreien.

Das so umgarnte Kind wird nun seinerseits bald beginnen, sich um den Mißbraucher zu bemühen, ihm kleine Dienste leisten wollen, sich ihm gerne als Abladeplatz für seine Ehesorgen zur Verfügung stellen, ihn »verstehen« wollen – kurz, es will sich dieser exklusiven Zuwendung, deren Grund es nicht durchschaut, würdig zeigen, indem es sich verfügbar macht.

Noch hat es im eigentlichen Sinne keine sexuellen Kontakte zwischen dem Kind und dem Mißbraucher gegeben. Es fehlt noch etwas Wesentliches, bevor er mit der sexuellen Ausbeutung des Kindes beginnen kann: Er wird erst noch die *Kontrolle über die Umgebung des Kindes aufbauen.* So ist vielleicht im Reihenhaus nebenan ein Junggeselle eingezogen, ein sympathischer, freundlicher, gesprächiger Mann. Man lernt sich zunächst über den Gartenzaun kennen, kommt näher miteinander ins Gespräch, leiht sich schon einmal gegenseitig Gartengeräte aus; bald lädt man sich zum Bierchen ein, dann ist man per Du. Man hat einen neuen Freund gewonnen, einen Freund der Familie. Vater, Mutter, Anna (8 Jahre) und Bernd (12 Jahre) finden ihn gleichermaßen nett. Als er einmal mitbekommt, daß das Ehepaar abends gerne zu einer Veranstaltung gehen würde, der Babysitter aber abgesagt hat, bietet er seine Hilfe an. Womöglich wendet sich der hilfsbereite Nachbar wie beschrieben Anna zu. Und wenn Anna in ein paar Monaten in der Schule durch Geistesabwesenheit zunehmend auffällt, durch ihre Weigerung mitzuturnen u.ä., dann wird keiner den netten Nachbarn damit in Verbindung bringen.

Besonders bei familiärem Mißbrauch wird der Mißbraucher die Kontrolle auch über seine eigene Umgebung aufbauen: Der Vater, der seine Tochter oder eine seiner Töchter ausgewählt hat, schlägt seiner Frau vor, doch abends in die Volkshochschule zum Englischkurs zu gehen. Der Pfarrer, der einen Meßdiener ausgewählt hat, wird seiner Haushälterin den Nachmittag frei geben, an dem der Ministrantenkurs stattfindet.

Nun fehlt nur noch ein letzter Schritt, bevor die eigentliche sexuelle Ausbeutung beginnen kann: Der Mißbraucher *»testet« das Kind auf seine Tauglichkeit.* Er wird jetzt eine Gelegenheit finden, dem ausgewählten Jungen »zufällig« und »aus Versehen« zwischen die Beine zu fassen, dem ausgewählten Mädchen an die gerade entstehenden Brüste, dem kleinen Mädchen in die Scheide zu greifen. Er »hilft« z.B. dem Kind beim Ausziehen des Badeanzugs, beim Zubett-Bringen gerät seine Hand unter der Decke an den Penis des Sohnes etc. Reagiert das Kind nun heftig und abwehrend – »Laß das! Ich will das nicht!« – so wird der Mißbraucher in aller Regel an dieser Stelle abbrechen, weil ihm an einer solchen Reaktion das Selbstbewußtsein und der klare Durchblick des Kindes erkennbar wird, woraus er schließen muß, daß das Kind ihn bei weitergehenden Übergriffen verraten würde. Die vom Täter ausgewählten und schon befangen gemachten Kinder reagieren meist anders: Sie halten bei diesem Test still, versuchen zu verstehen, was geschieht, erkennen zwar häufig den Übergriff als solchen, sind aber zugleich, dem neuen Freund zuliebe, oder weil er ja besser weiß, was gut ist und was nicht, bereit, ihn zu tolerieren. Das Kind »besteht« also meistens den Tauglichkeitstest, und der Mißbraucher weiß jetzt, daß er das Kind unter Kontrolle hat.

Der Mißbraucher hat nun seine ersten Ziele erreicht:

1. Das Kind ist von ihm abhängig *und* hat Vertrauen zu ihm, weil er sich in besonderer Weise um das Kind kümmert.

2. Weil das Kind den Grund und die Natur dieser Beziehung nicht durchschauen kann, ist es für jede diesbezügliche Aufklärung auf den Mißbraucher angewiesen, d.h. das Kind hat jetzt ein Motiv, *von sich aus* die Beziehung aufrechterhalten, ja vertiefen zu wollen.

3. Der Mißbraucher hat die Grenzüberschreitung so eingerichtet, daß sie das Kind entweder gar nicht als solche erkennt oder als genuinen und legitimen Teil dieser Beziehung betrachtet. Der Mißbraucher hat damit Kontrolle über Wahrnehmung und Denken des Kindes.

4. Damit ist das Kind auch äußerlich verfügbar.

5. Die Umgebung des Kindes und auch seine eigene Umgebung hat der Mißbraucher jetzt so unter Kontrolle, daß niemand die Art dieser Beziehung erkennt.

Aufrechterhaltung

Danach beginnt die eigentlich sexuelle Ausbeutung meistens abrupt, manchmal anfangs noch als Spiel getarnt, wenn z.B. die verschiedenen Körperteile mit Nutella eingeschmiert werden und man sich dann gegenseitig ableckt, oder als »Untersuchung«: »Ich muß mal deinen Popo auf Würmer untersuchen«, oder als »Aufklärung«: »Du hast dich sicher schon gefragt, wie so ein richtiger Mann eigentlich aussieht, wenn er mit einer Frau zusammen ist.« Jetzt wird auch dem Kind deutlich, worum es geht und daß man nur *deswegen* zusammenkommt. Das bedeutet nicht, daß das Kind deswegen schon verstünde, was eigentlich vor sich geht. Vielmehr wird der Mißbraucher nun versuchen, die Situationen systematisch so einzurichten, daß ein Beobachter – und das Kind *ist* Beobachter – das Kind für den sexuell initiativen Teil hält. Z.B. schlägt er ein Suchspiel vor: Man versteckt einen Tennisball irgendwo in der Kleidung. Wer ihn findet, »darf« den Mitspieler da streicheln, wo dieser den Ball versteckt hatte. Ziert sich das Kind, wird der Mißbraucher sagen: »*Du* darfst mir mal da vorne reinfassen.« Daraus »entsteht« dann eine Situation der manuellen Befriedigung durch das Kind. Später wird er beteuern: »Die Kleine hat mir den Hosenschlitz aufgerissen und an meinem Penis herumgerieben. Was hätte ich denn machen sollen? Die hat mich ja fast vergewaltigt!«

Auftretenden Zweifeln oder Vorbehalten des Kindes wird der Mißbraucher mit *Beschwichtigungen* begegnen: »Das tun alle Töchter für ihre Väter«, *Umdeutungen:* »Ich mache ja nur, was du dir ganz im Innern deines Herzens wünscht«, *Bestechungen:* »Du bekommst ein Kaninchen von mir, wenn du jetzt öfter zum Nutella-Spiel zu mir kommst«, oder notfalls *Drohungen:* »Wenn du das deiner Mutter sagst, kommst du ins Heim, erwürge ich deine Katze« etc. Die effizienteste Strategie, ersten Versuchen des Kindes, aus der Situation auszubrechen, zu begegnen, liegt darin, *dem Kind die Verantwortung für die Übergriffe anzula-*

sten. Damit verhindert der Mißbraucher, daß das Kind aussteigt, nachdem er jetzt die Katze aus dem Sack gelassen hat. Denn das Aussteigen würde bedeuten, eigene Verantwortung zu bekennen. Später wird er sagen: »Sie hätte ja aussteigen können. Es war ihre Entscheidung, immer wieder zu mir zu kommen.«

Die wirksamste und nachhaltigste Art, jemandem Verantwortung zuzuschieben, ist die verdeckte. Vorsorglich werden Schuldgefühle für den Fall veranlagt, daß nicht getan, gedacht oder empfunden wird, was getan, gedacht oder empfunden werden soll. Die moralische Verantwortung wird vorab delegiert. Der Mißbraucher läßt sich vom Kind den Bauch massieren, rückt dann auf der Liege plötzlich mit einem Ruck höher, so daß das Kind nun seine Schamgegend berührt. Dabei sagt er: »Du bist die beste Medizin gegen meine Magenschmerzen.« Damit äußert er *scheinbar* Anerkennendes, zwischen den Worten aber steckt die Botschaft: »Wenn du dich weigern solltest, mich zu berühren oder mich *da* zu massieren, würde ich wieder Magenschmerzen bekommen. Dann wärst du schuld.« Das Kind kann diese in ihrer Doppelbödigkeit bindende und befangen machende Botschaft nicht durchschauen. Es spürt aber ein bedingtes Lob, das es veranlaßt etwas zu tun, was es von sich aus gar nicht tun will. Der einfache Satz des Mißbrauchers hat zur Folge, daß das Kind nun *annimmt,* es selbst tun zu wollen, denn es will ja nicht, daß der Vater, Onkel, Jugendleiter etc. Magenschmerzen bekommt. Ab jetzt *will* das Kind dem Mißbraucher den Bauch massieren.

Der Mißbraucher, der es nicht auf einzelne Übergriffe abgesehen hat, sondern auf eine Beziehung, die es ihm erlaubt, als solche nicht erkennbare oder zumindest vertuschbare regelmäßige Übergriffe vorzunehmen, wird das Kind nun monate- oder jahrelang solchen und ähnlichen Strategien aussetzen, die eine *möglichst umfassende Kontrolle* über Empfinden, Wahrnehmen und Denken des Kindes einrichten. Auf diesem Weg erlangt er nicht nur viel direkter Macht über das Tun des Kindes, als wenn er bestimmte Handlungen befehlen oder verlangen würde, sondern er bringt mit seinen Strategien den Eigenwillen des Kindes zum Erliegen, ohne daß dieses den Vorgang durchschauen könnte. Das Kind wird auf die Dauer nicht nur tun, was er will, sondern auch noch annehmen, es selbst tun zu wollen.

Ähnliche Botschaften lauten: »Nur bei dir bin ich glücklich«, oder: »Du willst doch nicht, daß ich traurig werde.« Ein siebenjähriges Mädchen muß seinem Vater immer wieder den Penis »streicheln«, »damit Papa nicht mehr so traurig ist, weil Mama doch ausgezogen ist«. Eine ähnliche Kontrolle über das diesbezügliche Denken des Kindes erreicht der Mißbraucher durch Sätze wie: »Ich bin einsam (also kümmere dich um mich, damit ich mich nicht einsam fühlen muß)«, oder: »Deine Mutter liebt mich nicht (also liebe du mich wenigstens; ich werde dir zeigen, wie du mir deine Liebe beweisen kannst).« In der undurchschaubaren Art der Grenzüberschreitung bewirken diese Botschaften beim Kind die grundsätzliche Bereitschaft zur Selbstverleugnung. Es handelt sich um eine Grenzüberschreitung, die als Auszeichnung deklariert ist: Das Kind fühlt sich damit ausgezeichnet, irgendwie erhoben, daß es wie ein Erwachsener angesprochen, in die Sphäre der Erwachsenen eingeweiht wird. Zugleich weiß es und erlebt es immer wieder, daß dieses Wie-ein-Erwachsener-Sein sexuelle Handlungen mit sich bringt, die es als Kind nicht wollen würde, die es aber wollen zu müssen meint, im Rahmen der ihm »verliehenen« Erwachsenenrolle zu wollen versucht. Das Kind wird zunehmend das Empfinden dafür verlieren, daß es all das gar nicht will. Darauf beruht im Kern die Machtstrategie des Mißbrauchers: Im Kind eine Situation zu schaffen, in der es selbst nicht mehr weiß, wer es ist, welches Ich es ist bzw., bei Kleinkindern, daß es überhaupt ein Ich sein könnte.

Der Mißbraucher hat die *Definitionsmacht:* Kinder haben ganz natürlicherweise das Bedürfnis, daß vertraute Erwachsene ihnen die Welt erklären. Sie sind grundsätzlich bereit, das als Realität anzunehmen, was der Erwachsene als solche definiert. Gegenüber vertrauten Erwachsenen sind sie sogar bereit, wider ihr eigenes Empfinden, wider ihre eigene Wahrnehmung dem Erwachsenen abzunehmen, was er sagt. Der Mißbraucher hatte beim Aufbau der Beziehung diese Tendenz durch Befangen-Machen und Verwirrung-Stiften noch verstärkt. Nun hat er das Kind soweit, daß es Dinge tut, die es eigentlich nicht tun will, von denen es aber annehmen muß, daß es sie tun möchte. Der Mißbraucher führt diese Verwirrung des Kindes über sich selbst auf die Spitze, indem er ihm nun Realität definiert: »Es war schön für dich«, oder: »Du brauchst das«, oder: »Es ist doch nichts passiert«, oder: »Es hat nicht weh getan.« Das Kind nimmt dem Mißbraucher diese Definitionen ab, um seine eigene Verwirrung und Verunsicherung zu verdrängen. Tatsächlich aber wird genau dadurch seine Verwirrung noch gesteigert. Dies verlangt nach erneuten »Klarstellungen« etc.

Auch der von Mißbrauchern häufig verwendete Satz: »Ich weiß doch, was du wirklich willst«, zielt auf diesen Mechanismus ab. Der Satz kommt in dieser Variante in einer Situation zur Anwendung, in der der Mißbraucher beim Kind Ansätze zum Ausstieg wahrzunehmen meint. Er wird unter allen Umständen versuchen, Herr der Wahrnehmung und damit auch der Erinnerung des Kindes zu werden. Er will damit das Kind nicht nur gefügig machen, sondern baut auch dem drohenden Ausstiegsbedürfnis und der folgenden Aufdeckung vor, indem er für unklare, widersprüchliche Erinnerungen des Kindes sorgt. Die Mißbrauchsbeziehung eskaliert meist in der Weise, daß der Mißbraucher immer weitergehende sexuelle Manipulationen verlangt und dadurch einen unbewußten Widerwillen, eine keimhafte Abwehrtendenz beim Kind hervorruft. Der Mißbraucher muß also den Kontroll-Gegendruck ständig erhöhen. Er wird zu erreichen versuchen, daß das Kind *selbst* seinen Widerwillen und seine Abwehrtendenz nicht bewußt erkennt oder ihnen zumindest nicht traut. Er stiftet deshalb Selbst-Verwirrung und Selbst-Mißtrauen. So hat der Stiefvater das Mädchen in der Nacht mißbraucht. Während er genital mit ihm verkehrte, hatte er immer wieder geflüstert: »Du träumst, du träumst ...« Am nächsten Morgen, beim Frühstück, das Mädchen hat eine unklare Erinnerung, bemerkt der Stiefvater scharf: »Träume sind Schäume.« Aufgrund des Vorausgegangenen wird das Mädchen jetzt jeden Rest an Sicherheit über seine Erinnerung verlieren. Vielleicht war es ja nur ein Traum. Und wenn es ein Traum war, so war es Schaum, nicht wirklich. *Der Mißbraucher ent-realisiert den Mißbrauch.* Als Erwachsene wird das Mädchen keine spontane Erinnerung an den Mißbrauch mehr haben, aber seinen Gefühlen und Wahrnehmungen nicht trauen.

Der Mißbraucher definiert also, was er tut, und die Beziehung, die er aufgebaut hat, um. Er erklärt den Vorgang entweder für harmlos oder gar hilfreich und die Beziehung für normal: »Das machen alle Väter mit ihren Töchtern«, oder: »Ich kläre dich nur auf, das ist meine Pflicht als Vater.« Solche Definitionen und Erklärungen, die das Kind annimmt, weil sie vorübergehend seine Verunsicherung und Verwirrung beruhigen, gleichen einem trojanischen Pferd: Was als sinnstiftende Definition erscheint, ist in Wirklichkeit der selbstbezogene Eigenwille des Mißbrauchers. Das Kind übernimmt ihn – und erlebt ihn als seinen eigenen Willen. Es wird also immer mehr so wahrnehmen und denken (bezüglich der Mißbrauchsbeziehung), wie der Mißbraucher es will. Die Gehirnwäsche benutzt ähnliche Methoden. Die Mißbrauchsbeziehung ist eine Willenstransplantation.

Zur Machtstrategie, die das unterstützt, gehört die *Isolierung des Kindes.* Der Mißbraucher wird, so weit es möglich ist, das Kind aus seinem sozialen Umfeld isolieren. Er kann z.B. Streit zwischen Mutter und Tochter säen, kann Freunde des Kindes schlechtmachen: »Dein Freund Paul ist aber ziemlich schwabbelig«, oder kann Mißtrauen in die Freundesbeziehungen des Kindes tragen: »Hast du gehört, deine Freundin Erna hat sich neulich nach dem Konfirmandenunterricht mit Mike über deine Pickel lustig gemacht.« Das Isolieren trägt dazu bei, daß das Kind keine weiteren Vertrauten hat, mit denen es womöglich über die Übergriffe sprechen könnte. Eine etwas andere Form des Isolierens läuft so ab: »Schade, weil du eine Zahnspange trägst, lachen dich alle hinter deinem Rücken aus. Mir aber macht das nichts, daß du eine Zahnspange hast. Von mir bekommst du trotzdem einen Kuß.« Diese Form der Isolierung bindet das Kind zugleich an den Mißbraucher, denn er erweist sich als der einzige, der es nicht auslacht, häßlich findet etc. Wiederum ist die Strategie zu erkennen: erst verunsichern, dann Sicherheit anbieten und diese Sicherheit an die Person des Mißbrauchers binden. Älteren Mädchen gegenüber, die vielleicht schon in die Pubertät kommen und erkennen lassen, daß sie die Mißbrauchsbeziehung beenden oder aufdecken wollen, verwendet der Mißbraucher vielleicht folgende Variante des Isolierens: »Dich Schlampe [der Mißbraucher unterstellt damit, daß sie seit Jahren ständig Sex mit ihm haben will] will doch keiner mehr zur Frau haben. Sei froh, daß ich mich um dich kümmere.«

Zur Isolierungsstrategie gehört die *Geheimnisbindung:* Der Mißbraucher veranlagt durch Drohungen, durch hervorgerufene Scham, Unklarheit und Selbstmißtrauen, daß das Kind nicht mit Dritten über die Mißbrauchsbeziehung sprechen kann. Solche Verpflichtungen reichen von »Das ist jetzt unser Geheimnis« über »Das hast du doch nur geträumt« und »Glaubst du denn, deine Mutter würde dir zuhören?« bis »Keiner wird dir glauben. Man wird dich auslachen mit deinen Lügengeschichten.« Die Geheimnisbindung beruht weniger auf Drohungen, wie sie der Mißbraucher manchmal anwendet – »Wenn du das jemandem erzählst, kommst du ins Heim, ... bringe ich dich um, ... stirbt deine Mutter vor Schreck« –, sondern auf Scham und Erinnerungsunklarheit, auf Befangenheit gegenüber dieser Beziehung und Verwirrung über ihre Bedeutung, auf Unsicherheit darüber, was nun wirklich geschehen ist und vielleicht geträumt oder eingebildet wurde, so daß das Kind lange Zeit, manchmal ein ganzes Leben lang, nicht darüber reden kann und will.

Ein Kind *kann* über so widersprüchliche Situationen wie diese nicht sprechen, nicht weil es das vielleicht verboten bekommen hat, sondern weil sie selbst Geheimnis *sind:* Ein Vater sagt zu seiner Tochter: »Neben dem Sofa liegt was auf dem Boden; heb's doch mal auf.« Die Tochter, die das Ritual schon kennt, holt zunächst die Vaseline aus dem Bad – »Du willst doch nicht Aua haben«, hatte er früher dazu gesagt –, legt sich dann so über das Sofa, daß ihr Oberkörper über die Lehne nach unten hängt. Der Vater knipst das Licht aus. Das ist für die Tochter das Zeichen, das Höschen herunterzuziehen und die Beine so anzuwinkeln, daß der Po exponiert ist. »Findest du's?« fragt der Vater. »Nein«, sagt die Tochter. »Dann helf ich dir«, so der Vater. Darauf knüpft er seine Hose auf, cremt ihren Po ein und legt sich von hinten über sie, ebenfalls mit dem Oberkörper nach unten hängend. Während er nun anal in sie eindringt, keucht er ständig: »Ich find es nicht, ich find es nicht.« Schließlich steht er auf, knöpft sich die Hose zu, knipst das Licht wieder an und sagt: »Da war doch nichts.« – Eine bizarre, für das achtjährige Mädchen inzwischen zwar bekannte, so doch unverständliche Situation. Wie sollte es darüber sprechen? Und: War es überhaupt real? »Da war doch nichts«, besagt auch: »Es war gar nicht«, »Es war nicht real.« Es erinnert sich zwar, am Po etwas gespürt zu haben, aber es hat den Vater während des Übergriffs nicht gesehen. Nichts war gesprochen worden, was auf einen Übergriff hinweisen würde. Man hat nur über etwas Vermutetes gesprochen, von dem sich aber herausstellte, daß es gar nicht da war. Also war es nichts. Nichts war. – Wie könnte ein Kind darüber sprechen? In der Schule fiel es auf, weil es zwanghaft mit spitz nach oben gerichtetem Po auf allen Vieren unter den Bänken herumkrabbelte und dauernd etwas suchte, aber nie fand. Für das Kind ist dies Geheimnis. Solches Verfahren zählt zu den effizientesten Isolierungsstrategien.

Eine andere Strategie ist die des *»wahren Helfers«,* mit der der Mißbraucher nicht nur das Kind bezüglich Inhalt und Bedeutung der Mißbrauchsbeziehung verwirrt, sondern teilweise und phasenweise selbst an seine Umdeutungen, Verleugnungen und Bagatellisierungen glaubt. Auch vor sich selbst, nicht nur vor dem

Kind, wird der Mißbraucher die Realität des Mißbrauchs bzw. seine Bedeutung leugnen. Er wird ihn wie seine eigenen Ziele und Strategien dabei ent-realisieren, er wird, wie auch dem Kind gegenüber, Umdeutungen und Verleugnungen an die Stelle des Wissens und der realistischen Wahrnehmung setzen. Denn auch er ist beunruhigt und schafft sich durch verharmlosende Deutungen Beruhigung. Eine Seite in ihm weiß, was die Übergriffe bedeuten, eine andere Seite will es nicht wahrhaben. So baut er sich zunehmend eine Scheinwelt auf, in der der Mißbrauch Ausdruck einer besonderen, hochbedeutenden und für Außenstehende sowieso ganz unverständlichen Liebe zu diesem Kind ist. Erkennbar wird die Eskalation: Hieß es am Anfang noch: »Das tun alle Väter mit ihren Töchtern«, so muß es nach mehreren Jahren schon eine exorbitante Liebe sein, die das Geschehen noch rechtfertigt. Der mißbrauchende Jugendgruppenleiter z.B. kann sich als der einzige sehen, der seine Schützlinge wirklich kennt und liebt. Und das funktioniert zumindest so lange, wie auch das Kind den Wunsch hat, das, was der Mann mit ihm tut, möge bedeuten, daß er es auf eine ganz besondere Weise, zwar immer noch undurchschaut, lieb hat. Der Mißbraucher kann sich derart der Illusion hingeben, es geschehe alles aus Liebe oder wenigstens besonderer Fürsorge für dieses Kind, daß es nach der Aufdeckung noch Monate dauert, bis er in der Lage ist, seine eigene Vorgehensweise, seine Motive und Ziele realitätsgerecht zu rekonstruieren. Insbesondere Mißbraucher schon pubertierender Mädchen können noch nach der Aufdeckung dem Kind flammende Liebesbriefe schreiben: »Ich habe es nur für dich getan. Keiner kann das verstehen.«

Schon während der Zeit der sexuellen Übergriffe versucht der Mißbraucher, sich mit Selbstversicherungen wie: »Sie wehrt sich nicht, also will sie es eigentlich«, zu beruhigen, oder: »Es ist gut für sie, sie hält ganz stille« – tatsächlich hält sie still, weil sie Angst vor Schmerzen während des Verkehrs hat, oder weil sich kleine Kinder eben nicht bewegen und »toter Mann« spielen, wenn etwas Unheimliches, Bedrohliches geschieht. »Sex stärkt das Selbstbewußtsein des Kindes«, »Sex vertieft die Beziehung zum Kind«, »Die Kinder sind heute mit zehn Jahren so weit wie früher mit sechzehn«, »Streicheln ist doch noch kein Sex« – während er mit seinen Fingern das elfjährige Mädchen gerade in der Scheide »streichelt«. So versucht der Mißbraucher nicht nur ein positives Bild von sich selbst aufrechtzuerhalten, er charakterisiert sich sogar als »Helfer«. Er definiert sich selbst gegenüber seine Kontrolle über das Kind und die Ausbeutung des Kindes als Hilfe. Ein Mann schlug seine Frau mehrfach. Eines Tages rannte sie davon, zu einer Nachbarin. Nun befriedigte er sich an ihrem Kind – es sei eine »Hilfe« für das Kind gewesen, das über das Geschrei der Mutter erschrocken war, ein Trost.

Um sich selbst etwas vormachen zu können, wird der Mißbraucher Situationen herbeiführen, die ihm »beweisen«, daß das Kind ihn verführt. Er kann z.B. ein fünfjähriges Mädchen auswählen und sich in der Illusion wähnen: »Ich bin sozial und interessiere mich für vernachlässigte Kinder.« Er kauft ihm einen Ball – »Ich scheue keine Ausgabe für das Kind« –, spricht es an – »Ich bin kinderlieb« – und fordert es auf – »Es ist etwas schüchtern, ich helfe ihm ein wenig nach« –, sich auf den Boden zu setzen und mit ihm Ball zu spielen – »Ich verstehe Kinder und weiß, welche Spiele sie gern spielen.« Er läßt den Ball dann langsam genau so auf das Kind zurollen, daß es unwillkürlich die Beine spreizt, um den Ball in Empfang zu nehmen – »Das Luder, die will es von mir. Kaum kennen wir uns, schon macht sie die Beine breit.«

Mit solch einem Arrangement und den Interpretationen, die er den Details selbst gibt, hat er nicht nur eine Mißbrauchsbeziehung auf den Weg gebracht, sondern zugleich auch die Strategie veranlagt, auf die er sich bei der Aufdeckung hauptsächlich stützen und die er teilweise auch selbst glauben wird: »Sie hat mich verführt.«

Aufdeckung

Auch nach der Aufdeckung – die selten vom Opfer ausgeht, eher von aufmerksamen Dritten – wird der Mißbraucher seine Definitionsmacht auszuüben versuchen, nun nicht mehr nur gegenüber dem Kind – »Glaub nicht, was dir andere einreden wollen« –, sondern verstärkt auch gegenüber der aufdeckenden Umgebung. Zunächst wird er an seine Umdeutungen und Selbst-Täuschungen anknüpfen, wie sie skizziert wurden. Was als Umdeutung vor dem Kind beschrieben wurde, kann jetzt in Form einer Verleugnungs- und Bagatellisierungsstrategie eingesetzt werden.

Ob der Mißbraucher schließlich dem Alkohol die Schuld zuweist – »Auf einmal war ich zugeknallt, und von da ab weiß ich nicht mehr, was passiert ist« – oder ob er die »Verführungstheorie« anwendet – die übrigens auch in der Fachwelt lange akzeptiert war und auf Sigmund Freud zurückgeht –, immer wird er das Bild umdrehen wollen: Er sei nicht der Täter, der Aktive gewesen, sondern das Opfer, der Passive. Er sei das Opfer furchtbarer Kindheitsumstände, eines Erbschadens, einer Staublunge (sic!), mißgünstiger Nachbarn, seelischer Krankheit oder eines fanatischen Jugendamtes: »Das Jugendamt hat das Kind weggeholt. Dort ist die Kleine dann mißbraucht worden. Jetzt will man das mir in die Schuhe schieben.« Oder er sei das Opfer des Kindes oder der Kinder, die in schamloser Geilheit *ihn,* der solches von sich gar nicht kannte, sexuell belästigt hätten. – Es gibt in diesem Zusammenhang keine Ausrede, die es nicht gibt. Ziel ist immer, nicht nur das Eigeninteresse, den Ausbeutungscharakter der Beziehung zu leugnen, sondern die Gesprächspartner zu überzeugen, die Verursachung genau andersherum zu sehen: Eigentlich sei das Kind schuld gewesen oder doch wenigstens ein Etwas, das irgendwie stärker als der Mißbraucher war. Damit versucht der Mißbraucher bei der Aufdeckung des Mißbrauchs die Umdeutungen fortzuspinnen, die er dem Kind suggeriert hatte. Und stellt er nicht das Kind als Verursacher dar, dann wenigstens einen

Umstand, der nicht unter seiner Kontrolle lag: »Ich stand unter Drogen«, »Ich bin seelisch krank«, »Ich habe eine schlimme Kindheit gehabt«, »Es kam über mich«, »Ich hatte Partnerprobleme« etc.

Teils wohl aus Berechnung, teils um die dunkel empfundene Scham über das Geschehene abzuwehren, stellt er sich dabei ausdrücklich als hilfsbereiten, gutartigen und arglosen Menschen dar: »Ich wollte sie untersuchen; sie sagte, sie hätte Bauchweh«, »Ich habe ihr beim Einschlafen geholfen«, »Ich wollte sie aufklären« etc. Er versucht in diesem Zusammenhang, den Mißbrauch so darzustellen, als sei er gut für das Kind gewesen – zumindest von ihm gut gemeint. Es gibt Mißbraucher, die während der Konfrontationsgespräche in der Aufdeckungsphase ständig ihre Harmlosigkeit, Charakterfestigkeit etc. betonen: »Ich bin ein Mensch, der immer hilfsbereit ist«, »Ich bin meiner Frau immer treu gewesen, deshalb kann ich sowas gar nicht gemacht haben«, »Meine Kinder haben sich immer gefreut auf die Kitzelstunde abends. Die standen an der Tür und haben immer gesagt: ›Wo bleibt denn der Papa?‹«, »Ich bin ehrlich und zuverlässig, das können Sie mir glauben«, »Ich bin anerkannt und beliebt – in der Nachbarschaft, im Verein, überall. Die täuschen sich doch nicht.«

3. »Ich kann nichts dafür« – Die »Triebtheorie« des Mißbrauchers

Im Zusammenhang mit den Leugnungs- und Bagatellisierungsversuchen des Mißbrauchers spielt insbesondere die Theorie vom »starken Trieb« eine große Rolle. Er vertritt sie gerne, und sie wird ihm z.T. in der Öffentlichkeit auch abgenommen: »Ich war in sexuellem Notstand«, »Ich hab' eben so einen starken Trieb.« – Der Mißbraucher hält das für eine Erklärung oder Entschuldigung, und natürlich ist es das nicht. Falls es so etwas wie einen »starken Trieb« tatsächlich geben sollte, dann wäre das immer noch keine Erklärung für die sexuelle Ausbeutung eines Kindes, schließlich gibt es andere und nicht-destruktive Formen der Sexualität.

Die Triebtheorie ist – auch im Gespräch mit Mißbrauchern – mit keinem rationalen Argument aus der Welt zu schaffen, sie ist irrational verwickelt und versponnen. Zunächst kann der Täter auf die Idee kommen, sich diese Theorie selbst zu bestätigen, aus ihr einen Grund für noch mehr Mißbrauchsbeziehungen ableiten. Tatsächlich sind die meisten Mißbraucher Mehrfach-Täter – statistisch beutet jeder im Durchschnitt acht Kinder aus. Die Triebtheorie bietet, zumindest vom Mißbraucher aus gesehen, einen Grund dafür, daß er »leider« noch mehr Kinder ausbeuten muß, wenn er so ein Sexualgigant ist. Des weiteren berührt diese Trieb-Ausrede noch einen anderen Aspekt. Die Triebtheorie ruft Phantasien vom »richtigen« Mann wach und behauptet, der Mißbrauch sei primär sexuell motiviert. Damit lenkt der Täter – auch sich selbst – von seinen eigentlichen Motiven und Zielen ab. Wie im folgenden zu zeigen sein wird, trifft die Triebtheorie und damit die Theorie von der primär sexuellen Motivierung des Mißbrauchs nicht zu.

Wie die bisherige Beschreibung der Strategien des Mißbrauchers gezeigt hat, wird er keineswegs von dem plötzlichen, irgendwie übermächtigen Durchbruch eines Triebes heimgesucht, vielmehr handelt es sich um die äußerst langwierige, Geduld und kühle Überlegung fordernde Vorbereitung einer längerfristig veranlagten Beziehung. Sexueller Mißbrauch wird wohl differenzierter und umfänglicher vorbereitet als ein Bankeinbruch, und noch im Verlauf der Mißbrauchsbeziehung weiß der Mißbraucher sich auf das sorgfältigste zu kontrollieren. Er verliert nie aus den Augen, wie er vorgehen muß, was er alles berücksichtigen muß, um das Kind gefügig zu halten und sich gegen Aufdeckung zu sichern. Ich habe Mißbraucher kennengelernt, die sich noch im Ablauf des sexuellen Übergriffs so weitgehend unter Kontrolle hatten, daß sie, für den Fall der Aufdeckung, den Vorgang als harmlos oder doch »nicht so schlimm« darstellen können. So verkehrte ein Mißbraucher mehrfach genital mit seiner Tochter. Weil er wußte, daß vor Gericht »vollendeter Beischlaf« mit Minderjährigen schwerer wiegt als »nichtvollendeter«, löste er sich kurz vor seinem Höhepunkt von der Tochter und führte ihn extern herbei: »Ich hab' sie geschont. Sie war ja noch keine Frau.« – Daß er damit zusätzlich Ekel und Angst beim Kind hervorrief, hatte er nicht im Auge.

Auch das Verhalten der Täter nach der Aufdeckung widerlegt die Triebtheorie: Nicht nur in den ersten Konfrontationsgesprächen, den vielleicht folgenden polizeilichen Vernehmungen und in der Gerichtsverhandlung, sondern noch nach der Verurteilung und dem Verbüßen einer Strafhaft, wenn es also gar keinen sexuellen Kontakt mehr mit dem Kind geben kann, versucht der Mißbraucher, seine Definitions- und Kontrollmacht auch gegenüber der Umgebung des Kindes, gegenüber Fachleuten und Behörden zu installieren. Z.B. ruft ein längst verurteilter und inzwischen aus zweijähriger Strafhaft entlassener Mißbraucher in der Therapieeinrichtung an, während dort gerade eine therapeutische Gruppensitzung mit mißbrauchten Mädchen – darunter seine Tochter – und, parallel dazu, eine Sitzung mit dem nicht-mißhandelnden Elternteil durchgeführt wird. Er nennt zunächst seinen Namen und sein Anliegen nicht, sondern behauptet, gesehen zu haben, wie seine Tochter in die Therapieeinrichtung gezerrt worden sei: »Ich muß das mal dem Jugendamt melden.« Dann beschimpft er die Sekretärin, weil sie keine nähere Auskunft über die Gruppe geben will. Schließlich verwickelt er sie in ein Gespräch über seine Lebenssituation: Er sei arbeitslos und den Behörden ausgeliefert; die hätten auch seine Tochter mißbraucht, seine Frau habe ihn verlassen – tatsächlich hatte er seine Frau mehrfach krankenhausreif geprügelt, bis sie schließlich ins Frauenhaus geflohen ist. Ob er einmal zur Beratung kommen könne? Es finde doch gerade eine Gruppe für Eltern statt. Er sei doch auch Vater. Wieso man ihn ausschließe? – So schafft er es, mit einer Mischung aus unklaren Drohungen und Versuchen, Mitleid hervorzurufen, für ein paar Stunden die ganze Einrichtung unter Kontrolle zu bekommen. Er ruft noch dreimal an und vermittelt insbesondere der Sekretärin ein diffuses Gefühl der Bedrohung. Zugleich fühlt diese sich verpflichtet, die Berater zu fragen, ob sie nicht doch auf diesen Mann eingehen könnten. Schließlich diskutiert und befindet das Team einen ganzen Abend lang höchst kontrovers über diesen Mann. Er besetzt also für mehrere Stunden die Aufmerksamkeit des Fachpersonals, wie er jahrelang die Aufmerksamkeit des Kindes besetzt gehalten hatte: Unter Spannungen zieht er alle Gedanken und Empfindungen auf sich. – Obwohl der Fall juristisch längst abgeschlossen ist und der Täter weiß, daß er das Kind nicht mehr wieder sehen wird und daß alle wissen, was sich jahrelang zwischen ihm und dem Kind abgespielt hat, versucht er dennoch, weiterhin Macht und Kontrolle auszuüben. Zu diesem Zeitpunkt kann es ihm weder um die Befriedigung eines plötzlich durchbrechenden Triebs gehen noch darum, weitergehende Aufdeckung zu verhindern. *Es geht vielmehr um die Macht, definieren zu können, was real ist*. Das belegen auch »Liebesbriefe« und Nähe-Definitionen, mit denen der

Mißbraucher nach Aufdeckung und Verurteilung sein früheres Opfer und z.T. auch dessen Umgebung, selbst noch das therapeutische Fachpersonal umstellt. Wissend, daß ein Kontakt auf absehbare Zeit nicht mehr möglich ist, kann der Mißbraucher dem Kind Sätze wie diese schreiben: »Niemand hat mich so verstanden wie du. Ich brauche dich.« Oder – mit der Variante, durch hervorgerufene Schuldgefühle an sich zu binden: »Ich werde dich immer lieben, auch wenn du mich längst vergessen haben wirst«, »Keiner kann unsere zarten Bande zerschneiden.« Oder an die Mutter des Opfers: »Bist du sicher, daß du nicht doch aus Eifersucht wegen der guten Beziehung zwischen Irina und mir die alberne Mißbrauchsgeschichte aufgebracht hast?« Auch den Psychologen kann es treffen: »Was hätte ich denn machen sollen – als Mann? Die Kleine hing auf dem Sessel, auf einmal machte sie die Beine breit. Da wär Ihnen doch auch schwül geworden. Sie sind doch auch ein Mann.« Oder: »Wenn Sie als Psychologe was taugen, dann verstehen Sie, daß ich durch den Trieb einfach überwältigt wurde. Meine Frau hatte sich mir seit Monaten verschlossen. Wozu haben Sie denn studiert, wenn Sie das nicht verstehen?«

Mißbrauch beginnt also nicht mit Sexualität, und er ist nicht beendet, wenn sexuelle Kontakte mit dem Kind nicht mehr möglich sind. Dem Mißbraucher geht es offensichtlich um etwas anderes: Er scheint Macht und Kontrolle darüber ausüben zu wollen, wie sein Verhalten als Mann dem Kind gegenüber definiert und gedeutet wird. Und vor, während und noch nach Beendigung der Mißbrauchsbeziehung setzt er alles daran, von der Tatsache abzulenken, daß der Mißbrauch mit dem *Beschluß* beginnt, Kinder künftig sexuell auszubeuten.

Steht auch der sexuelle Übergriff beim Mißbrauch ganz im Vordergrund, so scheint es doch nicht in erster Linie oder jedenfalls nicht ausschließlich um Sexualität zu gehen. Macht und Kontrolle darüber zu besitzen, wie andere, in erster Linie das Kind, ihn als Mann sehen, oder als ebenso mächtiger wie fürsorglicher Mann zu erscheinen – das scheint dem Mißbraucher das primäre Anliegen zu sein. Wie ist das zu verstehen? Weshalb braucht er eine derartig aufwendige und riskante Inszenierung seiner Männlichkeit?

So verschieden die Mißbraucher hinsichtlich Herkunft, Bildungsniveau, Persönlichkeitsstruktur und aktueller Lebenssituation sind, es schält sich ein ihnen gemeinsamer Grundkonflikt heraus, aus dem sich zwar der Mißbrauch nicht zwangsläufig ableiten läßt, der aber doch plausibel machen kann, wie Mißbraucher erst einmal die Phantasie entwickeln können, Kinder sexuell ausbeuten zu wollen.

1. Mißbraucher scheinen tief vom *klassischen Männerbild* überzeugt, das man etwa so formulieren kann: Ein Mann ist überlegen, stark und unabhängig. Der spätere Mißbraucher glaubt aufgrund einer autoritären Erziehung, die die Geschlechterrollen in konservativer bis rigider Weise weitergibt, schon als Junge an den »Mythos Mann«. Er hat die männliche Norm derart verinnerlicht, daß er sie überschreitende Individualisierungen nicht ausprobieren konnte, über die Norm hinaus individualisierte Männer nicht kennt und nicht kennen will. Seine Erziehung zielte nicht auf ein eigenständiges männliches Individuum, sondern auf einen – irgendeinen – Vertreter des männlichen Geschlechts, der der Norm entspricht. Er wurde nicht als Ich angesprochen, sondern als Träger einer Rolle.

Zu diesem rigiden Männerbild – das auch von Frauen vertreten werden kann – gehört ebenso das *»Hingabe-Tabu«*, das sich etwa so charakterisieren läßt: Ein Mann gibt sich keinen Gefühlen hin, schon gar nicht in der Beziehung zu Frauen und Kindern, vielmehr beherrscht er Frauen und Kinder. Ein zärtlicher Mann ist »ein Waschlappen, oder er ist schwul«. Ein Mann muß immer die Kontrolle behalten, besonders über Frauen und Kinder, auch über seine eigenen Gefühle. Statt sich Gefühlsduseleien hinzugeben, setzt er anderen Grenzen und grenzt sich damit selbst ab. Lediglich aggressive Gefühle darf er nicht nur zeigen, sondern muß sie auch ausleben, damit alle wissen, daß er es ernst meint.

Das rigide Männerbild und das Hingabe-Tabu werden in der Regel durch einen autoritären Vater oder Ersatzvater vermittelt, der seine Anerkennung des Jungen vom Grad seiner bereits erreichten »Männlichkeit« abhängig macht. Aber auch Jungen-Cliquen können auf diese Art von Geschlechtsrolle eichen: Anerkennung in der Clique erhält dann nur, wer verbal oder tätlich Mädchen belästigt und allseits deutlich macht, daß er Weiblichkeit lächerlich und irgendwie unnütz findet und die Kontrolle über die Beziehungen zu Mädchen hat. Männliche Sexualität wird als Entladungs- oder »Entsorgungsvorgang« gedacht. Weiblichkeit interessiert weder sozial noch persönlich, sondern nur funktional, als Vorrichtung zur Abfuhr für den allzeit lauernden Entladungsdruck des Mannes. Für diese Art Mann verknüpft sich dann auch später Spannungsabfuhr, selbst ganz anderer als sexueller Herkunft, mit dem Entladen seines Organs. – Männlichkeit definiert sich demnach gegenüber der Welt durch Dominanz, insbesondere über Frauen und Kinder. Dem korrespondiert die Verfügbarkeit der Frau und der Kinder für die Zwecke des Mannes.

Um dieses Männerbild durchhalten zu können, muß der Mann davon absehen, daß Frauen und Kinder Individualitäten sind. Ihren Belangen kommt kein Gewicht zu. Notfalls muß dies Gewaltausübung dokumentieren, üblicherweise Rücksichtslosigkeit. Der Mann beweist sich durch Rücksichtslosigkeit gegenüber Frauen und Kindern auch, daß er nicht in Gefahr ist, sich hingebend zu verlieren. Denn das ist es, was er fürchtet. Hingabe wäre weibisch. Deshalb muß er insbesondere in sexuellen Situationen, die er als Festakt seines Mannseins konzipiert, auf rücksichtsloses, die Partnerin nicht achtendes Vorgehen Wert legen. Körperliche Begegnung und sexuelle Ausbeutung sind ihm das gleiche.

2. Der später potentielle Mißbraucher hat damit aber auch einen *elementaren Widerspruch* zu diesem rigiden Männerbild verinnerlicht. Er kann der Norm gar nicht gerecht werden. Er hat sich zu Hause unterlegen gefühlt – der Vater, der ältere Bruder haben ihn ständig gedeckelt, oder, noch schmählicher, die Mutter hat ihn autoritär dominiert; er war abhängig – z.B. von der älteren Schwester, ohne deren ständige Hilfe er nicht durch die Schule gekommen wäre – und hilflos – wenn der Vater ihn schlug, die Eltern moralischen Zwang ausübten, wenn er gedemütigt und verletzt wurde. *Hilflosigkeit darf aber nicht sein:* Wenn ich unterlegen, abhängig und hilflos bin, bin ich kein Junge und werde kein Mann. Bin ich überhaupt ein richtiger Junge, kann aus mir ein Mann werden?

Gemeinsam ist den Mißbrauchern diese zentrale innere Spannung zwischen dem Festhalten an einem patriarchalischen Männerbild und der Erfahrung, dieses Bild selbst gar nicht ausfüllen zu können. Ganz im Gegensatz zu seinem Männerbild fühlt sich der Mißbraucher innerlich schwach, unsicher, ohnmächtig. Schon die geringste Zurücksetzung, jeder Mißerfolg, beruflich oder privat, lassen in diesem erwachsenen Mann den Grundzweifel wieder aufreißen. Er wird immer bestrebt sein, eine Fassade der Stärke und Überlegenheit aufrechtzuerhalten, die nicht nur der Welt imponieren soll, sondern auch die Eigenwahrnehmung von Schwäche und Ohnmacht kompensiert und übertönt. Besonders Frauen gegenüber, von denen er fürchten muß, daß sie die Hülse seines Mannseins erkennen, wird er entweder zurückhaltend sein, sich nur oberflächlich auf sie einlassen oder ihnen mit Gehabe entgegentreten.

Nun weiß der potentielle Mißbraucher aber, daß nicht alle Frauen auf sein Gehabe hereinfallen oder ihnen auf die Dauer ein

Mann als Normdarsteller nicht genügt. *Deshalb liegt es ihm nahe, sich mit Kindern zu beschäftigen.* Kinder vermitteln dem Erwachsenen grundsätzlich das Gefühl, überlegen zu sein, den besseren Überblick und die Dinge in der Hand zu haben. Macht und Kontrolle über ein Kind aufzubauen und auszuüben, ist eher möglich als über eine erwachsene Frau. Erwachsene Frauen neigen dazu, eigene Meinungen zu haben, Wünsche, ja manche wissen sogar, was sie wollen und was sie nicht wollen. Sie sind, so muß dieser Mann befürchten, *individuell.* Das Kind dagegen ist in ganz natürlicher Weise bereit, sich dem Erwachsenen, und erst recht dem Mann, unterzuordnen, seine aufkeimende Individualität insoweit zurückzustellen und sich am Erwachsenen zu orientieren. Diesem ganz natürlichen Gefälle zwischen Kind und Erwachsenem hilft der Mißbraucher nur etwas nach und eicht die Unterordnungsbereitschaft des Kindes, die es im Prinzip allen Erwachsenen entgegenbringt, auf sich, d.h. er bindet das Kind in der beschriebenen Weise durch eine Mischung aus unklar motivierter Zuwendung und vager Drohung. *Jetzt erlebt er Macht.*

Warum kann er es dabei nicht bewenden lassen? Weil es ihm nicht um irgendeine Macht geht – wie er sie als Vorsitzender im Kegelverein, als Chef einer kinderärztlichen Abteilung etc. erlangen könnte –, sondern um die *Macht als Mann, will er das Machtverhältnis zum Kind sexualisieren.* Gerade deshalb zieht er die Beziehung zu dem Kind auf eine Ebene, auf der es überhaupt nichts eigenes einbringen kann, denn es besitzt im Sinne der Erwachsenen keine Sexualität. Ein Kind kann zwar Sexualobjekt, nicht aber Sexualpartner sein. Gerade das macht es aber in dem beschriebenen Zusammenhang attraktiv. Der Vorgang, die Macht- oder jedenfalls Abhängigkeitsbeziehung zum Kind zu sexualisieren, trägt sich umgehend selbst: Das Kind wird in eine terra incognita eingeführt, in der es nun erst recht auf kundige Führung angewiesen ist. Jetzt »braucht« es den Erwachsenen, um zu verstehen, was geschieht.

Der Mißbraucher bemächtigt sich also des Eigenwesens und Eigenwillens eines Kindes, indem er die Macht- und Abhängigkeitsbeziehung zuerst aufbaut und dann sexualisiert. Nun kann er die Früchte seiner langen Vorbereitungen ernten. Jetzt ist er ein richtiger Mann, denn er hat sich ein anderes Wesen zu seiner sexuellen Verfügung bereitet. Er erreicht damit eine Selbstwertstabilisierung, wie er sie in der Beziehung mit einer erwachsenen Frau nicht nur selten erreichen, sondern unter Umständen sogar gefährden würde. Er will mit dieser Art Machtbeziehung seiner, gegenüber der Norm unzulänglichen Männlichkeit nachhelfen. Das spitzt sich im Moment des sexuellen Verkehrs mit dem Kind zu, in dem der Mißbraucher seine Potenz und damit Macht triumphal erlebt – bei dem ansonsten vorherrschenden Lebensgefühl von Nichtigkeit und Hilflosigkeit.

Es geht dem Mißbraucher nicht primär um Sexualität, es geht ihm um das kompensatorische Erleben der Überlegenheit. Ein Beleg dafür ist die Tatsache, daß der Mißbraucher neben der Mißbrauchsbeziehung normale sexuelle Beziehungen zu Frauen haben kann – sofern diese an seine Fassade glauben – und er oft gleichzeitig, ja fast wahllos Mädchen und Jungen mißbraucht. Es ist ihm fast gleichgültig, woran er sich entlädt. Wesentlich ist ihm nur, daß er dafür jemanden, ein Etwas zur Verfügung hat. Nur das gleicht ihm einst und aktuell erlittene Kränkungen und Hilflosigkeiten aus.

Männliche Norm

Man(n) gerät also aus dem Widerspruch zwischen Männerrolle und persönlicher Realität in die Versuchung zum Mißbrauch. Weder abnorme Triebhaftigkeit noch seelische Krankheit ist der Hintergrund für sexuellen Mißbrauch, sondern verunsicherte Männlichkeit. Aus seiner, wenn auch weitgehend unbewußten Sicht versucht der Mißbraucher damit, eine Norm zu erfüllen.

Insofern ist sein Verhalten nicht »abweichend«, sondern im Gegenteil normerfüllend. Der Mißbraucher hat ständig Angst, von der Männlichkeitsnorm abzuweichen. Sexueller Mißbrauch ist für ihn ein Mittel, sich der Übereinstimmung mit der Männlichkeitsnorm zu versichern. Sexueller Mißbrauch ist demnach kein abweichendes oder sexualperverses Verhalten, sondern ergibt sich direkt aus der individuellen Erfahrung des übermächtigenden Rollenklischees.

Der ultimative Triumph in diesem Zusammenhang ist der Mißbrauch des eigenen Kindes. Manche Mißbraucher erinnern sich an ein geradezu feierliches Gefühl, wenn später der sexuelle Übergriff auf das eigene Kind rekonstruiert wird: Endlich wurde ihm Genugtuung für die zahlreichen Demütigungen und Schmähungen zuteil, die er am Arbeitsplatz, in der Ehe oder früher auch durch die Stiefmutter etc. erlebt hat. Mißbraucher, die sowohl fremde wie eigene Kinder ausbeuten, machen eine klare Unterscheidung. Mit der eigenen Tochter ist es doch etwas anderes: Vermeintlich ist etwas wie Vertrautheit, Anerkennung, ja Zuneigung zu erfahren, wenn er sie unter dem Pullover streichelt. Hier ist er nicht nur mächtig, hier wird er auch noch geliebt dafür.

Aus solcher Rekonstruktion der seelischen Ausgangslage des Mißbrauchers läßt sich, auch wenn sie zutrifft, der Mißbrauch nicht zwangsläufig ableiten. Wie die Arbeit mit Mißbrauchern immer wieder zeigt (vgl. Kapitel 9), steht am Anfang des Mißbrauchs ein *Beschluß*. Psychologische und soziologische Erklärungen sind das eine, die Entscheidung ist das andere. Die meisten Männer, die mit dem beschriebenen Grundkonflikt aufwachsen – es dürfte die Mehrheit der Männer sein – werden keine Mißbraucher. Und auch die Rekonstruktion zusätzlicher spezieller, individueller Lebensumstände der einzelnen Mißbraucher erbringt keinen im kausalen Sinn zwangsläufigen Zusammenhang zwischen biographischen Umständen und Mißbrauch. Sexueller Mißbrauch beginnt mit einer Entscheidung.

Die Rekonstruktion des Hintergrundkonflikts der Mißbraucher ist merkwürdig einfach – und merkwürdig vertraut. Sie ist ein weiterer Beleg für die Normalität der Mißbrauchsbeziehung. Sie fällt psychologisch so wenig aus dem Rahmen, wie die mißbrauchenden Männer auch in anderer Hinsicht aus dem normalen Rahmen fallen. Sie haben zumeist eine Familie, sind, sofern sie aus der Mittelschicht kommen, angesehen und einflußreich, haben normale Berufe, gehen normalen Freizeitaktivitäten nach. Sie sind keine Triebmonster, keine Perversen, die zwanghaft exotischen Sexualpraktiken anhängen, sie sind weder verrückter noch anderen seelischen Krankheiten verfallen als die Gesellschaft, in der sie gut integriert leben. *Mißbraucher sind normal.*

Pädophilie

Es gibt eine kleine Gruppe von Mißbrauchern, die von sich behaupten, von dieser Normalität eine – löbliche – Ausnahme zu sein: die Pädophilen. Tatsächlich nehmen sie für sich noch einen anderen Aspekt der verunsicherten Männlichkeit in Anspruch, der von den typischen Mißbrauchern weniger offensiv vertreten wird: die innere Kindlichkeit des Mißbrauchers. Pädophile widmen sich ausdrücklich einem Kinderbild, wonach *das Kind* den »zärtlichen« (sexuellen) Austausch sucht. Aus fachlicher Sicht bedeutet das, daß sie ihre eigenen sexuellen Bedürfnisse im Kind wahrnehmen. Sie unterscheiden nicht zwischen ihrer Erwachsenensexualität und dem natürlichen allgemeinen Bedürfnis des Kindes nach Zuwendung. Sie wenden sein Zuwendungsbedürfnis ins Sexuelle. Deshalb suchen sie sich gezielt Kinder aus, die im besonderen Maße zuwendungsbedürftig sind, vergleichbar »normalen« Mißbrauchern. Weil sie keine äußere Gewalt anwenden, halten sie sich für rücksichtsvoll und nennen sich zynischerweise »Kinderliebhaber«, »Mädchenfreunde« etc.

Pädophile wenden etwas andere Kontrollstrategien an: Sie versuchen, die Macht über das Kind nicht durch Verunsicherung und eine Mischung aus Locken und vagem Drohen zu gewinnen, sondern indem sie sich dem Kind angleichen. Während der »normale« Mißbraucher das Kind auf eine, diesem unverständliche Erwachsenenebene zieht, stellt sich der Phädophile auf die Ebene des Kindes, spielt mit ihm, geht ausführlich auf es ein. Indem der Pädophile sich gut in das Denken und Erleben des Kindes einfühlt, gewinnt er es für sich. Der »normale« Mißbraucher versucht das erst gar nicht, sondern will umgekehrt das Kind dahin bringen, *ihn* zu verstehen, sich *seinen* Bedürfnissen zur Verfügung zu stellen. Wegen dieses Unterschieds in der vorbereitenden Vorgehensweise weisen es Pädophile weit von sich, zu den Mißbrauchern gezählt zu werden. Ihre Vereinspublikationen und ihre Lobbyisten (vgl. dazu Enders 1991) sind unablässig bemüht, diesen Unterschied rechtfertigend und den Mißbrauch verharmlosend darzustellen.

Das Ergebnis ist aber das gleiche: Das Kind wird von den Erwachsenen und ihren sexuellen Belangen übermächtigt und dann ausgebeutet. Entgegen ihrer Behauptung, sich gut in das Kind einzufühlen, können oder wollen sie nicht zwischen ihrem Erleben und dem Erleben des Kindes unterscheiden. Weil sie in sich eine biographisch bedingte Nähe zum Kind, zur Kindlichkeit erleben, meinen sie, das konkrete Kind, zu dem sie eine Beziehung aufbauen, gut zu kennen. Gerade das aber liegt nicht vor. Wie die »normalen« Mißbraucher sehen auch Pädophile das Kind nicht in seiner Eigenständigkeit. Der erwachsene Teil der pädophilen Persönlichkeit erlebt sich als »Führer« des Kindes – bezeichnenderweise eben immer nur in bezug auf dessen Sexualentwicklung –, der kindliche Teil erlebt sich mit dem Kind identisch, d.h. der Pädophile spaltet sich in zwei nicht zueinander passende Persönlichkeitsanteile auf und erlebt den einen Teil in sich, den anderen Teil im Kind, das er vor sich hat.

Wie andere Mißbraucher erkennt der Pädophile das Kind nicht als ein eigenständiges Ich, zugunsten dessen, daß er sich selbst als ein Ich, als Individuum – und das heißt: als ein Ungeteiltes – erleben kann. »Ich kann nur ein erwachsener Mann sein, wenn du mir verfügbar bist.« »Ich, mein Ich, ernähre ich an dir.« »Ich benutze die Verfügung über dein Ich [über das ich am effizientesten verfüge, indem ich Herr deines Leibes bin], um mich meines Ichs zu vergewissern.« – So läßt sich die Botschaft formulieren, die der Pädophile genauso wie andere Mißbraucher dem Kind über Monate und Jahre zwischen den Worten seines Redens und in seinem Handeln übermittelt. *»Ich kann nur ein Ich sein, wenn du kein Ich bist.«*

4. »Was Frauen mit Kindern tun, tun sie aus Liebe«? – Mißbraucherinnen

Sexueller Mißbrauch war bislang unweigerlich an den Mißbraucher, also den männlichen Täter geknüpft. Mißbraucherinnen lagen bislang außerhalb der allgemeinen Wahrnehmung. Es ist schwer, Frauen als initiativ beim sexuellen Mißbrauch darzustellen, noch gibt es kaum Erfahrungen in diesem Bereich.

Mitte der achtziger Jahre hat die Frauenbewegung das Thema der sexuellen Gewalt gegen Mädchen in die Diskussion gebracht und versucht, ein gesellschaftliches Tabu zu brechen. Mitte der neunziger Jahre sind es wiederum engagierte Frauen, die die Diskussion eröffnen, diesmal über Mißbraucherinnen. Berater und Beraterinnen, die mit Opfern sexueller Gewalt arbeiteten, mußten feststellen, daß betroffene Frauen und Männer nicht etwa ausschließlich von Männern sexuell mißbraucht wurden, sondern auch von Frauen. Eine weitere Facette des sexuellen Mißbrauchs wurde sichtbar, ein weiteres gesellschaftliches Tabu gebrochen. Frauen sind nicht nur Opfer, sondern können auch Mißbraucherinnen sein. Das Thema des sexuellen Mißbrauchs ist damit immer weniger einzugrenzen. Männer und Frauen können Mädchen und Jungen ausbeuten, können Grenzen der Persönlichkeit überschreiten und mißachten. Auf diese Grenzverletzungen muß die Prävention, die Arbeit mit Mißbrauchern und Mißbraucherinnen das Augenmerk richten. Die neu auftauchenden Facetten und die immer schwieriger abgrenzbaren Rollen von Männern und Frauen erschweren das Verständnis und die präventive Arbeit. Die Beschäftigung mit den anstehenden Problemen legt mehr Fragen als Antworten nahe.

Als »Fachfrau« versuche ich zwar, mich auf diese neuen Facetten einzulassen, reagiere jedoch, wie es auch B. Kavemann (1995) beschreibt, mit einer »Ja, aber«-Haltung, mit Abwehr, bin erfinderisch in »Ausreden« für das Verhalten der Mißbraucherinnen und schaffe somit Distanz zu diesen Frauen.

Es gibt den sexuellen Mißbrauch durch Frauen, aber

... weniger Frauen als Männer mißbrauchen Kinder,
... sexueller Mißbrauch durch Frauen ist nicht so schlimm,
... Frauen mißbrauchen nicht so gewalttätig wie Männer,
... Mißbraucherinnen sind selbst mißbraucht worden,
... ein Mann hat sie gezwungen,
... diese Frauen sind abartig,
... in der Regel internalisieren Frauen Gewalterfahrungen und richten sie nicht wie Männer gegen andere,
... es gibt kaum Opfer, die davon berichten,
... was hat das mit mir als Frau, als Beraterin zu tun?

Weniger Frauen als Männer mißbrauchen Kinder?

Anfangs war die Diskussion um den sexuellen Mißbrauch von Polarisierung gekennzeichnet. Wieder einmal waren Männer die Täter und Frauen oder Mädchen die Opfer. Ein bislang schon gültiges Gesellschaftsbild mit vorgeprägten Rollenerwartungen an Frau und Mann wurde bestätigt. 98% der Täter waren demnach Männer, etwa 90% der Opfer Mädchen. In der Tat berichteten Frauen- oder Mädchenberatungsstellen oder Einrichtungen, die sich speziell um sexuell mißbrauchte Kinder kümmern, kaum von Frauen als Täterinnen. Gab es sie tatsächlich nicht?

Mit der voranschreitenden Diskussion und den voranschreitenden Erfahrungen veränderte sich das Bild. Immer mehr Jungen oder Männer und Mädchen oder Frauen fanden den Mut, über ihre Erfahrungen mit Mißbraucherinnen zu sprechen.

Sicherlich liegt der Anteil der Täterinnen nicht bei 50% oder mehr, vermutlich eher bei etwa 20%. Deutlich wird aber, daß eine neue Facette des Mißbrauchsthemas Eingang in unsere Denkstrukturen finden muß. Kein Zahlenspiel um Prozente kann von diesem eigentlichen Thema ablenken.

Sexueller Mißbrauch durch Frauen ist nicht so schlimm?

Was steht hinter diesem oft gehörten Satz? Drei mögliche Erklärungen bieten sich für mich an:

1. Mißbrauch wird mit Vergewaltigung gleichgesetzt.
2. Frauen können Jungen oder Mädchen nicht vergewaltigen.
3. Frauen sind empathischer.

Wird sexueller Mißbrauch mit Vergewaltigung gleichgesetzt und bedeutet Vergewaltigung das erzwungene Eindringen des Penis in die Scheide eines Mädchens oder einer Frau, dann können Frauen tatsächlich keinen sexuellen Mißbrauch begehen.

Der Vollzug des Beischlafs ist jedoch nur eine Facette des sexuellen Mißbrauchs, und tatsächlich kommt es in vielen Fällen nicht so weit, weil damit ein Täter nachweisbare Spuren hinterläßt. Beim sexuellen Mißbrauch handelt es sich vielmehr um die Ausbeutung einer Beziehung, zu der Frauen nicht weniger in der Lage sind. Eine Traumatisierung der Opfer findet somit durch Frauen wie durch Männer statt. Dennoch ist der sexuelle Mißbrauch durch Frauen schwer vorzustellen, kann sich aber wie im folgenden Fall abspielen:

Eine alleinerziehende Mutter teilt das einzige Bett mit ihrem vierjährigen Sohn. Vor dem Einschlafen »kuscheln« sie miteinander. Die Mutter streichelt den Jungen und schiebt ihn langsam zwischen ihre Beine. Sie leitet ihn an, ihre Scheide zu streicheln und mit ihr zu »spielen«. Im fortschreitenden Spiel »bittet« sie den Jungen, sie dort doch auch einmal mit der Zunge zu »streicheln«. Sie läßt sich durch das »Spiel« des Jungen erregen und befriedigen.

Auch ein weniger eindeutiger Vorfall kann traumatische Folgen haben: Die Mutter badet ihren Sohn und »wäscht« dabei den Penis des Jungen »sehr gründlich«, worauf dieser erigiert. Die Mutter kommentiert das damit, daß der Junge sich beim Baden wohl schlimmen Phantasien hingeben würde. Beide Ereignisse sind natürlich auch mit Mädchen denkbar und kommen auch in dieser Konstellation vor.

Krasser ist das Beispiel, von dem ein Kollege berichtete: Eine Mutter von sechs Söhnen hat diese alle bis zum Alter von sieben Jahren sexuell mißbraucht. Danach sorgte sie jeweils dafür, daß sie erneut schwanger wurde und damit ein neues »Opfer« erhielt. Sie sprach davon, daß sie den großen Penis ihres Mannes ekelig fand und sich immer wieder erneut in den kleinen Penis des Neugeborenen »verliebt« habe.

Es gibt für Frauen im Rahmen der Fürsorge für ihre Kinder zahlreiche Gelegenheiten, den sexuellen Übergriff in den Alltag des Kindes zu integrieren. Beim Wickeln, Baden, Spielen wird die Scheide oder der Penis stimuliert, beim Kuscheln läßt die Mutter es zu, daß der Sohn oder die Tochter mit ihrer Scheide »spielt« und diese erforscht. Ist es auch schwer nachvollziehbar, daß Frauen, die ihre Kinder im eigenen Bauch trugen und sie geboren haben, sie sexuell mißbrauchen können, ist auch das Mutter-Kind-Band so eng, daß die Mutter immer die Schmerzen, die Leiden des Kindes mitfühlt und sie auf jeden Fall verhindern möchte, so ist doch gerade beim sexuellen Mißbrauch diese Empathie ausgeschaltet. Die Mißbraucherin will wie der Mißbraucher nicht empfinden, daß die Übergriffe das Kind verletzen – die sexuelle Ausbeutung käme sonst nicht zustande.

Widerlegt wird die These, daß sexueller Mißbrauch durch Frauen nicht so schlimm sei, durch die Erfahrungen und Aussagen der Opfer. Sexueller Mißbrauch ist für die Kinder immer die Situation der Todesangst, der Ausweglosigkeit, weil etwas Ungewolltes mit ihnen geschieht. Sexueller Mißbrauch durch Frauen ist nicht weniger traumatisierend und lebensbedrohlich für das Erleben des Kindes als derjenige durch Männer.

Frauen mißbrauchen nicht so gewalttätig wie Männer?

Gibt es eine weibliche und eine männliche Form der Gewalt? Hier müßte eine Definition von Gewalt und eine Beschreibung ihrer möglichen Formen folgen. Verstanden wird darunter in der Regel körperliche Gewalt, wie sie eindeutig zum Rollenbild des Mannes gehört. In kaum etwas anderem als der Gewalt unterscheiden sich die Rollenerwartungen mehr, die mit Frauen und Männern verbunden werden, mit dem Frau-Sein und Mann-Sein. Demnach sind Frauen, auch wenn sie sexuell mißbrauchen, nicht so »böse«, nicht so gewalttätig wie Männer. Dahinter steht das Bild, daß Männer, wenn sie Kinder sexuell mißbrauchen, offene und körperliche und damit männliche Gewalt anwenden, z.B. um die Kinder zum Schweigen zu bringen. Zum herkömmlichen Bild der Frau gehört, daß sie weniger zu Formen offener und körperlicher Gewalt greift, um ihre Interessen und Bedürfnisse durchzusetzen.

Im Vordergrund des Mißbrauchs aber steht nicht das Mittel und die Anwendung offener Gewalt, vielmehr, daß Männer wie Frauen eine Beziehung zu ihren Opfern aufbauen, ein vertrauliches Verhältnis. Erst auf dieser Grundlage des Vertrauens wird die Ausbeutung dieser Beziehung und damit der sexuelle Mißbrauch möglich. Gegenüber dem Vertrauensbruch und der Ausbeutung einer vertraulichen Beziehung kann es nicht darum gehen, Mißbraucher und Mißbraucherinnen gegeneinander auszuspielen.

Die Bilder von Mann und Frau, die Erwartungen an ihr Verhalten, stehen dem Verständnis von Mißbraucherinnen im Weg. Der Mann in der Rolle des Täters, der sich mit körperlicher Gewalt nimmt, was seine Bedürfnisse befriedigt, entspricht dem geläufigen Rollenbild. Dagegen fällt der Mann als Opfer sexueller Übergriffe aus dem Schema, ganz im Gegensatz zur Frau, deren Rolle als Opfer gut zum Klischee von Frau-Sein paßt. In der praktischen Arbeit habe ich noch keine Frau erlebt, die mit der Rolle des Opfers Schwierigkeiten hat oder sich mit ihr nicht zurechtfinden kann, während Männer die größten Schwierigkeiten mit der Opferrolle haben. Frauen ziehen sich in der Rolle des Opfers verletzt zurück, werden depressiv, leiden, richten die Wut gegen sich selbst und leben das Opfer-Sein. Wollen Frauen in Ausnahmefällen doch einmal ihre Interessen durchsetzen, so greifen sie zu sanften, weiblichen Mitteln. Sie wickeln den Mann ein, versuchen, an sein Mitleid zu appellieren, und erwarten, daß etwas ihnen zuliebe getan wird. Damit entsprechen sie dem Rollenbild unserer Gesellschaft.

Ob Frauen damit ihre Interessen schon völlig gewaltlos durchsetzen? Sicherlich ist richtig, daß sie kaum Formen männlicher Gewalt einsetzen, um an ihr Ziel zu kommen, wenn man darunter körperliche Gewalt versteht. Doch das Einwickeln, das Befangenmachen, das Appellieren an Liebe, an Mitleid etc. ist nur eine andere, ihre, eine weibliche Form der Gewalt, die sich nicht weniger traumatisierend auf ihre Opfer auswirkt. Frauen setzen eine fast alltägliche Form der Gewalt ein – und bleiben damit fast unentdeckt.

Mißbraucherinnen sind selbst mißbraucht worden?

Der aufgestellte Zusammenhang weist nicht nur Schuld an die Männer zurück, er ist auch zu kurz geschlossen. Besagen die Statistiken, daß mehr Mädchen als Jungen mißbraucht werden, so müßte es demnach weit mehr Mißbraucherinnen geben.

Offensichtlich gibt es keinen zwangsläufigen Zusammenhang zwischen eigener Erfahrung und der Motivation zum Mißbrauch. Die Bemühungen um ein Verständnis der Frage, warum Männer und Frauen Kinder sexuell mißbrauchen, stoßen mit kausalen Schlüssen rasch an ihre Grenzen. Die Zusammenhänge sind nicht zwangsläufig. In Anbetracht der vielen Frauen, die in ihrem Leben Erfahrungen mit sexueller Gewalt gemacht haben, liegt es nahe, daß auch viele Mißbraucherinnen auf entsprechende

Erfahrungen am eigenen Leib zurückblicken. Nicht weniger können auch viele Mißbraucher schreckliche Kindheitserfahrungen gemacht haben. In beiden Fällen dürfen daraus keine Entschuldigungen für die Ausbeutung konstruiert werden. Bei Männern und Frauen, die Opfer *und* Täter des Mißbrauchs sind, besteht zwischen diesen beiden Abschnitten ihrer Biographie kein kausallogisch zwingender Zusammenhang. Über alle psychologische Verständnisbemühungen hinaus muß schließlich die präventive Arbeit mit Mißbrauchern und Mißbraucherinnen an erster Stelle stehen. Auch die Mißbraucherin muß die Verantwortung für ihr Handeln übernehmen, und es muß sichergestellt werden, daß keine neuen Übergriffe stattfinden. Ist dieser Schritt erarbeitet, kann es darüber hinaus auch um die Opferrolle gehen. Aber niemals umgekehrt, weil ansonsten die Gefahr besteht, daß der sexuelle Mißbrauch verharmlost und entschuldigt wird, ohne daß die Mißbraucherin die Verantwortung für ihr Handeln übernommen hat.

Ein Mann hat sie gezwungen?

Es gibt Fälle von sexuellem Mißbrauch durch beide Elternteile bzw. durch Ehepaare. In der Presse werden sie spektakulär dargestellt, wird von ganzen Familienclans berichtet, die eine Vielzahl von Kindern ausbeuten und sexuell mißbrauchen. Meist ist nicht mehr festzustellen, wer damit begonnen hat und wer möglicherweise wen zu welchen Handlungen gezwungen hat. Beim sexuellen Mißbrauch kann so gut wie alles Denkbare passieren. So auch, daß Eltern gemeinsam ihr Kind mißbrauchen oder der Mann die Frau und das Kind mißbraucht. Die Frau mißbraucht, indem sie z.B. das Kind festhält, während der Mann dessen Genitalien »untersucht«, oder das Kind »streichelt«, sich an ihm erregt, an welchem »Spiel« der Frau sich wiederum der Mann erregt und in das Geschehen einsteigt, um sich zu befriedigen.

Äußerst brutal sind in der Regel die Fälle, in denen beide Elternteile das Kind sexuell mißbrauchen, schließlich verliert das Kind zugleich beide Elternteile als Vertrauenspersonen.

Es ist schwer zu sagen, in wie vielen Fällen des sexuellen Mißbrauchs durch Frauen der Zwang des Mannes im Hintergrund steht. Es gibt sie, doch dürfen sie nicht verallgemeinert werden, um dann als Entschuldigung für den Mißbrauch durch die Frau zu gelten. Fest steht jedoch, daß Frauen auch aus eigener Initiative Kinder sexuell mißbrauchen.

Diese Frauen sind abartig?

Taucht in den Diskussionen über den männlichen Mißbrauch immer wieder die Frage nach den Männern auf, die zu so etwas in der Lage sind, so richtet sie sich nicht weniger an mißbrauchende Frauen; vielleicht versagt die Vorstellungskraft und die Möglichkeit eines Verständnisses ihnen gegenüber sogar noch eher. Es fällt schwer zu akzeptieren, daß es sich um ganz normale Frauen handelt, um Frauen, wie sie uns täglich begegnen, mit denen wir als Schwester, Schwägerin, Kollegin oder Freundin umgehen. Ich habe das Bedürfnis, mich von »solchen« Frauen zu distanzieren, sie nicht an mich heranzulassen. Diese Frauen sind ganz anders als ich.

In der Regel internalisieren Frauen Gewalterfahrungen und richten sie nicht wie Männer gegen andere?

Das Bild von der Rolle der Frau ist auch von der Erwartung geprägt, sie möge eigene Gewalterfahrungen gegen sich und nicht gegen andere richten. Jungen werden nach wie vor zum handelnden Akteur erzogen, der sich durchsetzen muß, wenn es sein muß, auch mit Gewalt. Frauen dagegen sind demnach dazu geboren, Opfer zu sein und eigene Gefühle der Wut, der Depression etc. mit sich selbst auszumachen. Sie dürfen depressiv sein, aber nicht aggressiv. Schrecken und Unverständnis begegnet ihnen auf nicht-rollenspezifisches Verhalten.

So kommt Frau H. mit ihren drei Kindern ins Frauenhaus, weil ihr Mann sie schlägt und bedroht. Zur gleichen Zeit lebt dort Frau B., weil sie ähnliche Erfahrungen mit ihrem Freund gemacht hat. Den Mitarbeiterinnen steht Frau H. eindeutig näher, weil sie die weibliche Opferrolle annimmt. Frau B. dagegen widersetzt sich dieser Erwartung massiv. Nicht nur ihr Freund hat sie, auch sie hat ihren Freund geschlagen. Die Mitarbeiterinnen reagieren mit Abwehr, paßt Frau B. doch nicht ins gewohnte Bild und fordert mehr Aufmerksamkeit. Frau H. und Frau B. freunden sich dennoch an. Frau B. findet bald eine eigene Wohnung und zieht mit ihren Kindern dort hin. Kurze Zeit später lädt sie Frau H. übers Wochenende zu sich ein. Bei Streitigkeiten mit Frau H. wird Frau B. gewalttätig und schlägt Frau H., so daß sie ein blaues Auge davonträgt. Fassungslos und erstaunt stehen die Mitarbeiterinnen des Frauenhauses vor dem gewalttätigen Verhalten der Frauen.

Als eine »Erklärung« für das Verhalten von Mißbrauchern gilt die individuell erlebte Machtlosigkeit. Männer sollen nach dem Rollenbild der Gesellschaft die Mächtigen sein, die wissen, was zu tun ist, die voll im Leben stehen. Häufig erleben sich Männer selbst aber anders, sie fühlen sich unsicher und hilflos. Aus dieser Diskrepanz zwischen dem Selbstempfinden und dem Rollenbild der Gesellschaft entsteht das Bedürfnis nach Kompensation des Minderwertigkeitsgefühls, nach Machtausübung. Zum krassesten Ausdruck dieser Diskrepanz gerät der sexuelle Mißbrauch, die konsequente Machtausübung gegenüber Kindern.

Dieses Modell scheint nachvollziehbar. Doch was ist mit den Frauen, die noch weitaus intensiver und in weitaus mehr Bereichen ihre Machtlosigkeit erleben und auch noch per Rolle zugeschrieben bekommen? Müßte es nicht einleuchtend erscheinen, daß Frauen gerade im familiären Umfeld sich Bereiche für Machtausübung zu schaffen versuchen? Zumindest wäre das eine logische Konsequenz aus dem Modell.

Auch Frauen üben Macht aus und richten Wut und Aggression nicht nur gegen sich selbst, sondern auch gegen andere. Damit rückt das Problem der Mißbraucherinnen näher an mich, an jede einzelne Frau heran. Wo übe ich selbst als Frau Macht aus? Wo überschreite oder ignoriere ich die Grenzen anderer, um meine eigenen Bedürfnisse auszuleben? Wurde zu Beginn der Diskussion um den sexuellen Mißbrauch immer wieder gefordert, jeder Mann habe sich mit seiner potentiellen Täterschaft auseinanderzusetzen – in der Regel wurde dies von den Frauen gefordert –, so stehen die Frauen jetzt genau an dem gleichen Punkt und weigern sich, sich darauf einzulassen, zu schauen, wo jede ihr Bedürfnis nach Macht auslebt, unabgegrenzt gegenüber anderen. Die Diskussion um den sexuellen Mißbrauch an Kindern ist mittlerweile zu einer ganz persönlichen Auseinandersetzung geworden. Zu erkennen ist, daß seine grundlegende Handlungsstruktur nicht spezifisch ist, sondern sich nur gesteigert zu erkennen gibt. Es gibt viele Beispiele, in denen wir Frauen nach dem gleichen Muster vorgehen. Stellen wir uns nur vor, wir wären zwar verheiratet, verliebten uns jedoch in einen anderen Mann. Zuerst phantasieren wir mögliche Treffen, eine mögliche sexuelle Beziehung. Dann entscheiden wir uns, diese Phantasien in die Realität umzusetzen. Im nächsten Schritt planen wir das Vorgehen: Welche Situationen wären am geeignetsten, um ans Ziel zu kommen, wie könnte diese Beziehung am besten geheimgehalten werden, damit der Ehemann nichts davon erfährt? Der letzte Schritt ist dann die Ausführung. Wir leben diese Beziehung, obwohl wir wissen, daß wir den Ehemann verletzen und es eigentlich nicht tun sollten. Sollte diese Beziehung aufgedeckt werden, werden wir wahrscheinlich sagen, es sei einfach passiert, wir hätten keine Schuld daran.

Beim sexuellen Mißbrauch handelt es sich nicht um die Beziehung zu einem gleichwertigen Partner, sondern zu einem Kind, geprägt von einem immensen Machtgefälle, aber die Handlungsstruktur ist in beiden Fällen die gleiche. Zeigen soll dieses Beispiel nur, wie nahe jedem von uns die Grundstruktur des sexuellen Mißbrauchs liegt und daß wir alle mehr oder weniger deutlich unser Bedürfnis nach Macht ausleben. Frauen wie Männer.

Es gibt kaum Opfer, die davon berichten!

Mitte der achtziger Jahre gab es noch kaum Frauen und Männer, die vom erlebten sexuellen Mißbrauch berichteten; was nicht bedeutet, daß es ihn nicht gab. Mit der Enttabuisierung des Themas, dem Erscheinen von Erfahrungsberichten Betroffener und dem Aufbau spezieller Beratungseinrichtungen fanden zuerst immer mehr Frauen den Mut, über ihre Erfahrungen zu sprechen. Männer und Jungen schlossen sich an, die ähnliche Erfahrungen gemacht hatten. Die Frau als Mißbraucherin ist ebenfalls mit einem gesellschaftlichen Tabu belegt – Frauen sind Opfer und keine Täter. Wie mag es den Kindern gehen, die von Frauen sexuell mißbraucht wurden und werden? Vielleicht kann auch hier das Sprechen über den von Frauen veranlaßten Mißbrauch helfen, die Opfer aus ihrer Isolation zu befreien – ähnlich wie beim sexuellen Mißbrauch durch Männer.

So kommt Frau K. in eine Beratungsstelle, weil sie das Schweigegebot in ihrer Familie nicht mehr ertragen kann. Vor Jahren hat ihr Mann ihr erzählt, daß er von seiner Mutter sexuell mißbraucht worden ist. Nicht nur er, auch seine Brüder waren den sexuellen Übergriffen der Mutter ausgesetzt. Offensichtlich leidet der Ehemann immens unter dieser Kindheitserfahrung. Als Kind konnten weder er noch seine Brüder sich wehren und eine Sprache für das Geschehene finden. Doch auch im Erwachsenenalter wird das Schweigegebot aufrechterhalten. Die Familie ist zwar durch Heirat größer geworden, doch gelten für die Ehepartner die gleichen Gebote. Alle halten an dem »Denkmal« Mutter fest, auch wenn die psychische Belastung für alle fast nicht mehr tragbar ist.

Dies ist sicherlich kein Einzelfall und verdeutlicht, wie schwer es ist, über Mißbrauchserfahrungen zu sprechen und damit sich und nicht mehr die Mißbraucherin zu schützen.

Was hat das mit mir als Frau, als Beraterin zu tun?

Bislang führte die Diskussion des sexuellen Mißbrauchs zur Polarisierung, und die Frauen fanden sich in der bekannten Opferrolle wieder. Engagiert konnten sie auf die gesellschaftlichen Strukturen hinweisen, die den Männern per Rolle Macht und auch Gewalt zuschreiben. Diese Diskussion hat ohne Zweifel ihre Berechtigung, doch nun gibt es noch einen weiteren Aspekt, den der Mißbraucherin. Bedürfnisse anderer werden nicht wahrgenommen, Grenzen massiv überschritten, am krassesten beim sexuellen Mißbrauch, und dies nicht ausschließlich durch Männer, sondern auch durch Frauen. Frauen müssen lernen, auch diesen Anteil ihrer Persönlichkeit zu integrieren. Begriffe wie Macht, Gewalt, Drohung etc., die in der Regel mit sexuellem Mißbrauch in Verbindung gebracht werden, scheinen nicht in das Bild von der Frau zu passen.

Frauen in der Rolle von Therapeutinnen oder Beraterinnen sind nun in zweifacher Hinsicht gefordert. Zum einen in ihrem Frau-Sein, zum anderen in ihrer Rolle als Professionelle. Bislang war die Parteilichkeit der Frauen in der professionellen Arbeit klar, z.B. stellten sich Frauen- und Mädchenberatungsstellen parteilich auf die Seite der Opfer und boten diesen ihre Hilfe an. Die Arbeit mit den Tätern wollte man den Männern überlassen, die sich mit ihren Geschlechtsgenossen auseinandersetzen sollten. Doch was passiert nun mit den Täterinnen? Schließt parteiliche Arbeit für die Opfer die Arbeit mit den Tätern oder Täterinnen aus?

Die Arbeit mit den Tätern oder Täterinnen soll den weiteren oder erneuten sexuellen Mißbrauch verhindern. Auch hier stellt man sich parteilich auf die Seite der Opfer. Die Arbeit mit Mißbraucherinnen stellt also die Parteilichkeit mit den Opfern nicht zwangsläufig in Frage.

5. »Er sagt, es ist Liebe« – Vom Erleben des Opfers

Was bewirken die Strategien des Mißbrauchers und der Mißbraucherin? Was kommt davon und wie kommt es beim Opfer an, wenn es ausgesucht und befangen gemacht wird, wenn der Mißbraucher das Kind auf seine Mißbrauchstauglichkeit hin »testet«? Was bedeuten die eigentlichen sexuellen Übergriffe für das Kind? Wie versucht es, das Erlebte zu verstehen und einzuordnen? Wie »überlebt« es? Es gilt nun, dem *Erleben* des Opfers nachzuspüren, das dem Vorgehen des Mißbrauchers folgt. Denn darum handelt es sich: Das Seelenleben des Kindes *folgt* dem Erwachsenen, in dessen Händen es sich weiß. Es sollen in diesem Zusammenhang nicht Symptome aufgelistet werden – sog. Verhaltens- und Erlebnisstörungen –, dies wäre eine Sicht von außen. Hat auch diese ihre Berechtigung und ihren Ort, so soll das Augenmerk hier doch auf der seelischen Innenseite des Kindes ruhen, um den allmählichen Aufbau der Übermächtigung nachvollziehen zu können.

Bei diesem Nachvollzug der seelischen Reaktionen des Kindes auf das Vorgehen des Mißbrauchers sind die ganz individuellen Umstände einer jeden Mißbrauchsbeziehung immer mit zu bedenken. Es ist z.B. ein großer Unterschied für das Erleben des Kindes, ob die Vertrauens- bzw. Abhängigkeitsbeziehung seinem natürlichen Lebenszusammenhang angehört – wie beim familiären Mißbrauch –, oder ob sie erst allmählich aufgebaut wird. Die Nähe zwischen Vater und Tochter ermöglicht dem Mißbraucher einen engeren und umfassenderen Zugriff auf das Seelenleben des Kindes als die erst aufgebaute Vertrauensbeziehung zwischen dem Sportwart und einem Schuljungen. Wird das Kind sich innerlich überhaupt nicht mehr von den Übergriffen distanzieren können, wenn es von vornherein damit aufwächst, erlebt ein anderes Kind, das zunächst mißbrauchsfrei aufwächst und dann mit acht, neun oder zehn Jahren in eine sexuelle Ausbeutung verwickelt wird, weitaus mehr Zweifel und innere Kämpfe zwischen Vertrauen-Wollen und Mißtrauen. Der dritte Faktor betrifft das Ausmaß der sexuellen Handlungen, wobei beim jetzigen Erfahrungsstand davon ausgegangen werden kann, daß er für die Traumatisierung nicht von gleichem Gewicht ist wie die beiden erstgenannten Faktoren – Grad und Art der vorausgehenden Nähe und Einstiegsalter. Der ständige Zungenkuß mit dem leiblichen Vater, verbunden mit einer stets schwülen Atmosphäre zwischen beiden, kann mehr verwirren als gegenseitige Masturbation mit dem Kaufmann von gegenüber, wenn dabei auch – von außen betrachtet – der sexuelle Übergriff weiter geht.

Schließlich kommen so viele Faktoren zusammen, deren Wechselwirkung die Verwirrung, die Traumatisierung und letztlich die langfristige seelische Einengung bewirkt, daß es wenig Sinn hat zu fragen, welche Art und welches Ausmaß des Mißbrauches »schlimmer« ist. Die Wirkung der Strategie des Mißbrauchers und der die Mißbrauchsbeziehung begleitenden Lebensumstände hängt letztlich vom *Erleben* des Kindes ab. Wie ist also Entstehen und Verlauf der Mißbrauchsbeziehung aus der Sicht des Kindes vorzustellen?

Ich wurde ausgewählt

Die neunjährige Ilona wächst in einem strengen Elternhaus auf. Der Vater, ein Realschullehrer, führt zu Hause nicht nur ein strenges Regiment, er doziert auch gerne bei jeder Gelegenheit darüber, was »richtig« und was »falsch« ist. Das Verhalten seiner ungeschickten Tochter und seiner Frau, einer etwas zerstreuten jüngeren Frau, geben ihm ständig Anlaß dazu. Insbesondere die Frauenrolle muß er immer wieder genau definieren und kann das mit den moralischen Maßstäben seiner Religionsgemeinschaft auch eindrücklich belegen. Ilona hat nie erlebt, daß die Mutter dem Vater widersprochen hätte. Im Gegenteil, die Mutter hat sich gefügt, dabei aber innerlich zurückgezogen, ist schließlich depressiv geworden und muß nun immer Medikamente nehmen. Weil Ilonas Schulleistungen nicht den Erwartungen des Vaters entsprechen, erfährt sie nie irgendeine Anerkennung. Sie ist scheu, bleibt auf dem Schulhof immer allein und lebt ganz in ihren Phantasien. Sie macht dann große Reisen in ferne Länder, in denen sie allein mit den Tieren lebt, die sie schützt und pflegt und die Zutrauen zu ihr haben. Einmal hat sie in einem kleinen Aufsatz außergewöhnlich lebhaft darüber geschrieben.

Eines Tages wird ihr bewußt, daß ihr Lehrer, Herr K., ein besonderes Interesse an ihr gewonnen hat. Sie bemerkt, daß er sie nach dem Unterricht oft noch dabehält, ihr nochmals etwas vom Schulstoff erklärt, sie nach ihrem Zuhause fragt, nach ihren Spielsachen. Es ist wohltuend für sie, daß sich da jemand Zeit für sie nimmt und so behutsam mit ihr spricht. Gerade deshalb hatte sie es lange nicht bewußt registriert. Erst als der Lehrer einmal ungewöhnlich heftig eine Mutter wegschickte, die ihn nach dem Unterricht noch kurz sprechen wollte, erkannte sie, daß nicht nur ihr, sondern auch ihm die gemeinsamen Minuten nach Schulschluß schon zur Gewohnheit und wichtig geworden waren – so wichtig, daß der Lehrer deswegen eine Mutter wegschickte. Sie freute sich, fühlte sich einerseits ausgezeichnet, andererseits wußte sie nicht, wie sie zu dieser Auszeichnung kommt. Sie dachte, es müsse etwas Besonderes an ihr sein, daß sich Herr K. gerade mit ihr so viel beschäftigt und ihr einen Teil seiner Freizeit opfert. Diese Frage: »Weshalb hat er gerade mich ausgesucht?« beschäftigte sie wochenlang – teils mit Gefühlen des Stolzes und der Wärme, teils aber auch mit Bange, denn vielleicht bedeutete das besondere Interesse des Lehrers ja nur, daß sie so dumm ist, und deshalb Sonderbetreuung braucht; ihr Vater hatte ihr solchen Sonderunterricht immer wieder angedroht. In Gedanken bezog Ilona Herrn K. jetzt in ihre Phantasiereisen mit ein: Nun lebten sie zu zweit unter Löwen, Elefanten und Giraffen und wußten sich sicher wie unter Freunden. Herr K. holte dann immer Holz, und sie kochte für sie beide und die Tiere. Ilona fühlte sich durch Herrn K. geschützt. Sie vertraute ihm. Er wußte, was ihr gut tat.

Jetzt bin ich nicht mehr allein – aber damit *bin ich allein*

Eines Tages sprach Herr K. Ilona auf ihre Reisephantasien an. Sie erschrak, fühlte sich wie ertappt, zugleich aber auch wahrgenommen, ja ernstgenommen. »Woher weiß er das?« Sie hatte es doch nie jemandem erzählt! »Er kennt mich einfach so gut.« – Daß sie in dem Aufsatz ihre Phantasiewelt zu erkennen gegeben hatte, war ihr nicht mehr bewußt. – Und dann setzte er nach: »Eigentlich würde ich gerne einmal auf eine solche Reise mitkommen. Aber du willst mit den Tieren sicher alleine sein.« Nein, nein, dachte sie, im Gegenteil, es wäre herrlich, wenn er mitkommen würde. Sie hatte ihn ja schon dabei gehabt, ohne daß er es wußte. Oder wußte er das auch? – Ilona nickte errötend.

Von nun ab sprachen sie immer wieder über das Land der Tiere, wie sie dort beide leben würden, Nahrung besorgen würden. Herr K. warf die Frage auf, wie sie sich denn dort kleiden würden, dort gäbe es ja schließlich keine Kleidergeschäfte. Er hatte immer so gute Ideen. Also schlug er vor, daß sie sich mit großen Palmblättern bedecken würden. Er wußte immer, was im Urwald richtig ist – aber nicht so wie der Vater, der immer mit schnarrender Stimme lange Reden darüber hielt. Bei Herrn K. war es für Ilona immer, wie in die Welt der Erwachsenen und ihre Geheimnisse eingeweiht zu werden, wenn er z.B. sagte, daß die Urwaldbewohner oft nackt herumlaufen würden, weil es dort immer so heiß ist. Er vertraute ihr offenbar so sehr, daß er sogar nackt mit ihr herumlaufen würde. Er hat sie sicherlich gern. Hoffentlich würde sie seiner Zuneigung auch gerecht werden. Dann fragte er sie abrupt, ob sie eigentlich wisse, wie ein Mann aussieht, wenn er keine Kleider anhat. Sie blickte auf den Boden und antwortete nicht. Nein, sie wußte es nicht. Sie hatte auch nie darüber nachgedacht. Und jetzt auf einmal fielen ihr die Ehre und das Vertrauen zu, an diesen Geheimnissen der Erwachsenen teilzuhaben. Aber es war auch irgendwie zuviel. Sie wollte nicht, daß er weiter darüber spricht. Es tat gut, daß er so vertrauensvoll mit ihr gesprochen hatte, aber jetzt wollte sie wieder mit ihm in ihren Urwald fahren.

Durch dieses Vertrauen, das er ihr gezeigt hatte, war ein Band zwischen ihnen geknüpft, das sie hielt, aber auch beherrschte. Sie beschäftigte sich innerlich mit nichts anderem mehr als mit den gemeinsamen Urwald-Reisen. Ihr Vater jedoch fand, sie würde jetzt wohl auch so zerstreut werden wie die Mutter, und hielt noch mehr Reden über »Richtig« und »Falsch« – was Ilona nun aber gut ertragen konnte, hatte sie innerlich doch ständig Zuflucht zu ihren Urwaldreisen. Daß Herr K. sie in die Erwachsenen-Welt hatte blicken lassen, hob sie unter ihren Klassenkameraden hervor. Sie hätte unmöglich mit irgend jemandem darüber sprechen können, dann wäre es ja nicht mehr eine Auszeichnung nur *für sie* gewesen. So wollte sie auch mit niemandem darüber sprechen. *Es war ihr Geheimnis.*

Dem Mißbraucher war es gelungen, das Kind an sich zu binden und zugleich befangen zu machen. Er hatte es nun in der Hand, was in ihm vorgeht. Ihr Seelenleben, ihre Gedanken, ihre z.T. widersprüchlichen Gefühle drehten sich um ihn, um ihre Beziehung. *Ilona ist jetzt befangen.*

Meine Eltern stimmen zu

Herr K. lud Ilonas Eltern zum Elternsprechtag und sprach sehr positiv und anerkennend über sie – wie gut sie erzogen sei, wie gut sie die Maßstäbe der Kirche erfülle, sie werde bestimmt einmal eine ordentliche Frau. Es entwickelte sich ein zunächst kollegiales, dann sogar freundschaftliches Gespräch mit dem Vater – die Mutter saß schweigend daneben. Herr K. wurde dann eingeladen. Ilona war enorm aufgeregt bei seinem Besuch. Er beachtete sie kaum, scherzte mit ihren Eltern, lobte Ilona vor dem Vater, sprach sie aber nie direkt an. So wurde sie im Lauf des Nachmittags immer unruhiger. Es war eine Art Eifersucht auf ihre Eltern, denen Herr K. heute noch mehr Aufmerksamkeit schenkte als ihr sonst. Erst ganz zu Ende des Besuches, als beide Eltern kurz in der Küche waren, drückte er schnell ihre Hand. Sie war glücklich. Es war das Zeichen, daß auch ihre Urwaldreisen zu zweit ein gemeinsames Geheimnis sind. – Beim Abschied streichelte er Ilona über den Kopf, die Eltern standen lächelnd und stolz dabei. Ja, sie waren einverstanden mit Herrn K.s Interesse an ihr. Es war *richtig*. Sie vertrauten ihm auch.

Der Mißbraucher hat mit diesen bündigen Maßnahmen die Kontrolle über die Wahrnehmung der Eltern bezüglich seines Interesses an Ilona aufgebaut, hat sich offen zu diesem Interesse bekannt und ihr zugleich signalisiert, daß die Natur dieses Interesses ihr beider Geheimnis bleiben müsse.

Ich stehe zu ihm

Einige Tage später knüpfte Herr K. wieder daran an, daß sie ja dummerweise noch nicht wisse, wie ein Mann aussieht. »Wenn man im Urwald lebt, muß man das aber wissen. Im Urwald gibt es keine Geheimnisse. Die Tiere sind ja auch nackt.« – Er wußte so viel und ließ sie immer wieder daran teilhaben. Trotzdem war ihr etwas ungemütlich bei diesem Thema. Sie *wollte* eigentlich nichts darüber wissen, es war ihr auch bisher nicht wichtig gewesen, aber das war wohl ein Fehler. Man muß so etwas wissen. Herr K. sagt, daß diese Dinge wichtig sind, und dann ist es gut, wenn gerade er sie in sie einweist. – Mitten im Gespräch machte er seinen Hosenschlitz auf, zog schnell sein Glied heraus. Sie erstarrte, weil es so groß war, wie ein Stock. Sie wußte nicht, daß Männer immer so einen Stock in der Hose haben. Hat Vater auch so einen Stock in der Hose? Es machte ihr angst, und zugleich bedauerte sie Herrn K., denn das muß doch eng und unbequem sein, immer so ein Teil in der Hose zu haben. Ja, er tat ihr leid. Und dann sagte er auch noch: »Es ist groß, nicht?« Sie blieb stumm. Dann sagte er: »Du möchtest sicher wissen, wie man es kleiner machen kann.« Sie schwieg und blickte weg, nickte kaum merklich mit dem Kopf. »Weißt du was«, sagte er, »weil ich dir vertraue und weil ich weiß, daß du nie jemandem etwas über unser gemeinsames Geheimnis sagen würdest, und weil ich dich sehr gern habe, werde ich dir eines Tages zeigen, wie man es kleiner macht«. Dann stopfte er sein erigiertes Glied wieder in die Hose.

Ilona war äußerst verwirrt. Muß man das im Urwald wirklich immer sehen? Aber er kannte sich ja aus, und er wußte ja auch jetzt, was für sie gut ist. Er hatte gemerkt, daß ihr das Glied etwas angst machte, und versprochen ihr zu zeigen, wie man es kleiner machen kann, damit man keine Angst mehr davor haben muß. Er würde ihr helfen. – Ja, er wußte wirklich, was sie braucht.

Der Mißbraucher hat damit den »Tauglichkeitstest« durchgeführt. Für einen Moment ließ er, in jeder Hinsicht, die Katze aus dem Sack. Ilona hat äußerlich nicht mit Abwehr reagiert, hat nicht gesagt: »Laß das«, oder: »Das sag ich meiner Mutter.« Sie hat sich verwirren lassen und ist auf sein Angebot eingegangen, ihr aus der Verwirrung zu helfen. Sie *wartet* jetzt darauf, wie es weitergeht. Von nun an kann er ihr die Initiative für den Einstieg in den beginnenden sexuellen Übergriff zuschreiben.

Ilona hat ihm die Attacke nicht übelgenommen. Die kurze Aufregung zählte nichts angesichts der vielen schönen Phantasiereisen mit ihm. Und er würde ihr ja helfen. Also stand er zu ihr – und deshalb stand sie auch zu ihm. Sie wollte ihn ja nicht verlieren. Schließlich war es ihre eigene Dummheit, daß sie irritiert gewesen war. Im Urwald ist so etwas normal, und sicher würde sie es auch bald normal finden.

Ilona wird von nun an zum Täter stehen. Sie hat ein Interesse an der Beziehung, das auch kurzen Belastungen standhält. Sie *will* die Beziehung. Sie hat sich jetzt dafür *entschieden.* – Das ist die Grundlage für die späteren Schuldgefühle, die bis ins Erwachsenenleben fortbestehen können. Auch das Zum-Täter-Stehen bleibt. Noch in der Therapie wird das ehemalige Mißbrauchsopfer große Scheu haben, den Täter bloßzustellen. Ilona wird auch noch als Erwachsene Verständnis für ihn haben, er wird ihr leid tun. Es wird eine Art Solidarität mit dem Täter bestehenbleiben, weit über das Ende auch der schmerzlichsten Übergriffe hinaus.

Warum gehe ich immer wieder hin?

Nun kann der Horizont erweitert werden, indem wir Ilona zurücklassen – das Mädchen, auf dessen Erleben die Schilderung im wesentlichen beruht, ist inzwischen vor dem Mißbraucher geschützt und lebt in einer Therapieeinrichtung – und die Innenseite der Opfersituation im weiteren Verlauf der Mißbrauchsbeziehung etwas grundsätzlicher charakterisieren.

Kaum ein Kind, das schon vor der Pubertät mißbraucht wird, durchschaut, was ihm widerfährt. Vor allem in der Anfangsphase des außerfamiliären Mißbrauchs erlebt es ganz widersprüchliche Empfindungen: Da ist jemand, der sich für mich interessiert, dem ich wichtig bin – und das ist schön. Aber er will etwas von mir, und ich weiß nicht was. Er spielt mit mir, wendet viel Zeit für mich auf. Er ist in einer merkwürdigen Weise anders zu mir zärtlich, als ich es kenne.

Auch wenn die Sexualisierung der Berührungen, erste Bedrängungen durch die Erwachsenensexualität eingesetzt haben, kann das Kind die Qualität dieser Beziehung nicht einschätzen. Es kann nicht einschätzen, ob die dann immer öfter erlebten körperlichen Übergriffe zufällig sind oder absichtlich; und auch, wenn es sie immer deutlicher als absichtlich erlebt, so weiß es noch nicht, worauf alles hinaus will – insbesondere dann, wenn es, mangels Aufklärung, die sexuellen Handlungen nicht benennen und verstehen kann. Diese Verwirrung entspringt der Strategie des Mißbrauchers oder der Mißbraucherin. Das Kind soll die *Übergriffe als »normalen« Bestandteil* der liebevollen Fürsorge erleben. Und selbst wenn die Übergriffe eskalieren und dem Kind zunehmend unangenehm werden, versteht es noch lange nicht, daß es Gegenstand einer Ausbeutungsbeziehung ist, denn es kann nicht erkennen, wie gerade die zunehmend bedrängenden Übergriffe mit dem Interesse, der Fürsorge, der »Liebe« zu vereinbaren sind, die es vom Mißbraucher *auch* erfährt.

Zu dieser Verwirrung gehört, daß das Kind den Mißbraucher immer wieder aufsucht – von sich aus. Ein Kind geht dem nach, was es nicht versteht. Es will eine Handlung, einen Vorgang solange wiederholen, bis es verstanden hat. Das Kind geht hin, um zu verstehen. Statt dessen verwirrt es aber jeder Kontakt noch mehr, und um so drängender wird das Bedürfnis, bald wieder hinzugehen. Das Kind ist *fasziniert.* Selbst, wenn nach einiger Zeit Widerwille oder Angst überwiegen, steht es im Bann dessen, was es erlebt und nicht versteht, und im Bann dessen, was es bisher getan hat. Denn zu dem Rätsel, »Was will der eigentlich von mir?« kommt das andere Rätsel hinzu: »Warum habe ich mich darauf eingelassen?« Und dieses *sein Rätsel* schiebt sich im weiteren Verlauf gegenüber dem Rätsel der Mißbrauchsbeziehung in den Vordergrund. »Was ist mit mir, daß ich da hingehe?«

Gerade dann, wenn das Kind die prinzipielle Unzulässigkeit der Übergriffe erkennt, verlagert sich die Faszination, die innere Gefangenschaft, auf die Frage, »Warum mache ich mit?« »Warum wehre ich mich nicht?« Scham und Schuld tauchen jetzt auf und fressen sich um so mehr fest, je tiefer das Kind in die Mißbrauchsbeziehung verwickelt wird. Denn die sexuellen Übergriffe werden noch lange nicht als Übergriffe erlebt, sondern zunächst als Gewähren-Lassen, als Zulassen. Das Kind befaßt sich nicht damit, wieso der Mißbraucher es mit seiner Erwachsenensexualität bedrängt, sondern mit der Frage, »Warum lasse ich das zu?« Es erlebt sich als mit-aktiven Teil der Beziehung. Diese Rätseldynamik bewirkt, daß es immer wieder hingeht, auch wenn es inzwischen weiß, daß es immer forcierter sexuell bedrängt wird.

Der Mißbraucher wird später dem Kind gegenüber – wenn es z.B. nach einigen Jahren Anstalten macht, die Beziehung zu beenden –, bei Aufdeckung aber auch den Fachpersonen gegenüber immer betonen, daß das Kind von sich aus zu ihm gekommen sei. Nie habe er das Kind gezwungen, ja, »die Kleine« habe ihn sogar »verführt«. Ganz äußerlich betrachtet, kann man das sogar so sehen, obwohl es in keiner Weise richtig ist. Das Kind, nun schon an die sexuelle Ausbeutung gewohnt und der Faszination des Rätsels dieser Beziehung erlegen, kann jetzt vielleicht die sexuelle Handlung sogar selbst anregen oder initiieren, entweder um sie zu verstehen oder um sie hinter sich zu bringen, um danach wieder die fürsorgliche Seite des Mißbrauchers erleben zu können. Es kann seine Handlungen, mit denen es gelernt hat, den Mißbraucher zu befriedigen, als Preis für dessen Zuwendung betrachten. Insbesondere Kinder, die zu Beginn der Mißbrauchsbeziehung vernachlässigt waren und keine andere Form der Zärtlichkeit als diese kennen, können dazu neigen, die sexuellen Handlungen selbst herbeizuführen. Dieser Zusammenhang zeigt sich besonders bei Mißbrauchsopfern, die später in die Prostitution geraten.

Nicht nur der Mißbraucher, auch Teile der Öffentlichkeit und insbesondere daran interessierte pädophile Kreise leiten daraus ein »Eigeninteresse des Kindes an Sexualität mit Erwachsenen« ab. Die Verhältnisse werden dabei von außen betrachtet und dann als Beleg dafür gewertet, daß mit der sexuellen Beziehung keine Gewalt im Spiel sei, jedenfalls so lange, als kein physischer

Zwang angewendet wird. Richtet man dagegen den Blick auf die Innenseite des Opfers, auf sein widersprüchliches Erleben, so erkennt man, daß das Opfer sich sehr wohl in einer Zwangs- und Gewaltsituation befindet. Es unterliegt psychologischer Gewalt, denn mit ihm wird so umgegangen, daß es den eigenen Willen nicht nur nicht einsetzen, sondern ihn auch gar nicht entwickeln oder erkennen kann. Sein ganzes Seelenleben, sein Denken und Handeln sind von der Mißbrauchserfahrung *beherrscht*. Es liegt kein Funke Freiwilligkeit in seinem Tun. Es reagiert nur. Es ist fasziniert. Es handelt genauso wenig freiwillig, wie der Hypnotisierte freiwillig handelt.

Der Mißbraucher nimmt die Tatsache, daß das Kind immer wieder zu ihm kommt, die eskalierenden Übergriffe hinnimmt oder mit der Zeit vielleicht sogar selbst provoziert, als Zustimmung zu seinen Absichten. Den Zynismus, das Opfer so an die Dynamik der Beziehung zu fesseln, daß es, äußerlich gesehen, »mitmacht« oder sogar »freiwillig« handelt, durchschaut das Kind natürlich nicht – oft durchschaut ihn auch das erwachsene ehemalige Mißbrauchsopfer nicht. Und selbst der Mißbraucher hält es nicht ständig aus, seine eigene Technik der Installation einer Verfügungsmacht über das Kind vor Augen zu haben, und »glaubt« phasenweise selbst, was er dem Kind glauben macht: Daß es von sich aus immer wiederkommt.

Im Labyrinth der Schuld

Je mehr das Kind im Lauf der Zeit das grundsätzliche Unrecht der Vorgänge wahrnimmt, um so mehr fühlt es sich zugleich schuldig. Es hat ja »mitgemacht«. Es hat vom Mißbraucher erfahren, daß es für die Vorgänge verantwortlich ist, für dessen Wohlergehen und für die Konsequenzen eines eventuellen Geheimnisbruchs. Angst und Schuldgefühle binden das Kind an die Beziehung und ihre Verstrickungen. Steht das Kind noch in anderen Beziehungen

– zur Mutter, zu den Schulfreundinnen, den Geschwistern –, so kommt dem undurchschaubaren und lastenden Geheimnis *dieser* Beziehung doch nichts gleich. Das Kind ist gefangen. Meistens kann es ohne fremde Hilfe nicht mehr aussteigen. Es ist in eine Falle aus Schuldgefühlen, Selbstvorwürfen und Ängsten verstrickt.

Es ist, nach seinem Erleben, schon lange schuldig und kann nur noch mehr schuldig werden, was immer es auch tut. Ob es weiter mitmacht oder die Vorgänge zu beenden oder überhaupt auszusteigen versucht: die Verstrickung verdichtet sich zu einem Labyrinth. Jeder Versuch einer Veränderung *und* der Versuch, alles auszuhalten und nichts zu ändern, führen nur zu immer weiteren Verstrickungen.

1. Das Kind kann weiterhin »mitmachen«, denn: *Ich bin ja selbst schuld.* Ich habe mich darauf eingelassen. Ich wollte es ja. Was ist an mir, daß er so etwas mit mir macht? Ich muß es verdient haben. Ich wehre mich ja auch nicht. Also bin ich selbst schuld.

2. Das Kind könnte alles der Mutter erzählen, aber: Ich bin jetzt schon schuldig gegenüber der Mutter, indem ich bislang nichts erzählt habe. Ich habe es ihr verheimlicht. Die Mutter wäre enttäuscht, erschüttert, daß ich ihr so etwas angetan habe – daß ich mit *ihrem* Mann schlafe. Es würde herauskommen, daß ich sie immer angelogen habe, wenn sie mich fragte, wo ich nach der Schule gewesen bin. Ich habe ihr erzählt, ich ginge zu Sabrina in den Garten, wo sie ihre Hasen hat. Vater hat mir das als Ausrede aufgetragen, denn Mutter sollte ja nicht wissen, daß ich nach der Schule immer bei ihm in der Werkstatt vorbeiging.

3. Das Kind könnte erwägen, z.B. mit einer Lehrerin über ihre Erlebnisse zu sprechen, aber: Wenn dann die Polizei davon erfährt, kommt mein Vater ins Gefängnis, oder ich komme ins Heim, und dann habe ich unsere Familie zerstört.

4. Bei außerfamiliärem Mißbrauch, z.B. durch den Pfarrer, könnte sich das Kind den Eltern offenbaren, aber: Dann denken

die, ich hätte so »schweinische Sachen« im Kopf, und schimpfen, daß ich so über den Herrn Pfarrer spreche. Dann schicken sie mich wieder zu ihm zur Beichte, weil ich schlecht über ihn geredet habe.

5. Das Kind hat vielleicht schon einmal einen Versuch zur Aufdeckung gemacht. Damals hat der Mißbraucher den Teddy des Kindes vor seinen Augen verbrannt, um es einzuschüchtern: Wenn ich es noch einmal versuche, würde er sicher mein Meerschweinchen erwürgen.

6. Das Kind hat vielleicht einzelne sexuelle Kontakte momentan erfreulich empfunden. Dem kleineren Kind kann das Streicheln, dem Jugendlichen der Analverkehr im Moment, rein körperlich gesehen, angenehm bzw. von einer Erektion begleitet gewesen sein. Das darf nie jemand erfahren, denn das wäre ein Beweis dafür, daß ich ihn verführt habe. Auch meine Lust ist ein Beweis meiner Schuld.

Aus der Schuld-Falle wächst die tiefgreifende und alles durchziehende *Flüchtigkeit* des Mißbrauchsopfers. Der tiefen Ausweglosigkeit verspricht Rettung und Überleben nur das Weglaufen. Das kann eine innere Flucht sein, indem das Opfer innerlich aus seinem Körper, seiner Situation, seinem Erleben aussteigt, bis dahin, daß es sich selbst fremd wird. Oder es läuft wirklich weg, entzieht sich möglichst allem – der Schule, später dem Freundeskreis, schließlich der Ehe. Die einzige Sicherheit bietet das Allein-Sein. Das Kind rennt z.B. in der Schule zu jeder Pause auf die Toilette, weil es sich nur dort vor der Inanspruchnahme durch andere geschützt fühlt. Das erwachsen gewordene Opfer wechselt die Straßenseite, wenn sich Bekannte nahen; es vermeidet, auf Parties eingeladen zu werden etc. Als Jugendliche erscheinen Mißbrauchsopfer als »Trebegänger«, wie man sie früher nannte, als »haltlose und bindungsschwache Psychopathen«, wie die Psychiatrie sie bezeichnete. Jedes Exponieren, gesehen werden, beachtet werden, ja angesprochen werden muß dann vermieden, bzw. es muß ihm ausgewichen werden. Und doch ist das keine

Lösung. Denn das flüchtende Mißbrauchsopfer flieht nicht in erster Linie vor den Übergriffen oder vor dem Mißbraucher, sondern es flieht vor dem ständigen Erleben eigener Schuld. Diese aber läßt sich nicht abschütteln, es nimmt sie immer mit. Und so muß es schließlich immer weiter, immer weiter fliehen – bis in bewußtseinsdämpfende Drogen, in die Magersucht, die Sekte, im Extremfall in die Psychose.

Er sagt mir, was Wirklichkeit ist

Das Kind versteht die Situation lange nicht. Es kann monate- oder jahrelang – vor allem, wenn der Mißbrauch vor dem dritten Lebensjahr begann – die sexuellen Übergriffe als »schön« zu empfinden versuchen. Denn der Mißbraucher sagt: »Das ist schön.« Er sagt: »Das tut gut.« Es meint, er meine, es tue ihm wirklich gut. Und er will, daß es das meint. Aber es tut ihm nicht gut, und es ist auch nicht schön. Weil das aber der sonst so fürsorgliche Spaßmacher-Vater sagt, muß es doch stimmen: Und wenn ich nicht empfinde, daß es mir gut tut, dann stimmt mit mir wohl etwas nicht. Er weiß schließlich besser als ich, was mir gut tut, was richtig ist, was wirklich ist. Meine eigene Wahrnehmung ist irgendwie defekt, unzuverlässig. – So wird das Kind zunehmend unsicher über seine eigene Wahrnehmung der äußeren und inneren Realität. Es zweifelt an seiner Wahrnehmung, an sich selbst. Es spaltet die Erfahrung des Vaters auf in den »lieben Papa« und »das Gespenst« oder »den Wolf«, der nachts kommt, wenn der liebe Papa längst Gute Nacht gesagt hat: Aber warum schützt der liebe Papa mich nicht vor dem Wolf? Ist er der liebe Papa, wenn er mich nicht schützt? Ich kann das nicht entscheiden. Meine Gefühle und Wahrnehmungen sind schwankend und unbedeutend, ich kann ihnen nicht trauen. Ich kann mir nicht trauen. Um so mehr bin ich darauf angewiesen, daß der Vater mir sagt, welches meine Gefühle und Wahrnehmungen sind.

Er schnauft immer so komisch dabei. Ich weiß nicht, warum er so schnauft und stöhnt. Ich habe dann Angst, daß er erstickt. Dann bin ich schuld, denn er ist dann an mir, in mir erstickt. Aber er will es immer wieder – oder will ich es? Und er sagt, es sei gut. Also muß es richtig sein. Er sagt, es sei erregend, wenn er meine Scheide leckt. Es ist dann auch erst angenehm warm am Bauch. Aber dann schiebt er sein großes Teil in mich rein, daß ich jedesmal denke, ich platze. Dann habe ich Angst zu sterben. Er stöhnt. Ich habe Angst. Oder will ich stöhnen? Stöhnt er aus Angst? Oder weil es schön ist? Will ich aus Angst stöhnen, oder weil es schön ist? Tut es mir gut? Was ist wirklich? Ist es überhaupt real? Träume ich? Vielleicht geht es vorbei, ist es nicht mehr wirklich, wenn ich mich totstelle. Dann betreffen mich diese schrecklich bedrängenden Situationen nicht mehr, dann habe ich nichts mehr damit zu tun. Dann gibt es sie gar nicht.

Das Kind wird versuchen, die sexuellen Übergriffe durch »Herausschrauben« zu überstehen, durch eine innere Haltung des Totstellens, die auch Opfer anderer Traumatisierungen – Folter, Katastrophen, KZ etc. – einnehmen können. Damit wird dem traumatisierenden Ereignis *für einen Moment* die Schärfe seiner Realität genommen. Aber langfristig verselbständigt sich dieses innere Weglaufen, die Flucht. Die Realitätsverwirrung wird zementiert. Selbst in bezug auf den Mißbraucher wird das Opfer später unsicher sein, ob überhaupt etwas geschehen ist – und wie weitgehend – oder ob es nicht einfach »schmutzige Phantasie« war. Diese Realitätsverwirrung über den Mißbrauch setzt sich bis in die Öffentlichkeit und Teile der Fachwelt fort, die ebenfalls zwischen Leugnen und Bagatellisieren des Mißbrauchs als eines gesellschaftlichen Phänomens einerseits und panischer Hochrechnung der Anzahl von Opfern und Tätern schwanken.

Und diese *Realitätsverwirrung*, verbunden mit der Bereitschaft, andere die eigene Realität definieren zu lassen, setzt sich bis in alle Bereiche des späteren Erwachsenen fort: Das ehemalige Mißbrauchsopfer kann ebenso grundsätzlich mißtrauisch gegenüber seinen Mitmenschen sein wie andererseits im Überschwang vertrauensselig, insbesondere gegenüber Autoritätspersonen. Es kann nicht einschätzen, wann es sich, seinen Wahrnehmungen und Gefühlen, vertrauen kann, und es kann nicht einschätzen, wem es vertrauen kann und wem nicht. Und es wird, wenn überhaupt, ebenso wenig überzeugend über die Mißbrauchserfahrung sprechen, wie es diesbezüglich seiner selbst unsicher ist. Und deshalb begegnen ihm Desinteresse und Mißtrauen. Dies wiederum verstärkt seine Zweifel an der eigenen Erfahrung bzw. Erinnerung – und schließlich gab es den Mißbrauch wahrscheinlich doch nicht.

Der Mißbraucher sagt mir, was wirklich ist – und ob es wirklich ist. Er hat alle Macht über mich, denn ich erkenne das nicht. Deshalb muß ich alle seelischen und zwischenmenschlichen Schwierigkeiten, die ich habe, mir selbst zuschreiben. So wird er mein ganzes Leben lang Macht über mich haben, ohne daß ich es weiß. Denn das »Ich«, das es wissen könnte, hat sich längst totgestellt, ist weggelaufen – wurde von ihm annulliert.

Ich möchte mich verbergen

Das Kind ist nun einsam in und mit der Beziehung zum Mißbraucher. Es ist keine Beziehung, die trägt, schützt oder beheimatet, sondern die ausbeutet und isoliert. Das Kind ist mit den ihm unverständlichen, später vielleicht durchschaubaren, dann aber schambeladenen Erlebnissen allein. Es kann das Gefühl entwickeln, jeder sähe ihm an, was zwischen ihm und dem Mißbraucher geschieht; jeder sähe seinem Körper an, wozu er benutzt wird.

Insbesondere das kleinere Kind geht davon aus, daß die Mutter alles weiß. Es erlebt aber, daß sie nicht eingreift. Auch dies ist ihm unverständlich und damit isolierend: Nicht zu wissen, warum die Mutter nicht einschreitet, isoliert innerlich von der Mutter. – Alle sehen es mir an, keiner sagt etwas, keiner schreitet ein, also bin ich es entweder nicht wert, geschützt zu werden, oder ich täusche mich: Was mir so unerträglich ist, ist tatsächlich normal oder belanglos. Das heißt, etwas ist mit mir nicht in Ordnung. Ich verstehe alles falsch, bin überempfindlich, übertreibe, nehme mich zu wichtig.

Über solche Gedanken und Empfindungen wird das Kind in der Regel nicht die Kraft finden, seine Isolierung zu durchbrechen. Vielmehr wird es sich erst recht zurückziehen. Es wird sich verkriechen: Ich bin nichts wert, ich verstehe nichts, niemand versteht mich, ich kann die Menschen nicht einschätzen, sie reden schon über mich, ich muß mich schützen – also ziehe ich mich in mich zurück. – Das Kind antwortet auf die Isolierungstaktik des Mißbrauchers damit, daß es sich zurückziehen *will.*

Ich kann es niemandem sagen

Zu dieser Dynamik des äußeren und inneren Rückzugs gehört die Geheimnisbindung, die das Kind wie unter einer verschlossenen Glasglocke gefangenhält. Es findet keine Möglichkeit, mit irgend jemandem über die Mißbrauchsbeziehung zu sprechen. Das ist nur zum kleineren Teil darauf zurückzuführen, daß der Mißbraucher manchmal ausdrücklich Stillschweigen über seine Übergriffe gebietet bzw. durch Drohungen und äußeren Druck durchsetzt: »Wenn du das erzählst, verbrenn' ich deinen Teddybär.« Allenfalls ist bei älteren Kindern oder Jugendlichen, denen das Kriminelle der Übergriffe bewußt ist, zu Beginn der körperlichen Übergriffe eine ausdrückliche Geheimnisverpflichtung »nötig«. Aber insbesondere bei innerfamiliärem oder jahrelangem Mißbrauch ist diese »Beziehung« für das Kind an sich geheimnisvoll und tabuisiert. Es sieht sich in einen Vorgang gestellt, der jenseits aller Mitteilbarkeit liegt: Daß gerade *ich* darin stehe, das ist geheimnisvoll, unverständlich, unaussprechlich. – Das Kind hat *von sich aus* als unabweisbar erlebte Gründe zur Geheimhaltung:

– Es kann fürchten, der Mutter im Fall der Aufdeckung Kummer oder Aufregung zu bereiten. Vielleicht erscheint sie überlastet, und das Kind mag des öfteren mitbekommen haben, daß die Eltern über die Erholungsbedürftigkeit der Mutter sprachen – und der Inzesttäter hat ja Gründe, die Mutter in Kur zu schicken –, oder es kennt die Mutter insoweit, als sie schnell in Panik gerät oder »ausrastet«. Oder das Kind idealisiert die Mutter. Auch wenn sie nicht als schützend erlebt wird, schafft es sich oft eine ideale Phantasiemutter, die mit so etwas wie den täglichen Ängsten des Kindes nicht belästigt, nicht beschmutzt werden darf. Dann will das Kind die Mutter schonen und schützen, d.h. es wechselt die Rolle – denn eigentlich ist es ja selbst schonungs- und schutzbedürftig – und übernimmt die Verantwortung für das Wohlergehen der Mutter. Und ist der Mißbraucher der Partner der Mutter, so kommen Vergeltungsängste hinzu: Angst, die Mutter könnte die »Rivalin« fallenlassen und verstoßen. Schon das neun- oder zehnjährige Kind kann die Traumatisierung der Mutter ahnen, würde ihr Partner als Mißbraucher entdeckt.

– Auch für die Familie bzw. den Familienzusammenhalt empfindet das Kind Verantwortung. Es kann abschätzen – oder der Mißbraucher hat dies explizit angedroht –, daß die Familie bei Aufdeckung der »Beziehung« zerbricht. Da gerade Inzest-Familien dem Mythos vom familiären Zusammenhalt anhängen und ihn mit religiösen oder weltanschaulichen Gesichtspunkten untermauern, wächst das Kind geradezu mit dem Bild der Unmöglichkeit auf, daß ein Familienmitglied gegen ein anderes vorgeht. Dies wäre ein Tabubruch, der das Kind mindestens ebenso mit Schuld beladen würde wie der Inzest selbst – und diese neue Schuld käme noch hinzu.

Aus dem Gefängnis solcher Ängste kann sich ein Kind allein kaum befreien, so hält es lieber still und hält aus – eine Haltung, die sich festsetzt und verinnerlicht bleibt, auch weit über die Beendigung der körperlichen Übergriffe hinaus. Sie ist eines der typischen Merkmale erwachsener ehemaliger Mißbrauchsopfer.

– Das Kind kann die Heimeinweisung fürchten, falls es den Mißbrauch aufdeckt. Es kann fürchten, der Lüge bezichtigt zu werden, der Wichtigtuerei. Und alle Merkmale seiner inneren Situation, die der Mißbraucher installiert hat und die in diesem Kapitel skizziert wurden – die anfängliche Faszination, die Realitätsverwirrung, das Schuld-Labyrinth, die Isolierung –, veranlassen das Kind stillzuhalten und stillzuschweigen.

Auch hier wirkt die Macht des Mißbrauchers eher indirekt und für das Kind unerkennbar als ausdrücklich und offensichtlich: Das Kind will *von sich aus,* was der Mißbraucher von ihm verlangt.

Ich bin schmutzig

Das Kind, das langfristig sexuellen Übergriffen ausgesetzt ist – das ist in der Regel das inzestuös mißbrauchte Kind –, entwickelt ein Gefühl der *Verworfenheit*. Es entsteht ein Selbstbild der Verschmutzung, des Nichts-wert-Seins, des allen Abgründen und allem Dunklen Verfügbaren. Der ständige Mißbrauch bestätigt dieses Selbstbild, das erst mit dem Mißbrauch entsteht. Je länger der Mißbrauch anhält, um so weniger kann sich das Opfer anders als verworfen empfinden. Erst ist es »nur« das Schmutzgefühl, befleckt oder mit Schweiß oder Sperma des Mißbrauchers angefüllt zu sein. Dann greift es auf immer weitere Teile des Selbstbildes über, bis dieses Ich im Extremfall selbst ein Abgrund des *Dunklen* ist. Die elementare Enttäuschung über den nicht-fürsorgenden Vater und die nicht-schützende Mutter, die anfänglich manchmal noch vorhandene Wut richtet das Kind dann gegen sich selbst: Nicht der Mißbraucher ist schuld, sondern ich bin selbst schuld. Nicht er ist schmutzig – denn er ist mein Vater –, sondern ich bin es. Nicht die Mutter schützt mich nicht, sondern ich bin es nicht wert, geschützt zu werden. So suche ich Situationen auf, in denen ich nicht geschützt bin, ja schädige mich sogar selbst – dann spüre ich mich wenigstens darin.

So kann langfristig ein Hang zur Selbsterniedrigung entstehen, insbesondere im Zusammenhang mit Sexualität, aber auch darüber hinaus. Diese Tendenz zum elementar entwerteten Selbstbild kann sich später beim Erwachsenen nach zwei Richtungen auswirken:

– Das ehemalige Opfer meidet jede Möglichkeit sexueller Begegnung oder der Nähe überhaupt. Es will unscheinbar, ja unsichtbar sein. Das Kind in einer aktuellen Mißbrauchssituation preßt beim Gehen die Oberschenkel zusammen, turnt in der Schule nicht mit, läuft weg. Das jugendliche ehemalige Opfer ißt sich dick oder hungert sich die gerade entstehenden weiblichen Formen wieder weg, um ja nicht sexuell attraktiv zu sein. Physischer Kontakt wird möglichst vermieden, nicht nur aus generalisiertem Schutzbedürfnis, sondern auch der Vorstellung, der Schmutz übertrage sich auf den Berührten. Im Extremfall kann sich diese Haltung bis zur Selbstaggression steigern: Das Kind reißt sich dann die Haare aus, die Jugendliche verletzt sich mit Nadeln oder Messern, der Erwachsene entwickelt gesellschaftlich vorgegebene Verhaltensweisen der Selbstzerstörung wie Drogensucht, Spielsucht o.ä.

– Die zweite, nicht weniger häufig auftretende Tendenz ist die des aggressiven, selbstaggressiven und offensiven Umgangs mit der eigenen Sexualität, mit der eigenen seelischen Befindlichkeit überhaupt. Beim Kind äußert sie sich in der Distanzlosigkeit Fremden gegenüber oder der Sexualisierung der Beziehungen auch zu Gleichaltrigen, beim Erwachsenen in der Neigung zur Prostitution oder zum suchtartigen, zwanghaften Ausleben und Aufgreifen jeder eigenen und fremden sexuellen Regung und Phantasie. Ehemalige Mißbrauchsopfer stehen nicht selten auch den nur flüchtigsten Bekanntschaften sexuell zur Verfügung, sie erspüren und provozieren insbesondere die Schattenseiten und Abgründe des Sexuellen. Das kann bis zur Lust am Abgründigen gehen. Extreme Sexualpraktiken werden hier nicht aus gemeinsamer und gegenseitiger Freiheit gewählt, sondern aus Selbsterniedrigungslust zwanghaft gesucht: Wenn ich mich nicht an den Abgründen der Sexualität bewege, spüre ich meine Verworfenheit nicht. Nur in dieser erkenne ich mich. Ich würde mich nicht mehr erkennen, würde mich verlieren, wenn ich mich nicht mit aggressiven und extremen Formen des Sexuellen konfrontierte. – Auch die Beziehung zu sich selbst kann davon überwältigt sein: Einfachste, eigentlich nur »schöne« Erlebnisse rufen sexuelle Regungen und Phantasien hervor. Ein Sonnenaufgang am Meer kann zur Onanie nötigen. Und Onanie muß vielleicht mit Schmerz verbunden sein – mit dem Schmerz der Exzessivität oder planvollen masochistischen Selbstaggression.

Das ist nicht bei allen Mißbrauchsopfern so und reicht wahrscheinlich auch nur bei wenigen in solche Extreme. Aber es kann die Dynamik des Selbstempfindens veranschaulichen, eine Dynamik der Verselbständigung von Erlebnissen, die ursprünglich von außen gesetzt wurden; eine Dynamik des Fliehens, auch vor sich selbst und den eigenen Scham- und Schuldgefühlen. Es ist eine sich selbst erhaltende Dynamik, denn sie produziert, was sie ursprünglich zu fliehen suchte. Die Folgen der Machtinstallation des Mißbrauchers wuchern immer weiter. Das Opfer mißbraucht sich selbst.

Ich soll nicht ich werden

Das Kind lernt in der Mißbrauchssituation, daß die Beziehung zwischen zwei Menschen Platz nur für *ein* Ich bietet – das Ich des anderen. Es lernt, daß es kein Recht auf Selbstbestimmung hat, insbesondere kein Selbstbestimmungsrecht über seine Leiblichkeit, seine Intimität und seine intimsten Gefühle. Das lernt es nicht darüber, daß es Dinge gegen seinen Willen tun muß, vielmehr darüber, daß seine Versuche der Abwehr und des Widerstands, des Fliehens und Hilfesuchens nicht zur Kenntnis genommen werden. Das Kind füllt mit seinem naiven, eigentlich lebensfrischen, noch ganz unreflektierten Ich ein »Loch im Ich« des Mißbrauchers. Dieser beraubt das Kind seiner persönlichsten Lebenskraft, Substanz und seines Individualisierungswillens. Er nährt sich am Ich des Kindes, das dadurch – und das ist die zentrale Botschaft in der Mißbrauchserfahrung – mit einem *Individualisierungsverbot* belegt wird.

Die vom Mißbraucher erschlichene Unterwerfung wird zum zentralen Bezugspunkt des Wahrnehmens, Fühlens, Denkens, der Vorstellungen, des Selbstbildes, der Beziehungserwartungen, später auch der Lebensentwürfe und der Sinnerwartung des Opfers. Der elementare zwischenmenschliche Übergriff, um den es beim sexuellen Mißbrauch geht, infiziert das sich erst entfaltende Ich mit der Bereitschaft, anderen Ichen zur Verfügung zu stehen, den Fremdwillen als Eigenwillen zu erleben. Deshalb empfindet sich das Opfer wie gelähmt, wenn es eigene Empfindungen, Vorstellungen etc. aufkommen lassen könnte: Wer bin ich, wenn ich mich nicht zur Verfügung stellen kann? Ich *will* mich einem Fremdwillen zur Verfügung stellen. – So ist das Opfer für weitere Ausbeutung bereit, für weitere Übergriffe auf sein weiteres Leben – und das nicht nur im sexuellen Bereich.

Die weiteren Lebenswege des Opfers sind vom inneren Kampf zwischen Zur-Verfügung-Stehen und Selbstbehauptung geprägt. Auf ersteres ist das Opfer geeicht, das zweite muß gegen viele Schuldgefühle und Ängste erst errungen werden. Denn die Effizienz des Mißbrauchs liegt darin, daß der Mißbraucher um die Erfüllung seines ausbeutenden Willens nicht kämpfen muß, vielmehr das Opfer mit sich selbst dafür kämpft. So kann es zu einer Unterwerfungshaltung kommen, die als solche nicht mehr erkennbar ist. Sowohl die klassische Frauenrolle wie die klassische Männerrolle ist, wenn auch je anders, ausgezeichnet dafür geeignet, dem Opfer seine habituelle Unterwerfungs-Bereitschaft nicht erkennen zu lassen. Dem weiblichen Opfer fügt sich die Unterwerfungshaltung nahtlos in die althergebrachte Frauenrolle ein, da gibt es nichts, woran es anstoßen und damit aufwachen müßte. Dem männlichen Opfer (siehe S. 52ff) ist die Diskrepanz zwischen Unterwerfungsbereitschaft und Ohnmachtserfahrung einerseits und überlieferter männlicher Rolle andererseits derart abgründig, daß es seine Unterwerfungstendenz zu erkennen um keinen Preis bereit ist – das wäre die elementare Verunsicherung und Infragestellung seines Mannseins. Von einer Frau aber, die aufgrund ihrer Mißbrauchserfahrung über ihr Frausein verunsichert wäre, hat man noch nicht gehört.

Ein großer Teil der ehemaligen Mißbrauchsopfer fügt sich gut in die Moral der Selbstlosigkeit. Ein anderer Teil – es ist möglicherweise der psychisch noch gesündere – oszilliert zwischen Sich-ausbeuten-Lassen und Sich-Abgrenzen. Die Abgrenzung gerät hier oft schroff und laut. Die ehemals erlebte Ohnmacht kann dadurch übertönt werden, daß jetzt andere kontrolliert und vielleicht auch beherrscht werden. Die Grenze zum anderen kann gleichbleibend offen sein – das ist die Verfügbarkeit – oder gleichbleibend geschlossen – das ist die Abwehr alles Fremden und das Bedürfnis, alles in der Hand zu haben.

Schon wenige Jahre nach beendetem Mißbrauch, manchmal auch bereits gegen Ende eines langjährigen Mißbrauchs, kann das Opfer abwechselnd beide Positionen einnehmen. Das mißbrauchte Kind ist in erhöhter Gefahr, in eine neue Mißbrauchsbeziehung zu geraten; es kann beginnende neue Übergriffe nicht rechtzeitig erkennen, denn sein seelisches Immunsystem ist weitgehend außer Kraft gesetzt. Der Erwachsene wird sich hingebungsvoll ausbeuten lassen; und knickt er dann vor körperlicher oder seelischer Erschöpfung ein, wird er die Schuld bei sich selbst suchen. – Andererseits reagiert schon das mißbrauchte Kind auf die eigene Hilflosigkeit mit dem angestrengten Bestreben, immer den Überblick zu behalten. Beim Erwachsenen wächst sich das zum Kontrollbedürfnis aus, das im Machtmenschen gipfeln kann – aus Schutzbedürfnis oder dem Bedürfnis, sich wenigstens nachträglich seiner selbst versichern zu können, indem jede denkbare Hilflosigkeit ein und für allemal ausgemerzt werden soll.

Doch sind all das nicht die klaren Klänge des Ich, die ohnehin flüchtig sind, bei jedem Menschen. Es ist vielmehr der schrille und scharfe Ton angstvoller Abgrenzung. In beiden Fällen – Abgrenzung oder Ausbeutung – ist das Ich-Gefühl wiederum abhängig von einem anderen. Am Unterwerfungspol spüre ich mich nur, wenn mich der Wille eines anderen erfüllt. Am Abgrenzungs- oder Machtpol spüre ich mich nur, solange ein anderer meine Macht anerkennt. – In beiden Fällen kann sich das Ich nicht auf sich selbst verlassen.

Die Einbahnstraße

Die Beziehung zwischen Mißbraucher und Kind ist eine Einbahnstraße. Je jünger das Opfer, je autoritärer erzogen, je mehr in seinem Umfeld Sexualität tabuisiert ist, um so weniger wird es dem Mißbraucher entgegensetzen können. Dieser verlangt nicht einfach sexuelle Handlungen vom Kind – vielmehr verursacht er plangemäß die *innere* Verwirrung des Kindes. Stellt man den Strategien des Mißbrauchers die Erlebnisdynamik des Kindes gegenüber, so ist zu erkennen, wie beides zusammengehört:

1. Der Mißbraucher hat das Kind ausgesucht – das Kind erlebt sich in rätselhafter Weise ausgewählt.

2. Er hat es befangen gemacht – das Kind zentriert sein Denken und Empfinden zunehmend auf den Mißbraucher.

3. Dieser hat die Kontrolle über die Umgebung des Kindes aufgebaut – das Kind erlebt, daß die Eltern die Beziehung begrüßen.

4. Er hat einen »Tauglichkeitstest« durchgeführt – das Kind »entscheidet« sich, trotz der probeweisen Übergriffe in der begonnenen Beziehung zu bleiben.

5. Der Mißbraucher hat dem Kind seinen Willen eingepflanzt – das Kind ist fasziniert und sucht ihn immer wieder auf.

6. Er hat dem Kind die Verantwortung für die Beziehung, für sein Wohlergehen und für die sexuellen Handlungen zugescho-

ben, vor allem indem er Schuldgefühle veranlagte – das Kind erlebt sich gefangen im Labyrinth der Schuld.

7. Er übt die Definitionsmacht aus – das Kind läßt sich von ihm Wirklichkeit definieren.

8. Er hat das Kind isoliert – das Kind will sich verbergen.

9. Er hat die Geheimnisbindung installiert – das Kind sieht keine Möglichkeit, mit irgend jemandem über den Mißbrauch zu sprechen.

10. Der Mißbraucher lebt seine »Triebtheorie« aus, seine Lieblingsausrede: »Leider habe ich einen so starken und unabweisbaren Sexualtrieb« – das Kind fühlt sich durch die körperlichen Vorgänge und ihre Bedeutung beschmutzt und verworfen.

11. Der Mißbraucher hat dem Kind in Worten und Taten seine demonstrationsheischende rigide Männlichkeit vorgeführt – das Kind erfaßt, wie lebenswichtig ihm die Bestätigung *seiner* männlichen Identität ist; denn es erlebt, wie er sich ständig seiner Verfügungsmacht über Abhängige vergewissern muß – und reagiert mit dem Zurückstellen eigener Individualisierung.

Wie ausgeprägt oder wie einseitig die beschriebenen inneren Reaktionen des Opfers ausfallen, hängt von mehreren Faktoren ab: Alter bei Mißbrauchsbeginn, Art der vorhergehenden Beziehung, Dauer des Mißbrauchs, familiäre Situation des Opfers (das Kind stützend oder ablehnend), Aufgeklärtheit des Kindes, häuslicher Erziehungsstil (autoritär anhand von rigiden Geschlechtsrollen oder der Individualisierung des Kindes entgegenkommend) etc. *Die langfristige Traumatisierung des Opfers hängt dagegen weniger vom Sexualisierungsgrad der Beziehung ab als vom Grad der Übermächtigung durch den ausbeutenden Erwachsenen.* Die jahrelange Mißbrauchsbeziehung zwischen dem Meßdiener und einem Priester, der dem Jungen jeden Sonntag vor der Messe minutenlange Zungenküsse abnötigte, kann wesentlich nachhaltiger traumatisieren und den Jungen in die skizzierte innere Situation treiben als die mehrmonatige zwischen einem Kinderarzt und seinem kindlichen Patienten, die innerhalb von fünf Untersuchungssitzungen bis zum Analverkehr kommt, dann aber aufgedeckt wird. Dabei ist der Sexualisierungsgrad stärker, aber der das kindliche Ich annullierende Übermächtigungsgrad geringer, während es sich im vorangehenden Fall andersherum verhält und bei dem Meßdiener langfristig eher mit der charakterisierten inneren Situation des Mißbrauchsopfers zu rechnen ist als bei dem kindlichen Patienten.

Aufdeckung

Daß die Übermächtigung gegenüber der Sexualisierung im Vordergrund steht, ist noch einmal in der manchmal Monate währenden Aufdeckungsphase zu erkennen. Das Opfer ist zwar erleichtert, weil die sexuellen Übergriffe beendet sind, aber es ist deshalb keineswegs schon aus der Mißbrauchsbeziehung entlassen – im Gegenteil, sie wirkt sich mit der Aufdeckung in anderer Weise weiterhin destruktiv aus.

Die Wege zur Aufdeckung sind sehr unterschiedlich. Vielleicht hat das Kind schon länger versteckte Andeutungen gemacht, die von der Umgebung nicht ernstgenommen worden sind. Es kann verbal auf seine Situation hingewiesen haben: »Mama, nachts kommt immer das Gespenst in mein Bett.« Die Mutter: »Ach, was für ein dummer Traum.« Oder seine Bilder bergen Hinweise, wenn z.B. auf Zeichnungen den Menschen der Mund fehlt – als Hinweis auf die Geheimnisverpflichtung – oder sie sich im Käfig befinden. Solange man über solche Bilder oder Äußerungen mit dem Kind nicht spricht, bleibt der Hinweis unbemerkt. Und irgendwann fällt dann der Lehrerin, dem Kinderarzt, der Mutter doch etwas auf, sexualisierte Verhaltensweisen, durchgehende Verängstigung, erneutes Bettnässen, Selbstaggressionen etc., und sie wenden sich an eine Fachberatungsstelle. Ältere Kinder entschließen sich manchmal, sich einer guten Freundin oder einem Erwachsenen gegenüber, den sie als stabil einschätzen, zu eröffnen.

Gespräche über den Mißbrauch sind mit Kindern jeden Alters gut möglich. Sie traumatisieren das Kind auch nicht, wenn man ihm Zeit und einen geschützten Rahmen dafür zugesteht. In der ersten Aufregung gleich auf das Kind einzudringen, womöglich mit der Frage: »Wer hat das getan?« verschließt ihm jedoch die Möglichkeit, klar über seine Mißbrauchserfahrung zu sprechen. Das Kind wird auf Dauer erst ausführlicher berichten, wenn es sich von der entsprechenden Belastbarkeit des Erwachsenen überzeugen konnte. Es kann dafür auch eine Art »Tauglichkeitstest« machen, indem es zunächst von einem schlimmen Vorfall erzählt, in den ein anderes Kind verwickelt war: »Meine Freundin hat neulich gesehen, wie ein Mann eine Katze ertränkt hat.« Reagiert jetzt der Erwachsene weder emotional (»wie furchtbar«), strafend (»na, hoffentlich hat das die Polizei auch gesehen«), moralisierend (»das muß ja ein ganz böser Mensch sein«) oder bagatellisierend (»vielleicht war das Kätzchen krank«) noch zurückweisend (»das ist doch bestimmt wieder so eine Lügengeschichte«), so wird das Kind nach einigen Tagen den Mut finden, erste Andeutungen über die Mißbrauchserfahrung zu machen. Es sucht beim Erwachsenen die Fähigkeit zur interessierten, aber nüchternen Reaktion, das Ernstgenommen-Werden in seinen ersten Andeutungen. Es will nicht gleich gedrängt werden »auszusagen«, kann sich, wenn überhaupt, auf Gespräche darüber einlassen, was vorgefallen ist, nicht dagegen auf Gespräche darüber, was es getan hat. – Eltern oder andere am Leben des Kindes emotional Beteiligte können das nicht, weswegen Aufdeckungsgespräche auf jeden Fall von dem Mitglied eines multiprofessionell arbeitenden Teams einer Fachstelle (Erziehungsberatungsstelle, Kinderschutzbund o.ä.) durchgeführt werden sollten.

Die Kinder erzählen oft erst zögerlich, unzusammenhängend, widersprüchlich, nehmen zwischendurch alles wieder zurück – weshalb bündige Darstellungen zu Beginn der Aufdeckungsphase eher eine Falschanschuldigung vermuten lassen. Die ersten Berichtssituationen sind für sie mit großen Ängsten beladen –

noch befinden sie sich in der Geheimnisbindung. Scham- und Schuldgefühle machen es ihnen zunächst unmöglich, die sexuellen Übergriffe im einzelnen darzustellen. Ähnlich wie der Mißbraucher wird auch das Opfer bei der Aufdeckung zunächst bagatellisieren oder sogar leugnen: »Ich weiß nicht mehr«, »War nur einmal«, »Ist schon länger her«, »War nicht so schlimm.« Denn das Kind sieht jetzt neue Belastungen auf sich zukommen. Zwar hören in der Regel mit Beginn der Aufdeckungsphase die sexuellen Übergriffe auf, was das Kind erleichtert, andererseits hat es jetzt den Zorn des Mißbrauchers zu fürchten, Schuldzuweisungen durch die Umgebung – »Was, du hast ein Verhältnis mit deinem Vater gehabt?« – Verantwortung für den Familienzusammenhalt. Das Opfer kann die Aufdeckungsphase als bloßen Machtwechsel erleben. Jetzt ist es nicht mehr der Mißbraucher, der Druck ausübt, sondern die Mutter (»Kind, tu mir das nicht an. Sag, daß das nicht wahr ist«), die Psychologen (»War es nicht auch manchmal für dich schön?«), das Jugendamt, das halb möglichst detaillierte Aussagen hören möchte, halb lieber gar nichts. Kommt dann noch die gerichtliche Glaubwürdigkeitsprüfung hinzu, wünscht sich das Kind oft, es hätte nie begonnen auszusagen. Die Glaubwürdigkeitsprüfung kann Zweifel an den Aussagen des Kindes aufkommen lassen – dann erlebt es von gerichtlicher Seite das gleiche, was es bereits durch den Mißbraucher erlebt hat: Seine Realitätswahrnehmung wird verunsichert. Die Definitionsmacht darüber, was wirklich ist, geht vom Mißbraucher an das Gericht über.

Geht aber der Mißbrauch während der Aufdeckungsphase weiter, so erlebt das Opfer diese Phase als elementar sinnlos und wird seine Aussage zurückziehen.

Auch die Umgebung des Kindes reagiert oft so, daß ihm die grundsätzliche Selbstunsicherheit, die Selbstzweifel und Selbstvorwürfe nur noch einmal, und jetzt von »allen«, bestätigt werden: Der Kinderarzt, der es auf Verletzungen im Intimbereich untersuchen soll, plaudert in Anwesenheit des Kindes mit der

Arzthelferin über die »kleinen Lolitas«, die ihre Väter verführen. Die Mutter, der das Jugendamt nahegelegt hat, sich von ihrem Partner zu trennen, weil er des Mißbrauchs an ihrer Tochter verdächtig ist, hält dem Kind vielleicht vor: »Du hast unsere Familie zerstört«, und eben dies hatte der Mißbraucher angekündigt – und damit recht behalten. Oder das aufdeckende Kind wird in andere Eigeninteressen eingebunden: »Gib es zu, der X. hat an dir rumgefummelt! Ich hab' es ja schon immer gewußt, den hab' ich schon mal aus dem Sexladen kommen sehen« (die Nachbarin); »Der Herr Pfarrer hat doch bestimmt verlangt, daß du ihn da unten anfaßt. Diese verklemmten Pfaffen sind doch alle gleich« (der linke Student); »Hast du einen Orgasmus dabei gehabt?« (die pubertierende Freundin).

Das Opfer ist erneut Macht ausgesetzt. Seine Aufdeckungen werden instrumentalisiert, damit andere ihre Rechnungen begleichen können. Auch Fachleute können jetzt Macht ausüben: »Mir kannst du alles sagen (und wenn nicht, bin ich enttäuscht).« Das Opfer hat gelernt, anderen Enttäuschungen zu ersparen, also wird es *irgendetwas* »aussagen«. Fachleute können vom Kind erneut Verantwortung für Entscheidungen fordern, der es unmöglich gewachsen sein kann, die es aber wie automatisch, weil gut gelernt, auf sich nimmt: »Kam es wirklich bis zum eigentlichen Geschlechtsverkehr? Wenn es nicht zum Geschlechtsverkehr gekommen ist, bräuchte ich keine Heimeinweisung vorzubereiten« (der Jugendamts-Sozialarbeiter). Oder das Opfer wird suggestiv befragt: »Solltest du auch seinen Penis in den Mund nehmen?« (die Psychologin, die ihr Bild vom Mann als Triebmonster bestätigt haben möchte). Erneut traumatisierend wirkt es sich aus, wenn das Kind bei seinen ersten Versuchen zu berichten auf eine neue Geheimnisverpflichtung stößt: »Versprich mir, daß du das nie jemandem außerhalb unserer Familie erzählst« (die Mutter); »Besudle unsere Kirche nicht!« (ein Priester, dem das zwölfjährige Mädchen vom Mißbrauch durch den Kirchendiener erzählt hat). Endgültig verloren und ausgeliefert sieht sich das Kind, wenn die Person, der es sich anvertraut, erneut mißbraucht: »Weißt du, am besten kann ich verstehen, was dein Vater mit dir gemacht hat, wenn wir das jetzt mal nachspielen« (der Kindertherapeut).

Wenn vorgefallener sexueller Mißbrauch für das Kind nicht weiterhin zur Übermächtigung, dann durch Dritte, und nicht zu neuer Überwältigung durch die eigenen Schuld- und Schamgefühle führen soll, muß die Aufdeckung *multiprofessionell* gelenkt und begleitet werden. Es ist nicht Aufgabe dieses Buches, hierzu eine Anleitung zu geben. Die Aufdeckung ist nur dann ein erster Schritt zur Entlastung und Befreiung, wenn sie mit viel Ruhe und viel Zeit und in ständiger innerer Nähe zum Erleben *dieses* Kindes durchgeführt wird. Jedes Kind ist anders. Jeder Mißbrauch war anders.

Im günstigen Fall endet, nach umfänglicher und ruhiger Vorbereitung mit jedem der Beteiligten, die Aufdeckungsphase damit, daß der (familiäre) Mißbrauch unter Begleitung zweier Fachleute *in* der Familie ausgesprochen wird, und zwar vom Mißbraucher. Er muß dabei die *Verantwortung* für das Vorgefallene und die Folgen übernehmen. Dies muß er aussprechen, in Gegenwart der Familie, in Gegenwart des Kindes. Darin liegt dann der erste Schritt zur wirklichen Entlastung des Kindes. Es müssen die Fakten ausgesprochen und dann Entscheidungen getroffen werden: Welche Schritte müssen jetzt folgen? Wie wird man die Trennung von Opfer und Mißbraucher bewerkstelligen und wie begleiten lassen? Braucht das Kind therapeutische Hilfe? Wenn ja, welche? Braucht die Mutter Unterstützung? Ist es sinnvoll, Anzeige zu erstatten? Wer arbeitet mit dem Mißbraucher?

Auch die Aufdeckung des außerfamiliären Mißbrauchs sollte zu diesem Punkt führen. Erst das Aussprechen dessen, was war, und der Verantwortung dafür durch den Mißbraucher schafft Realität. Leider ist das oft nicht möglich. In den letzten Jahren haben aber die Fachberatungsstellen, die ermittelnden Behörden, auch die Gerichte Vorgehensweisen entwickelt, die dennoch das Opfer schützen und stabilisieren, den nicht-mißhandelnden Elternteil stützen und den Mißbraucher der notwendigen Aufarbeitung des Delikts zuführen können.

Der Vorgang der Aufdeckung kann für das Opfer zu einer Phase erneuter Angst und Bedrängnis geraten. Er kann auch im Sand verlaufen. Es bleibt dann ein vages und ungutes Gefühl zurück, der Zweifel, ob vielleicht nicht doch Mißbrauch vorgelegen hat, Ratlosigkeit. Was mag es für das Kind bedeuten, wenn es doch Opfer war, dies aber von den Fachleuten nicht als Realität erkannt werden konnte? Die Aufdeckung verläuft konstruktiv, wenn sie von einem Team geleitet wird, dessen Mitarbeiter sich im ständigen offenen Gespräch gegenseitig unterstützen. Dann kann es dem multiprofessionellen Team gelingen zu tun, was der Mißbraucher dem Kind unmöglich gemacht hat: Klarheit, Grenzziehung und Entschlußfähigkeit in den Vorgang zu bringen. Die Aufdeckung ist ein Machtkampf mit dem Mißbraucher.

Corinna, zwölf Jahre alt, ist seit zwei Jahren in Psychotherapie. Ihr Religionslehrer hatte sie die vier Grundschuljahre sexuell ausgebeutet. Am Ende ihrer Therapie blickt sie noch einmal auf die Aufdeckungsphase zurück: »Erst hatte ich nur Angst. Hätte meine Freundin nicht den Spermaflecken auf meiner Jeans entdeckt, hätte ich wohl noch lange nicht über alles geredet. Meine Freundin ist dann zu ihrer Mutter gelaufen und hat alles gesagt. Die rannte zu meiner Mutter. Als ich an dem Nachmittag nach Hause kam, saßen beide wie aneinander geklammert auf dem Sofa und heulten wie bekloppt. Ich wußte gleich, was los ist. Bin in mein Zimmer gerauscht, hab' mich nur geschämt und dachte immer nur: ›Hoffentlich fragen sie mich jetzt nicht. Hoffentlich fragen sie mich jetzt nicht.‹ Dann sind sie doch in mein Zimmer gestürmt. Meine Mutter brachte kein Wort heraus, die Freundin meiner Mutter wollte loslegen, mich ausquetschen, das hab' ich gleich gemerkt. Dann hab' ich nur ›Bitte‹ gesagt. Dann hat meine Mutter nur genickt und hat sich zu mir gesetzt.

Am nächsten Tag ging die Fragerei dann los, Schulleiter, Jugendamt, die Sozialarbeiterin in einer Beratungsstelle. Erst ging mir das auf die Nerven. Ich hatte auch Angst, der X würde sich rächen, aber der war da schon im Knast. Das hab' ich erst später erfahren. Der Mann vom Jugendamt hackte dann immer darauf herum, daß ich erst nicht alles erzählt hatte. Erst als mir dann die Sozialarbeiterin half, Schritt für Schritt in der Erinnerung rückwärts zu gehen, alles aufzuschreiben, ging alles ruhiger vor sich. Meine Mutter jammerte mir ewig die Ohren voll, sie sei ja Schuld, sie hätte es doch merken müssen. Wir hatten dann ein paar Gespräche zu dritt, meine Mutter, die Sozialarbeiterin und ich. Da hat meine Mutter kapiert, daß sie das mit sich selbst klären muß; außerdem hatte ich ihr nie einen Vorwurf gemacht. Ich *wollte* es ihr ja gar nicht erzählen, sie hätte es nicht ausgehalten, ihre ganze Heiligtuerei wäre ja im Eimer gewesen. – Dann sollte ich am Gericht alles nochmal erzählen. Da hatte ich den Kaffee auf. Hab' alles zurückgezogen. Hab' gesagt, ich hätte gelogen, um dem X eins auszuwischen. Mein Vater und meine Mutter haben mich dann begleitet zum Gericht, haben zu mir gesagt, sie seien sicher, daß ich das nicht erfunden hätte, und die Sozialarbeiterin hat das auch gesagt. Und meine Eltern haben dann noch im Auto auf der Fahrt zum Gericht gesagt, sie würden zu mir stehen, egal, ob ich nun aussagen würde oder nicht. Das war's dann. Die beiden haben dann direkt neben mir gestanden, er links, sie rechts, und dann hab' ich eben alles nochmal erzählt. Ja, es hat mir gutgetan zu sehen, wie der X immer kleiner wurde. Ich hab' inzwischen gehört, daß er nie mehr als Lehrer arbeiten darf, mit Kindern. Das ist gut so. Ich hab' immer noch 'ne Sauwut auf den. Aber ich hab' jetzt viel gelernt aus der Sache. Und damit hat er schließlich verloren.«

Bin ich ein richtiger Junge?

Jungen, die in einer Mißbrauchsbeziehung stehen oder gestanden haben, erleben eine Erschütterung der Wurzeln ihrer Selbstsicherheit und ihres Selbstverständnisses. Das Mißbrauchserlebnis ist *der* Bruch mit dem *klassischen Männerbild,* wonach ein Junge immer die Kontrolle und Macht über die Situation zu behalten hat, keine Ängste oder Negativ-Gefühle – außer Wut – kennt, sich immer wehren, alles alleine regeln und sich immer durchsetzen kann. In der Mißbrauchsbeziehung hat der Junge genau das Gegenteil erlebt. Er sieht sich deshalb, zusätzlich zur beschriebenen Traumatisierung, schockartig mit der Frage konfrontiert, ob er überhaupt ein »richtiger« Junge ist. Kein »richtiger« Junge zu sein, würde für ihn, seine Freunde wie für die Mehrheit der erwachsenen Öffentlichkeit bedeuten, daß er schwul ist.

Nahezu alle mißbrauchten Jungen haben – je nach Alter schon in der aktuellen Mißbrauchsbeziehung oder später – Angst, homosexuell zu sein. Nicht in erster Linie deshalb, weil sie als Junge von einem Mann sexuell ausgebeutet wurden, auch nicht im direkten Zusammenhang, ob Analverkehr durchgesetzt wurde oder nicht, vielmehr hängt auch diese Traumatisierung mehr vom Übermächtigungserlebnis ab als vom Grad der Sexualisierung der Mißbrauchsbeziehung. Das Übermächtigungserlebnis steht für den Jungen im Verhältnis dazu, wie einseitig und rigide das männliche Rollenbild ist, das ihm vorgelebt und zu dem hin er erzogen wurde. Auch Jungen, die von einer Frau mißbraucht wurden, geraten in die Angst vor Homosexualität, insbesondere wenn die Hilflosigkeit stark erlebt wurde oder die Vorgänge körperlich unangenehm waren. Beides ist für den Jungen »Beweis« dafür, daß er schwul ist: Als »richtiger« Junge dürfte er nicht hilflos sein, und Sex mit einer Frau müßte ihm Spaß machen.

Manche Jungen neigen schon in der akuten Mißbrauchssituation, manche erst danach zu einem überbetont »männlichen«, machohaften, aggressiven und frechen Verhalten, besonders Mädchen bzw. Frauen gegenüber. Es ist offensichtlich, daß es hier um die Kompensation fragwürdig gewordener Männlichkeit geht. Der umgekehrt reagierende Junge bzw. Mann ist zumindest in der Beratung oder Therapie häufiger anzutreffen: Er zieht sich zurück, wird ängstlich, traut sich nichts von dem zu, was ein »richtiger« Junge sich zutrauen muß. Er verhält sich zunehmend jungenuntypisch. Jetzt kommt, mehr oder weniger offen, in seiner Umgebung die Homosexualitätsfrage auf – womit er subjektiv seine entsprechende Angst bestätigt sieht. Er wird immer mehr isoliert, und sich zugleich immer mehr isolieren, er wird einen depressiven Grundzug entwickeln. Sexualität konkret zu leben, kann ihm Angst machen oder ihn ekeln, dennoch wird er in Vorstellung und Phantasie ein ausgiebiges Sexualleben führen. Er wird Erlebnisse und Wahrnehmungen sexuell stimulierend finden – und z.B. mit Onanie beantworten –, die für andere Menschen mit Sexualität nichts zu tun haben.

Der erste, offensiv reagierende Typus wird zu einer aggressiven, ausbeutenden und verachtenden Form der Sexualität neigen, denn Angreifer auf dem Feld zu sein, auf dem er einst selbst der Angegriffene war, ist die beste Versicherung dagegen, selbst je wieder Opfer zu werden. Dagegen ist die Behauptung eines direkten kausalen Zusammenhangs zwischen Mißbrauchserfahrung in der Kindheit und späterer Mißbraucher-Laufbahn – die in Teilen der Fachpresse wie auch der Öffentlichkeit beliebte Opfer-Täter-Theorie – zumindest fragwürdig. Zum einen kann die eigene Mißbrauchserfahrung weder eine notwendige noch eine hinreichende Bedingung dafür sein, später zum Mißbraucher zu »werden«, denn die immer wieder genannte Zahl von einem Drittel der Mißbraucher, die selbst Opfer gewesen sein sollen, besagt auch, daß zwei Drittel, also die Mehrzahl, zum Mißbraucher »wurde«, ohne selbst mißbraucht worden zu sein. Zum anderen geht die Opfer-Täter-Theorie an der Tatsache vorbei, daß die große Mehrzahl der Opfer nicht Täter »wird«. Schließlich noch müßte diese Theorie erklären, weshalb sie nur für Männer gelten soll. Die meisten Mißbrauchsopfer sind Mädchen, aber die wenigsten Täter sind weiblich. Aus unserer beruflichen Erfahrung ist kein Zusammenhang zwischen Opfer-Sein und Täter-Werden erkennbar. Von den etwa 35 Mißbrauchern, mit denen wir in den letzten Jahren Kontakt hatten – einmalig oder in längeren Gesprächsserien, bei der Aufdeckung oder Täterarbeit in der Vollzugsanstalt –, hat *kein einziger* behauptet, selbst Opfer gewesen zu sein, weder von sich aus noch auf gezieltes Befragen, obwohl keine sonst denkbare Ausrede oder der Entschuldigung dienende psychologische »Erklärung« ausgelassen wurde. Die Opfer-Täter-Theorie lenkt unseres Erachtens von der Eigenverantwortlichkeit des Mißbrauchers für den Mißbrauch ab. Sie behauptet das Gegenteil dessen, was allgemein anerkannt ist: Die große Mehrzahl der Mißbrauchsopfer »wird« nicht zum Mißbraucher; und: die große Mehrzahl der Mißbraucher ist als Kind offensichtlich nicht mißbraucht worden. Die Opfer-Täter-Theorie verfällt und folgt selbst dem klassischen Männerbild, indem sie den in ihrer Männlichkeit gedemütigten Jungen unterstellt, auf diese Traumatisierung mit sexualisierter Ausbeutung, also »typisch männlich« antworten zu müssen. Sie bedeutet eine Vorabbeschuldigung des mißbrauchten Jungen für eine Tat, er weder verübt hat noch mit großer Wahrscheinlichkeit je verüben wird. Sie kann aber die Wirkung einer self-fulfilling-prophecy, einer sich selbst einlösenden Vorhersage entfalten, insofern sie dem Jungen die Wiederherstellung seiner beschädigten Männlichkeit anbietet, indem sie ihm unterstellt, nur fremddestruktiv auf Verletzung reagieren zu können. Die Opfer-Täter-Theorie ist eine männerfeindliche Theorie.

6. So nah und so fern – Die Mutter

Die nähere Beschäftigung mit dem sexuellen Mißbrauch setzt oft mit der Frage ein, warum Außenstehende nichts bemerkt haben oder bemerken wollten. Das ist die Perspektive, unter der auch die Rolle der Mutter und vielleicht auch die der Lebenspartnerin des Mißbrauchers ins Blickfeld rückt. Sie ist dem Kind naturgemäß so nahe und in der akuten Mißbrauchsbeziehung doch so unerreichbar fern mit ihrer möglichen Hilfe. Oder will oder kann sie gar nicht helfen? Ist sie vielleicht sogar froh, weil so die Lebensgemeinschaft mit dem Mißbraucher aufrechterhalten bleiben kann? Die Situation der betroffenen Mutter ist facettenreich.

Voran steht die Perspektive des mißbrauchten Kindes, das dringend der Hilfe bedarf. Eingebunden in die Bedürfnisse und Handlungsweisen der Mißbraucherin oder des Mißbrauchers erlebt es die Situation als ausweglos. Wehrlos ist es den Übergriffen ausgesetzt und in ein Netz verstrickt, das jeden Ausweg zu verstellen scheint, der Hilfe verspricht. So wird der Mißbraucher im Rahmen seiner Kontrollstrategien den Weg des Kindes zur Mutter versperren, um die Aufdeckung der Beziehung von vornherein zu vereiteln. Er wird versuchen, die Beziehung zwischen der Mutter und dem Kind zu stören und jegliches Vertrauen zwischen ihnen zu unterbinden. Er wird beiden Seiten gegenüber Erklärungen und Realitätsdefinitionen finden, die das Verhältnis zwischen Mutter und Kind immer weitreichender zerstören, wie z.B. Herr K. es veranlagt hat.

Herr K. ist Alkoholiker. Frau K. erträgt die daraus entstehende Situation immer weniger und sucht Unterstützung in einer Gruppe für Angehörige alkoholkranker Menschen. Einmal in der

Woche besucht sie abends das Gruppentreffen. Sie hegt große Erwartungen an diese Gruppe, weil sie glaubt, auch das auffällige Verhalten ihrer Tochter habe seine Ursache im Alkoholismus ihres Mannes. Diesen Entschluß nutzt Herr K. jedoch, um die Beziehung zwischen Mutter und Tochter zu beeinträchtigen. Die Gruppenbesuche der Mutter stellt er der Tochter gegenüber als Vergnügungen dar, sie würde sich dabei amüsieren, und deutlich würde damit überhaupt, daß ihr die Tochter gleichgültig sei. Der Eindruck der Tochter, daß die Mutter ihr nicht helfen will, setzt sich fest. Wut und Enttäuschung der Tochter über die Mutter steigern und äußern sich im aggressiven Verhalten gegenüber der Mutter. Für die Mutter ist das eine weitere Belastung, weil sie nicht verstehen kann, warum sich die Tochter so verhält. Sie fühlt sich von der Tochter unverstanden und wird ebenfalls wütend, will sie mit ihren Bemühungen doch die Familie retten. In dieser Richtung »unterstützt« Herr K. die Mutter, sucht mit ihr nach möglichen Gründen für das Verhalten der Tochter, gibt sich als der besorgte Vater und Ehemann und teilt Frau K. seine Anerkennung mit, daß sie sich so intensiv um die Familie bemüht. Die Gräben zwischen Mutter und Tochter jedoch werden immer tiefer, und Herr K. hat erreicht, daß die Tochter der Mutter den sexuellen Mißbrauch durch den Vater nicht mitteilen kann. – Wie Herr K. gestalten viele Mißbraucher ihr Umfeld, in Absicherung gegen die Aufdeckung.

Dann ist da noch die Perspektive der betroffenen Mutter, die zunächst vielleicht ohne jedes Wissen ebenfalls in alten und neuen Netzen verstrickt ist und mit nur wenig Aussichten auf ein »objektives« Handeln der Situation gegenübersteht, wie es das folgende Beispiel von Frau B. zeigen kann. Frau B. wird als einzige Tochter ihrer damals 35- und 39jährigen Eltern, einer Hausfrau und eines Lehrers, geboren. Das Ehepaar ist glücklich über die Geburt der Tochter, die zwar eigentlich ein Junge hätte werden sollen – aber die Freude über die späte Geburt überwiegt. Man hatte über den Werdegang des Jungen schon genaue Vorstellungen entwickelt, die man nun streichen mußte. Zuerst scheint die Familie glücklich, doch während des Heranwachsens von Frau B. wird die Enttäuschung darüber, daß sie *nur* ein Mädchen ist, der Mutter immer spürbarer, ein Junge und damit Stammhalter wäre halt doch besser gewesen. Doch die Eltern passen sich an. Das Mädchen soll die Erwartungen der Eltern mit einer guten Berufsausbildung verwirklichen und zugleich dem Bild eines Mädchens entsprechen. Es gibt sehr konkrete Vorstellungen dazu: Sie soll gehorchen, sich anderen anpassen, die Bedürfnisse anderer erfüllen, mit beiden Beinen im Leben stehen und irgendwann auch einmal für das Funktionieren einer eigenen Familie Sorge tragen. Mit dem Älterwerden jedoch entwickelt das Mädchen eigene Vorstellungen von seinem Leben, diese aber soll es gefälligst für sich behalten und den Vorstellungen der Eltern entsprechen. Freunde werden ihr von den Eltern ausgesucht, auch wenn sie diese nicht mag. Mit ihrem Berufswunsch setzt sich Frau B. durch, sie wird Chemielaborantin, eigentlich nicht das richtige für die Tochter der Eltern, aber Frau B. ist stark genug, sich diesen Wunsch nicht ausreden zu lassen.

Bei heimlichen Treffen mit neuen Bekannten lernt sie ihren späteren Mann kennen – er ist so anders als die Männer, die sie zuvor kennenlernen mußte. Er scheint einfühlsam, sogar etwas hilfsbedürftig. Er scheint gut zu Frau B. zu passen, und außerdem ist eine Heirat der ideale Weg, sich von den Eltern zu trennen. Die Eltern sind weder mit der Freundschaft noch der späteren Hochzeit einverstanden. Doch auch hier setzt Frau B. sich durch. Jetzt weiß sie, wo sie hingehört, für wen sie dasein, wem sie helfen kann. Kurz nach der Hochzeit wird sie schwanger und dann Mutter einer Tochter. Nun will sie alles anders machen, doch die Beziehung zu ihrem Ehemann verändert sich. Er scheint sich nur schwer mit der neuen Situation abfinden zu können, fühlt sich vernachlässigt und reagiert eifersüchtig. Doch Frau B., die es gelernt hat, den Bedürfnissen anderer zu entsprechen, meistert die Situation. Sie versucht verstärkt, auf ihren Mann einzugehen, der zunehmend dem Alkohol zuspricht – nur wegen ihr, weil sie ihn nicht mehr so lieben kann, wie er ihr immer wieder gesagt hat. Sie glaubt ihm und bemüht sich, seine scheinbaren Ausstiegsversuche aus dem Alkohol zu unterstützen.

In der nächsten Zeit ziehen sie häufig um, weil er fortlaufend die Arbeitsstellen wechselt, wechseln muß. Er macht sie glauben, daß sie ihm helfen könne, vom Alkohol loszukommen, indem sie sich fast ausschließlich um ihn kümmert, und macht ihr den Kontakt zu Außenstehenden schwer oder gar unmöglich. Doch nun verändert sich auch die Tochter zunehmend. Sie wird immer aggressiver und verhält sich Dritten gegenüber zunehmend verstört. Niemand darf sie mehr anfassen oder ihr zu nahe kommen. Frau B. meint, die Ursache im Alkoholismus ihres Mannes und den häufigen Umzügen zu finden. Doch die Last wird ihr zuviel. Sie sucht Hilfe in einer Gruppe für Angehörige von Alkoholikern und stellt fast gleichzeitig ihre Tochter in einer Erziehungsberatungsstelle vor. Parallel lernen Frau B. die Strategien der Alkoholiker kennen und ihre Tochter Vertrauen zu ihrer Beraterin zu entwickeln. Beide schöpfen zu dieser Zeit Hoffnung, daß es noch Hilfe für ihre Situation gibt.

Herr B. bemerkt die Veränderungen in seiner Familie, will sie jedoch weiterhin unter Kontrolle halten und wird gewalttätig. Er schlägt die Tochter und Frau B., die sich jedoch nur beschränkt einschüchtern läßt. Für die Tochter war der Weg zur Erziehungsberatung ein wichtiger Weg, sie weiß nun, daß Hilfe für ihre Situation von außen kommen könnte. Sie ist völlig verzweifelt über die Vorfälle zu Hause, so daß sie ihrer Angst bei einer Ärztin im Rahmen einer Routineuntersuchung Luft macht: Sie will die sexuellen Übergriffe ihres Vaters nicht länger ertragen. Die Ärztin erschrickt und zitiert sofort die Mutter herbei. Frau B. ist schockiert, sie versteht die Welt nicht mehr. Ihr Mann hat die Tochter sexuell ausgebeutet. Ihr Kartenhaus fällt in Sekundenschnelle zusammen, und doch ergeben einzelne Puzzlestücke nun endlich das gesamte Bild: die fortlaufenden Umzüge, die zunehmende Gewalt ihres Mannes, die verstörte Tochter, die angespannte Atmosphäre zu Hause. Erleichterung, endlich zu verstehen, und Trauer über den Scherbenhaufen überwältigen Frau B. gleichzeitig.

Welches Bild der Mutter liegt im Zusammenhang mit dem sexuellen Mißbrauch nahe? Viele Fragen werden laut, wenn solch ein Fall aufgedeckt wird: Wo war die Mutter? Warum hat sie nicht bemerkt, was ihrem Kind passiert? Wie konnte sie sich überhaupt so einen Mann aussuchen? »Wenn mir so was passieren würde, ich würde es sofort sehen und mich von diesem Mann trennen.« – Es gibt tatsächlich Mütter, die sich sofort trennen, wenn sie vom sexuellen Mißbrauch durch ihren Lebenspartner erfahren. Doch ist damit die nötige Auseinandersetzung schon zu Ende? Die Wahrnehmung und die Lösungsversuche sind so individuell wie die betroffenen Menschen.

Erziehung zur Frau

Vielleicht läßt dieses Beispiel denken, daß man als Frau selbst ganz anders erzogen wurde, vielleicht findet man aber doch auch Einzelheiten, die ganz persönlich zutreffen, und vielleicht spürt man dann auch, daß diese erlernten Strategien uns auch heute noch beeinflussen. Geschlechtsspezifische Erziehung ist ein Schlagwort, bei dem viele bereits abschalten, wenn sie es hören, doch gerade beim sexuellen Mißbrauch birgt es für viele Frauen eine Falle, wie auch für Frau B.

Sie soll die Erwartungen anderer erfüllen, soll sich anpassen, ihre Bedürfnisse haben hinter denen der Familie zurückzustehen. Sie soll für das Funktionieren der Familie zuständig sein. Frau B. versucht, genau diese Erwartungen zu erfüllen. Viele Frauen werden auch heute noch so erzogen, für das Wohlbefinden anderer verantwortlich zu sein und sich schuldig zu fühlen, wenn es diesen möglicherweise nicht so gut geht. Wie es ihnen dabei geht, bleibt peripher. Was hat das jedoch mit dem sexuellen Mißbrauch zu tun? Zum einen können mögliche Hinweise auf den Mißbrauch nicht wahrgenommen werden, weil dies bedeutete, versagt, Probleme der Familie, für die die Verantwortung allein bei der Frau liegen soll, nicht bewältigt zu haben – Schwierigkeiten dürfen nicht wahrgenommen und schon gar nicht geäußert werden. So versucht die Frau, alles allein wieder in den Griff zu bekommen, obwohl sie nicht erkennt oder erkennen will, welche Ursachen hinter den Problemen stecken. Zum anderen gibt gerade dieser Hintergrund dem Mißbraucher die ungebrochene Sicherheit. Solange seine Lebenspartnerin die Probleme durch ihr Verhalten zu verändern sucht, lenkt sie ihre Aufmerksamkeit sicherlich nicht auf den Mißbraucher. Er kann sich also in relativer Sicherheit wiegen. Erschwerend kommt hinzu, daß Frau erst Frau ist, wenn ein Mann da ist. So sehen es viele Frauen, so sieht es ein Großteil der Gesellschaft. Es gibt z.B. Frauen, die sich nach der Aufdeckung des sexuellen Mißbrauchs nicht für ihre Kinder entscheiden, weil sie sich ohne ihren Lebenspartner wertlos fühlen. Ohne Kinder ist Frau noch Frau. Frauen – und auch Männer – werden von der Herkunftsfamilie entscheidend geprägt. Sich diesem Bild zu widersetzen, kostet viel Kraft und braucht Unterstützung von Freundinnen. Frauen lieben Männer, die eben »richtige« Männer sind und sich durchsetzen und der Mann im Hause sind, und Männer lieben Frauen, die »richtige« Frauen sind und sich anpassen und ihn den Mann im Haus sein lassen. Sicherlich gilt dieses Schema nicht für alle Beziehungen, doch für sehr viele trifft es zu. So zeigt es sich auch am Beispiel von Frau B. Ihr Mann sagt, wo es lang geht, sie versteht, sich einzufühlen und zu folgen, und das Netz des Mißbrauchs ist ausgeworfen.

Beziehung zum Lebenspartner

Viele Frauen, die nach der Aufdeckung von der Beziehung zu ihrem Lebenspartner erzählen, berichten rückblickend von verschiedenen Formen der Gewalt, physischer, psychischer und auch sexueller, denen sie ausgesetzt waren, völlig unabhängig vom Mißbrauch des Kindes, d.h. von verschiedenen Formen, die »Männlichkeit« (Macht) zu beweisen. Die Frauen fühlen sich oft hilflos dieser männlichen Gewalt ausgesetzt, versuchen, ihr keine »Anlässe« zu liefern, zeigen scheinbar jedoch immer wieder »Fehlverhalten«, das den Mann aggressiv macht. In den seltensten Fällen wird von einem partnerschaftlichen Verhältnis gesprochen. Entweder ist der Lebenspartner der Mächtige oder der Hilfsbedürftige.

So auch im Fall von Frau B., wo er es ist, der die Zuwendung von ihr braucht und ihre Unterstützung einfordert, indem er den Schlüssel für ihre Schuldgefühle benutzt: »Du mußt dafür sorgen, daß es mir gut geht.« – Bereits in der Kindheit erlernt, steht sie sofort mit sämtlichen Hilfsangeboten bereit, fühlt sich für sein Wohlergehen verantwortlich und investiert jede Menge Kraft in diese Beziehung. Ist es doch ihre Aufgabe, dafür Sorge zu tragen, daß ihre Familie funktioniert.

Beziehung zwischen Mutter und Kind

Deutlich unterscheiden sich die Perspektiven auf die Vorgänge zwischen Mutter und Kind. In das Leben des Kindes wird im Rahmen der Strategien durch den Mißbraucher die sexuelle Ausbeutung in kleinen, genau geplanten Schritten eingepaßt. Langsam erwächst sie aus scheinbar spielerischen Berührungen, ist aber mit dem Entschluß des Mißbrauchers konsequent veranlagt. Das Kind wird mit Isolierung und Geheimhaltung immer mehr verwirrt, bis es das Gefühl hat mitschuldig zu sein und sich zu tief verstrickt glaubt, als daß es noch einen Ausweg geben könnte. Es versucht in der Hoffnung zu überleben, der sexuelle Mißbrauch wird irgendwann ein Ende finden. Es wünscht sich Flucht und Rettung und sendet Hilferufe, die ihm allzu deutlich erscheinen. Außenstehenden sind sie längst nicht so eindeutig, auch nicht der Mutter. Mehr als alles andere wünscht sich das Kind, die Mutter möge es vor den Übergriffen schützen, ist sie doch diejenige, die ihm am nächsten steht. Sie jedoch versteht die Zeichen nicht, will sie vielleicht nicht verstehen, weil sie als dermaßen bedrohlich eingeordnet werden müßten, daß sie das gesamte Lebenskonzept aus den Bahnen werfen. So bleibt das Kind allein. Opfer sexuellen Mißbrauchs empfinden häufig große Enttäuschung und Wut auf die Mutter, die sie aus ihrer Sicht allein gelassen hat, größer noch als gegenüber dem Mißbraucher, zu mächtig erscheint dieser immer noch, als daß man wütend auf ihn sein könnte.

So sucht eine junge Frau, die jahrelang von ihrem Großvater sexuell mißbraucht wurde, Unterstützung von einer Beratungsstelle. In erster Linie kommt sie nicht, wie man vermuten könnte, um die unmittelbaren Erfahrungen zu verarbeiten, vielmehr drängt sie die Beziehung zu ihrer Mutter dazu. Sie fühlt sich hilflos deren Agieren ausgesetzt und kann sich gegen ihre verletzenden Äußerungen nicht wehren. In ihrer Kindheit hatte sie das Gefühl, die Familienmitglieder bemerkten die sexuellen Übergriffe des Großvaters wohl, reagierten aber nicht. So auch ihre Mutter. Auf Hilferufe reagierte sie ungehalten, verstand ihre Tochter nicht. Diese dagegen bekam den Eindruck, der Mutter sei es gleichgültig, was mit ihr passiert und wie es ihr geht. Dieses Bild setzte sich fest. Die Tochter glaubte, daß sie die Familie verlassen müsse, hatte Angst, daß man sie aus der Familie ausschließt, wie sie sich durch den sexuellen Mißbrauch längst ausgeschlossen fühlte. Auch heute noch, nachdem der Großvater längst gestorben ist, kämpft sie um die Beziehung zu ihrer Mutter, lernt auch langsam, sich gegen ihre Verletzungen zu schützen. Als erwachsene Frau hat sie die Möglichkeit, sich ihnen zu entziehen und vor ihnen zu schützen. Als Kind mußte sie ertragen, daß man, aus welchen Gründen auch immer, nicht sehen wollte, was in der eigenen Familie passiert.

Hofft das Kind auf Hilfe der Mutter, so ist deren Perspektive allerdings nicht so eindeutig. Auf der einen Seite steht das Kind, das Auffälligkeiten zeigt, vielleicht zurückgezogen oder aggressiv ist. In der Regel nehmen Mütter eine Veränderung wahr und suchen nach einer Lösung, doch sollten die Ursachen sich möglichst im Rahmen des Gewöhnlichen finden lassen, wozu Erklärungen wie ein Umzug, Streit mit der Freundin, schwierige Lebensphasen herangezogen werden. Der sexuelle Mißbrauch liegt meistens außerhalb der Wahrnehmungsgrenzen. Auf der anderen Seite steht der Mißbraucher, in dessen Interesse es liegt, daß das Kind sich nicht an die Mutter wendet, wozu er einen Keil in deren Beziehung zu treiben sucht. Im Fall von Frau B. suggerierte er der Tochter, die Mutter nutze ihre Abwesenheit lediglich zum Amusement. Der Eindruck vom mütterlichen Desinteresse bestärkt die mit dem sexuellen Mißbrauch gemachte Erfahrung, daß die Mutter sie nicht rettet. Der Mißbraucher hat damit erreicht, was er wollte. Das Kind glaubt ihm die Ferne von der Mutter, und die Mutter versteht die Beziehung zur Tochter nicht mehr. Zugleich fordert der Mißbraucher gesteigerte Aufmerksamkeit von seiner Lebenspartnerin. Die Verstrickungen scheinen ausweglos.

Weibliche Machtstrategien

Auch unabhängig vom sexuellen Mißbrauch liegt es nicht außerhalb weiblicher Machtstrategien, Kinder für die eigenen Bedürfnisse heranzuziehen. Dasjenige nach Versorgtsein steht vielleicht an erster Stelle, und Frauen sehen gerne ihre Kinder in der Rolle der Versorger. Nicht sie als Erwachsene kümmern sich dann um die Bedürfnisse des Kindes, vielmehr verlangen sie vom Kind, daß ihre Bedürfnisse z.B. nach Sicherheit, Halt etc. erfüllt werden. Kinder, insbesondere Mädchen werden so erzogen, daß sie irgendwann die emotionale Versorgung der Mutter übernehmen können.

In einer ganz normalen Familie ist der erstgeborene Sohn das Wunschkind nach langer Kinderlosigkeit. Ein paar Jahre später kommt ein zweites Kind zur Welt, eine Tochter, der ganze Stolz des Vaters. Die Sympathien sind klar verteilt. Die Mutter und der Sohn und der Vater und die Tochter gruppieren sich. Der Sohn entwickelt sich ganz nach den Vorstellungen der Eltern, ist fleißig, gut in der Schule, eben der gute Sohn. Die Tochter hat es schwer, einen eigenen Weg zu finden, sie wird von der Mutter immer wieder mit dem Vorbild des Bruders konfrontiert. In einem Punkt sind sich die beiden Männer jedoch einig, in dem, ihren eigenen Weg zu gehen und dabei nicht auf die Mutter zu achten. Auf erste Versuche des Sohnes, sich ausgiebiger außerhalb des Hauses zu engagieren, reagiert die Mutter mit Depressionen. Weder Sohn noch Ehemann gehen darauf ein. Die Tochter, die bis dahin, bis zum Alter von etwa zwölf Jahren längst gelernt hat, die Mutter emotional zu versorgen, muß dies nun verstärkt übernehmen, obwohl es sie natürlich maßlos überfordert. Ihren eigenen Weg kann sie nur mit größter Mühe gehen, sie ist allein, erhält dabei keine Unterstützung. Die Mutter weiß, diesen einzigen emotionalen Halt gezielt einzusetzen, so daß sich die Tochter kaum oder nur mit großen Schuldgefühlen widersetzen kann. Gezielt werden Lob und Anspruch eingesetzt, um die Tochter mit einem Netz zu umgarnen, aus dem sie nicht entkommen kann. Trennungsversuche der Tochter werden mit steigender Depression und körperlichen Beschwerden beantwortet. Die Umkehrung der Rolle funktioniert, nicht die Mutter versorgt die Tochter emotional, sondern die Tochter die Mutter. Die Tochter entwickelt daraus wichtige Fähigkeiten, weiß Dinge zu regeln, praktisch zu agieren und lernt, ihren Weg zu gehen. Dennoch funktionieren die Strategien der Mutter auch noch nach mehr als

30 Jahren. Es fällt der Tochter schwer, sich für die mütterlichen Bedürfnisse nicht mehr verantwortlich zu fühlen, die Verantwortung dafür wieder an die Mutter zurückzugeben. Diese setzt erfolgreiche Strategien ein, auch wenn sie manchmal sicherlich spürt, daß die Tochter sich entziehen möchte. Doch auf diverse Abgrenzungsversuche der Tochter reagiert sie mit verstärkten Symptomen, so daß das System weiter funktioniert, auch wenn die Tochter Gefühle der Wut und Ohnmacht unterdrücken muß.

Ist dies auch nur ein Beispiel, so könnten doch sicherlich viele ihre Erfahrungen aus derartigen Machtstrukturen ihrer Mütter beitragen. Kinder werden für die Bedürfnisse Erwachsener herangezogen, nicht nur durch den sexuellen Mißbrauch. Bequem und praktisch ist es, jemanden zu haben oder zu erziehen, der um die eigene Bedürftigkeit weiß, sie spürt und, ohne daß sie ausgesprochen werden muß, befriedigt. Ist diese Schulung erfolgreich verlaufen, so braucht es nur noch Andeutungen oder Schlüsselhinweise der Mutter, und das Kind weiß, was es zu tun hat. Es ist für das erwachsen gewordene Kind äußerst schwer, aus diesem System auszusteigen. Was vermittelt wird, das ist: Mir geht es schlecht, ich habe Angst, und du bist schuld, wenn es mir nicht besser geht, bzw. du hast dafür zu sorgen, daß es mir besser geht.

Im Fall des sexuellen Mißbrauchs lautet diese unausgesprochene Botschaft der Mutter: Tu' nichts, was meine Ehe beeinflussen oder zerstören könnte; mach' mich nicht unglücklich; ohne diesen Mann kann ich, können wir nicht leben. Sexuell mißbrauchte Kinder haben sehr gut gelernt, die Bedürfnisse anderer zu erspüren, sie spüren auch hier ihre Verantwortung. Über derlei Gefühle berichten viele Opfer: »Ich wollte nicht, daß meine Mutter unglücklich wird. Ich wußte, wieviel ihr an dieser zweiten Ehe lag.« – Auch unausgesprochene Forderungen an das Kind verfehlen ihre Wirkung nicht.

Aufdeckung

Richtet man bei der Aufdeckung den Blick auf die Mutter, so läßt sich ein Bild zeichnen, wie es sich auch in anderen Krisensituationen zeigt: Sie reagiert mit Unverständnis: »Das kann nicht wahr sein. Mein Mann tut so etwas nicht.« – Sie wünscht sich, alles sei nur ein schrecklicher Irrtum. In der Regel wird diese Hoffnung schnell hinfällig. Die Fakten über den sexuellen Mißbrauch liegen offen zutage, können nur noch schwer geleugnet werden. Doch wie soll es weitergehen? Was soll, was kann sie tun? Verzweiflung breitet sich aus. Es gibt Mütter, die in dieser Phase überhastet und unüberlegt reagieren: Sie nehmen ihre Kinder, verlassen die gemeinsame Wohnung und erstatten auf dem Weg z.B. in ein Frauenhaus noch Anzeige bei der Polizei. Immer wieder stellt sich dann heraus, daß die Beteiligten alsbald schon nicht mehr hinter der Anzeige stehen. Die Mutter bemerkt, wie sehr ihr der Mann fehlt, und das Kind erfaßt erst langsam, was diese Anzeige bedeutet.

So erfährt die Mutter durch die älteste Tochter vom sexuellen Mißbrauch des Ehemanns an ihren vierzehnjährigen Zwillingen. Entsetzt über diese Tat sucht sie Schutz im Frauenhaus. Auf dem Weg dorthin fährt sie mit ihren Kindern zu einer Polizeistation und erstattet Anzeige. Die Kinder wissen nicht, wie ihnen geschieht, auf einmal hat sich das Leben völlig verändert, zudem müssen sie alle Erlebnisse des Mißbrauchs fremden Männern auf dem Polizeirevier erzählen. Schon bald nach Ankunft im Frauenhaus bemerkt die Mutter ihre Hilflosigkeit ohne den Ehemann. Erste Kontakte finden statt, und der Ehemann beteuert seine Unschuld. Die Zwillinge werden zunehmend aggressiver, indem sie die Unentschlossenheit der Mutter wahrnehmen, sie fühlt sich zwischen Ehemann und Kindern hin- und hergerissen. Deutlich sagen ihr die Kinder, daß es eine gemeinsame Perspektive mit dem Mißbraucher nicht mehr gibt. Trotzdem entscheidet sich diese Mutter zur Rückkehr. Die Kinder kommen in eine Heimeinrichtung.

Alle Entscheidungen, vor allem die zu einer Anzeige, müssen genauestens überlegt werden. Mit kopflosem Agieren ist niemandem geholfen. Natürlich ist es schwer, die Gefühle nach der Aufdeckung in den Griff zu bekommen, doch versprechen wohlüberlegte Entscheidungen weit mehr Erfolg. In der Phase nach der Aufdeckung bricht auf eine Mutter sehr viel ein: »Wie soll ich es schaffen, uns zu versorgen?« »Wie konnte er mir das antun?« »Was sagen die anderen?« »Wer kann mir helfen?« »Warum mußte dies mir passieren?« – Dies sind sicherlich nur einige der möglichen Fragen. Das Leben muß neu geordnet werden, parallel dazu drängen immer wieder neu auftretende Zweifel nach Klärung, und das verletzte Kind braucht Unterstützung und Trost. Aber auch die Mutter braucht Unterstützung und Trost, denn eine so krasse Lebensveränderung ist allein nicht zu bewältigen. Immer wieder wird die Mutter nach Hinweisen auf den sexuellen Mißbrauch suchen, viele merkwürdige Situationen treten in die Erinnerung, viele Puzzlestücke fügen sich zu einem Gesamtbild. Doch immer wieder wird die Frage auftauchen: »Kann das alles wahr sein?«, »Hat er es tatsächlich getan?«

Der sexuelle Mißbrauch ist aufgedeckt, und – gleichgültig wie eine Mutter sich entscheidet – ihr Leben wird sich verändern. Sollte sie auch alle Hinweise und Anschuldigungen in den Wind schlagen oder verdrängen und die alte Lebensgemeinschaft wieder aufnehmen, so bleibt doch die Frage, ob sie dem Lebenspartner wirklich noch unvoreingenommen gegenübertreten kann, oder ob nicht Zweifel bleiben. Kann das Leben wirklich so weitergehen wie bisher?

Mütter, die sich auf die Seite der Kinder stellen und versuchen, ein eigenes Leben aufzubauen, machen sicherlich die Erfahrung, daß es schwierig ist, den eigenen Weg zu finden. Doch sie machen dabei auch positive Erfahrungen. Viele Frauen fühlen sich selbstsicherer, haben das erste Mal im Leben das Gefühl, wirklich ihren Weg zu gehen. Beeinflußt wird natürlich die Beziehung zwischen

Mutter und Kind. Möglicherweise macht das Kind das erste Mal die Erfahrung, daß jemand, und speziell die Mutter, sich auf seine Seite stellt, ihm glaubt und hilft. Das heißt nicht, daß damit alle Schwierigkeiten dieser Beziehung aus dem Weg geräumt wären, im Gegenteil, die Auseinandersetzung fängt jetzt erst an, denn die Bestrebungen des Mißbrauchers verfehlen auch nachträglich ihre Wirkung nicht. Mutter und Kind müssen sich einer Beziehungsklärung stellen und gemeinsam eine neue Basis erarbeiten, trotz aller gegenseitigen Wut und Enttäuschung – auf seiten des Kindes darüber, daß es die Mutter nicht aus der Situation des Mißbrauchs erlöst hat, auf seiten der Mutter darüber, daß sich das Kind in seiner Not nicht an sie gewandt hat, obwohl fast allen Müttern klar ist, daß ihm dies nicht möglich war, bzw. es die Mutter nicht unglücklich machen wollte.

Bei sexuell mißbrauchten Kindern spricht man von Überlebensstrategien, um den Mißbrauch zu überstehen. Auch bei den Müttern kann man von Überlebensstrategien sprechen. Ist der Mißbrauch aufgedeckt, muß das Leben neu geordnet werden, in der Regel muß ein völlig neuer, bislang noch unbekannter Weg beschritten werden. Das kostet Kraft und bedarf der Unterstützung. Wichtig ist für alle, die neue Erfahrungen machen, daß sie auf etwas Positives (zurück-) blicken können. Viele Mütter berichten jedenfalls davon, auch wenn es unangemessen erscheint, in dieser Situation nach positiven Aspekten zu suchen. Als positiv wird erlebt, diese Situation überhaupt überstanden zu haben, wenn die Trennung die Konsequenz war. Viele Frauen erleben auch zum ersten Mal, daß sie eine eigene Meinung haben und spüren, was sie wollen und was nicht. Die Auseinandersetzung bringt die Frauen in der Regel sich selbst näher.

Was tun mit den Müttern? – Arbeit mit Müttern nach sexuellem Mißbrauch

Frau B. kommt in die Beratungsstelle, nachdem ihre Tochter ihr mitgeteilt hat, daß sie vor Jahren vom Vater sexuell ausgebeutet worden ist. Frau B. ist seit einigen Jahren von ihrem Mann geschieden, und die Töchter leben längst nicht mehr bei ihr. Für Frau B. bricht eine Welt zusammen. Ihr Mann war ihre große Liebe, doch nachdem er die Beziehung zu einer anderen Frau eingegangen war, wollte Frau B. diese Ehe nicht mehr aufrechterhalten. Es fiel ihr schwer, doch sie wollte ihren Mann nicht teilen. Da ihre Töchter nicht mehr zu Hause leben, hat sie zumindest nicht das Gefühl, ihnen dadurch den Vater geraubt zu haben. Den Töchtern war immer deutlich, daß die Mutter diesen Mann über alles liebt und sie ohne ihn nicht leben kann – nach der Trennung stellt sich ihnen die Mutter selbstbewußter dar. Es scheint der Moment gekommen, das Schweigen um den sexuellen Mißbrauch zu brechen. Frau B. ist verzweifelt, stürzt doch so vieles auf sie ein. Ihre Tochter wirft ihr vor, sie nie geliebt und dem Vater geopfert zu haben. Das Bild der großen Liebe stürzt in sich zusammen.

Viele Fragen stehen für die Mutter im Raum: »Wie wird die Beziehung zu meinen Töchtern weitergehen?« »Ist noch eine andere Tochter sexuell mißbraucht worden?« »Hat er es tatsächlich getan?« »Warum hat er mir das angetan?« »Warum habe ich nie etwas gemerkt?« »Welche Hinweise hat es denn gegeben?« – Deutlich wird, daß diese und andere Mütter, deren Kinder sexuell mißbraucht worden sind, professionelle Unterstützung benötigen, zu viele Fragen müssen beantwortet werden.

Zu Beginn einer Gesprächsreihe versuche ich, mir einen Überblick zu verschaffen, welche verschiedenen Beziehungen aufgearbeitet werden müssen. Eine der schwierigsten ist die Beziehung zum Mißbraucher. Wir arbeiten heraus, wie diese Beziehung aussah, und rekonstruieren sie über viele Jahre. Hat sich die Frau wohlgefühlt im Kontakt mit diesem Mann? Hat sie möglicherweise selbst Verletzungen erlebt? Das ist eine schwierige, aber wichtige Frage. Unabhängig von der Beziehung zwischen Mißbraucher und Opfer versuchen wir, ihre Sicht zu erfassen. Sehr häufig stellen die Mütter, egal, ob der Täter z.B. der Ehemann oder der Vater war, die Beziehung als normal dar, es habe schöne und schwierige Zeiten gegeben. Sie möchten die Beziehung gerne positiv zusammenfassen. Im Lauf der Rekonstruktionsarbeit kommen wir auf immer konkretere Situationen zu sprechen, und deutlich werden dabei erste Grenzüberschreitungen und Verletzungen durch den Mißbraucher. Ich motiviere die Frauen, genauer hinzuschauen und ihre Verletzungen zuzulassen. Sie müssen lernen, den Mißbraucher nicht schützen zu müssen und ihre Empfindungen ernstzunehmen. Je mehr eigene Verletzungen sichtbar werden, auch wenn dies ein schmerzvoller Weg ist, desto vorstellbarer wird der sexuelle Mißbrauch durch diesen Mann. Bestehen zu Beginn der Gespräche häufig Zweifel an den Erzählungen der Betroffenen, so verflüchtigen sie sich mit Sicht auf die eigenen Verletzungen immer mehr.

Frau D. kommt in ein Frauenhaus, nachdem ihre Tochter ihr erzählt hat, daß Papa sie immer da unten streichelt und küßt. Zuerst glaubt sie ihrer Tochter uneingeschränkt. Nach ein paar Tagen kommen ihr jedoch Zweifel, weil ihr Ehemann fortlaufend beteuert, nichts getan zu haben, außer die Tochter zu wickeln. Auch dies würde er aber unterlassen, wenn sie jetzt zu ihm zurückkehrte. Frau D. ist hin- und hergerissen, möchte gerne ihrem Mann glauben, dennoch bleibt eine Unsicherheit. Sie kann sich zwar nicht vorstellen, daß ihr Mann die Tochter mißbraucht haben soll, doch was haben dann die Andeutungen ihrer Tochter zu bedeuten? Sie entscheidet sich, zu ihrem Mann zurückzukehren, ihre Tochter bringt sie vorübergehend zu den Eltern, um alles in Ruhe klären zu können. Als sie allein nach Hause kommt, ist ihr Mann entsetzt, beschimpft sie und will sie zwingen, die Tochter sofort nach Hause zu holen. Frau D. erfährt eine völlig neue Seite an ihrem Mann, die ihr angst macht. Sie bleibt vorerst bei ihrem Entschluß und sucht zusätzlich Rat in einer Beratungsstelle. Hier kann sie ihre Vermutungen, Ängste, Zweifel äußern. Sie beschäftigt sich immer mehr mit der Beziehung zu ihrem Mann und muß feststellen, wie sehr sie sich in ihr zurückgenommen hat, um ihn zufriedenzustellen. Der Mißbrauch wird ihr immer vorstellbarer.

Über die eigenen Verletzungen wird den Frauen der Zugang zum Lebenspartner als möglichem Mißbraucher erleichtert. Solange die Beziehung zu ihm idealisiert wird, kann er in dieser Rolle nicht gesehen werden.

Eine weitere wichtige Beziehungsklärung steht in bezug auf das Kind an. Während des sexuellen Mißbrauchs hat das Kind erlebt, daß die Mutter es nicht rettet, nicht vor weiteren Übergriffen schützt. In einigen Fällen erhält das Kind zudem den Eindruck, die Mutter unterstütze den Mißbraucher sogar.

So hatte Frau T. eine schwierige Beziehung zu ihren Eltern, sie fühlte sich von ihrem Vater nie geliebt und verstanden. Als sie ihre erste Tochter bekommt, ist der eigene Vater sehr erfreut, zum ersten Mal ist er Opa geworden. Er kümmert sich liebevoll um die Enkeltochter. Frau T. ist erstaunt über diese Zuwendung, die sie sich selbst immer gewünscht hatte. Ist ihr diese nicht zuteil geworden, so doch jetzt ihrer Tochter. Sie ist glücklich über die neue Perspektive zu ihrem Vater. Diese Enkeltochter bleibt das Lieblingskind des Opas. Doch nach ein paar Jahren möchte die Tochter nicht mehr zu ihm gehen. Frau T. empfindet das als undankbar, hat er sie doch immer mit Geschenken überhäuft und ihr jeden Wunsch von den Augen abgelesen. Sie drängt die Tochter, den Großvater zu besuchen, und schickt sie zu ihm. Frau T. weiß nichts vom sexuellen Mißbrauch ihres Vaters an ihrer Tochter. Diese allerdings bekommt den Eindruck, Mutter und Großvater steckten unter einer Decke. Sie fühlt sich von der Mutter zum Mißbrauch geschickt, fühlt sich verraten. Alle Hinweise, die sie gibt, kommen bei der Mutter nicht an. Für die Tochter ergibt sich daraus ein vollständiges Bild: Die Mutter schickt sie zum Großvater, damit er sie sexuell mißbrauchen kann, Hilfeschreie ignoriert sie und läßt sie in Kummer und Schmerz allein. Sie fühlt sich ausgeliefert.

Nachdem Jahre später, nach dem Tod des Großvaters, der sexuelle Mißbrauch von der Tochter aufgedeckt wurde, kann die Mutter erstmals die Hinweise ihrer Tochter anders sehen. Bislang konnte sie sie nicht verstehen, hatte den Eindruck, sie wäre ungezogen und reagiere in bestimmten Situationen überzogen – auch hier beginnt eine mühselige und schmerzhafte Rekonstruktion der Beziehungsgeschichte, die eng verknüpft ist mit der Aufarbeitung der Beziehung zum Mißbraucher. Die Reaktionen der Tochter bekommen einen ganz anderen Inhalt. Ein Puzzlestück fügt sich an das andere, und immer deutlicher und verständlicher wird das Verhalten der Tochter und das geschickte Vorgehen des Mißbrauchers. Ein großes Stück Lebensgeschichte muß vor anderem Hintergrund neu betrachtet werden.

Die Arbeit mit Müttern nach sexuellem Mißbrauch beschränkt sich jedoch nicht auf die Rekonstruktion des bisher Geschehenen, sondern bezieht die Gestaltung aktueller Beziehungen ein. Das Verhältnis zwischen Mutter und Kind muß eine neue Basis finden. Bislang war es geprägt von den Erfahrungen durch den sexuellen Mißbrauch. Im folgenden geht es darum, beide Seiten offenzulegen und neue Wege zu finden.

Frau W. wurde als Kind von ihrem Großvater sexuell mißbraucht. Sie versuchte immer wieder, ihre Mutter darauf hinzuweisen, was diese jedoch nicht verstand. Bemerkte Frau W. die Verständnislosigkeit der Mutter, flüchtete sie, wie immer bei Konflikten, für ein, zwei Tage aus dem Hause. Kam sie dann zurück, wurde nicht mehr darüber gesprochen. Sie bekam den Eindruck, daß zu Hause alle Konflikte von der Mutter unter den Teppich gekehrt werden, damit diese ihre Ruhe hat. Der Mutter stellten sich diese Situationen jedoch anders dar. Sie verstand ihre Tochter in der Reaktion des Weglaufens nicht, fand es übertrieben. Nach der Rückkehr war die Mutter jedesmal sehr erleichtert und wollte den Konflikt nicht erneut ansprechen, weil sie Angst hatte, die Tochter würde erneut gehen.

Zwei ganz unterschiedliche Perspektiven werden nach der Aufdeckung deutlich, unter deren Prämissen Mutter und Tochter über 30 Jahre lang ihre Konflikte »lösten«. Angst, Mißtrauen und Zweifel spielen nun auf jeder Seite eine große Rolle und behindern die Neugestaltung der Beziehung. Zum ersten Mal liegen jedoch das Mißverständnis und die Ursache für diese schwierige Beziehung offen. Die Gestaltung der neuen Beziehung verlangt viel Geduld und Verständnis auf beiden Seiten. Die Mutter muß zudem die Beziehung zum Mißbraucher klären. Gibt es eine Möglichkeit des gemeinsamen Umgangs? Oder soll sie ihn mit ihrem Wissen konfrontieren? Am Ende dieser Frage können ganz unterschiedliche Antworten stehen, jedoch können sich viele Mütter vorerst keinen Kontakt mit dem Mißbraucher mehr vorstellen.

Mütter, die in der akuten Situation des sexuellen Mißbrauchs damit konfrontiert werden, werden vor weitere Fragen gestellt. Ihnen bleibt vorerst wenig Zeit, die Beziehung zum Mißbraucher in Ruhe zu rekonstruieren und zu klären. An erster Stelle steht hier der Schutz des Kindes und möglicherweise der eigene Schutz. Für die Beratungsarbeit heißt das, daß das Sammeln von Hinweisen voransteht, bis sich der Verdacht erhärtet hat. Für die Mütter ist das ein Zustand der Ungewißheit. Sie sehen ihr Kind, sehen den möglichen Mißbraucher und wünschen sich, das alles möge nicht wahr sein. Lebensnotwendige Fragen müssen geklärt werden: Wie kann ihr Unterhalt gesichert werden? Wo kann sie wohnen? Erst wenn der Verdacht des Mißbrauchs geklärt und eine neue Lebensperspektive entwickelt ist, können weitere Aufarbeitungsschritte folgen. Allen Frauen bleibt immer wieder der Wunsch, daß alles nicht geschehen sein möge, und die Frage, warum sie nicht früher etwas bemerkt haben.

Von besonderer Bedeutung ist auch hier die Gruppenarbeit. Für die Betroffenen ist es wichtig zu erfahren, daß sie nicht die einzigen Opfer sind, daß es noch andere Betroffene gibt, die ähnlich empfinden. Dies gilt nicht weniger für Mütter. Auch sie haben den Eindruck, sexueller Mißbrauch sei nur in ihrer Familie vorgekommen, sie fühlen sich deshalb in besonderem Maße schuldig. Das Arbeiten in der Gruppe ist für die Mütter von großer Bedeutung.

7. »Tu's mir zuliebe« – Die alltägliche Übermächtigung

Warum fällt sexueller Mißbrauch nicht auf? Sicher, es gibt meistens keine Zeugen, und das Kind steht, was die sexuellen Übergriffe betrifft, unter Geheimnisbindung. Diese Übergriffe wurden erst möglich vor dem Hintergrund einer Mißbrauchs*beziehung,* die vom Mißbraucher planvoll aufgebaut und aufrechterhalten wird. Über Jahre ist das Kind gefangen in dieser »Beziehung« – und keiner merkt es. Wieso fällt diese Ausbeutung nicht auf, wieso erkennt keiner in der Umgebung des Kindes die Macht- und Kontrollstrategien des Mißbrauchers als das, was sie sind? Und warum fällt das ausgebeutete Kind lange nicht auf? Es nimmt sich immer mehr zurück, versteckt sich innerlich zunehmend. Niemand im Umkreis des Kindes findet das ungewöhnlich. – Was an der Mißbrauchsbeziehung ist denn so normal, daß niemand stutzt?

Fritz hat mit seinen elf Jahren schon ein erstes Bewußtsein dafür, was chic ist und »gut kommt«. Er würde am liebsten bestimmte Jeans, Turnschuhe und eine kurze Lederjacke tragen. Seine Mutter findet das schrecklich, ordinär und »typisch männlich«, wie sie abschätzig noch beifügt. Sie sieht ihren Sohn lieber in klassischen Leinenhosen und dem Pullover, den ihm Tante Erna gestrickt hat. – Fritz ist nun bei einem Klassenkameraden zum Geburtstag eingeladen. Seine Mutter legt deshalb gerade heute besonderen Wert auf sein Äußeres, denn was sollen die Eltern des Jungen denn denken, wenn Fritz in Turnschuhen daherkommt? Immerhin eine Arztfamilie. Also versucht sie zunächst, Fritz zu überzeugen, dann zu überreden, und schließlich blickt sie ihn bekümmert an und haucht: »Tu's mir zuliebe.« – Das hilft. Fritz bekommt ein schlechtes Gewissen – er wäre ja ein schlechter, undankbarer und nicht-»liebender« Sohn, wenn er sich so eigenmächtig und eigensinnig einkleiden würde; und das will er – mit elf – auch nicht sein. Fritz steigt also in die Leinenhose und zieht sich den Strickpulli über – am liebsten würde er jetzt allerdings gar nicht mehr zu dem Geburtstag gehen. Er fühlt sich elend. Er kann diesen Pullover nicht leiden und weiß, daß ihn alle wegen seiner Muttersöhnchen-Kluft auslachen werden. Betreten schlurft er los. Begeistert ruft ihm die Mutter hinterher: »Ich wußte, daß ich mich auf dich verlassen kann.«

Im Kindergarten, es ist 20 vor Zwölf. Die Gruppenleiterin will zum Abschluß, bevor um 12 Uhr die Eltern kommen, noch aus einem Märchen erzählen. Der Gruppenraum ist zu diesem Zeitpunkt übersät mit Bauklötzen, Murmeln und Stoffen aus der Verkleidungskiste. Begeistert ruft sie in den Raum: »Und jetzt dürfen alle Kinder aufräumen.« – Es funktioniert. Wie durch ein Wunder machen sich sofort alle Kinder über das herumliegende Spielzeug her, brechen ihr Spiel, in das sie gerade noch in Kleingruppen oder manche ganz für sich versunken waren, widerspruchslos ab und schaffen alles ordentlich in Kisten und Regale. Und das geschieht mit einem Gesichtsausdruck großen und wichtigen Ernstes. Denn sie *dürfen* ja. Als hätten alle schon seit einer Stunde darauf gelauert, ihr Spiel abbrechen und endlich aufräumen zu dürfen. In drei Minuten ist der Gruppenraum picobello, die Erzieherin beginnt aus dem Märchen zu erzählen – und eins nach dem anderen werden die Kinder unruhig, unkonzentriert, hampeln gelangweilt herum, streiten untereinander. – Freudige Erwartung der nachfolgenden Erzählung kann also nicht der Grund dafür gewesen sein, daß so hurtig und so stolz aufgeräumt wurde.

Diese beiden Geschichten haben zunächst gar nichts mit sexuellem Mißbrauch zu tun. Und doch führen sie uns mitten in das Zentrum dessen, worum es in der Mißbrauchsbeziehung geht.

Das Kind als Verfügungsmasse – Emotionale Ausbeutung im Erziehungsalltag

Die Mutter des ersten Beispiels setzt sich durch, ohne daß der Sohn merkt, daß *sie* sich durchsetzt. Er erkennt natürlich, daß sie die »normale« Kleidung an ihm sehen möchte, und er weiß, daß ihm selbst die chicen Klamotten lieber wären – aber er erlebt das Problem nicht als Konflikt zwischen Mutter und Sohn, sondern als inneren Konflikt, als Konflikt zwischen zwei einander widerstreitenden Tendenzen in seinem Herzen. – Zunächst hatte sie ein Problem. Jetzt hat er eines. Denn indem sie aus einem sachlichen Problem, aus einer Geschmacksfrage, ein Beziehungsproblem machte: »Wenn er sich nach seinem eigenen Geschmack kleidet, bedeutet das, daß ich keine Kontrolle mehr über ihn habe« – und dieses als *sein* Problem definierte: »Wenn du mich wirklich liebst und ein dankbarer Sohn bist, ziehst du an, was ich will« –, umging sie seine Urteilskraft und zwang ihn damit zu einer Unterwerfung, die er als solche gar nicht erkennt.

Ein weiteres Beispiel zeigt, worum es gehen kann, wenn wir uns Kinder in der beschriebenen Weise unterwerfen: Wir befinden uns auf einem Fortbildungsseminar für Erzieherinnen über sexuellen Mißbrauch. Eine schon etwas ältere Teilnehmerin, die sich eben noch besonders darüber empört hat, daß der Mißbraucher davon ausgeht, das Kind habe ihm sexuell zur Verfügung zu stehen, erzählt in der Pause folgendes: Sie werde bald Großmutter und freue sich deshalb besonders auf die Geburt ihres ersten Enkelkindes, »weil ich an ihm alles wieder gutmachen kann, was ich an meinen Kindern falsch gemacht habe«. – Eine ehrenwerte Einstellung – oder die Ankündigung einer Ausbeutungsbeziehung: Sie kündigt an, daß sie das Enkelkind benutzen wird, *ihre* Schuldgefühle zur Ruhe zu bringen, die sich ihr nachträglich aus der Erziehung ihrer Kinder ergeben haben. Bevor das Kind noch geboren ist, bekommt es schon eine Funktion zugewiesen; die Rolle, die es für eine Erwachsene spielen soll, steht schon fest.

Noch keiner hat das Kind gesehen, noch keiner hat eine Vorstellung von seiner Individualität, noch nicht einmal sein Geschlecht ist bekannt, aber fest steht bereits, daß es der Großmutter für ihre schwierigen emotionalen Zwecke dienen soll. Es steht schon fest, daß es zur Verfügung stehen wird und wofür. Und jeder kann sich ausmalen, was geschieht, falls das Kind sich mit der Zeit dieser Rolle verweigern sollte, weil sie vielleicht nicht auf dem Weg seiner Individuation liegt. So kann man nur hoffen, daß das Kind wache und abgrenzungsfähige Eltern hat.

Auch das ist Ausbeutung und Mißbrauch. Weil es hier nicht um sexuelle Übergriffe geht, sondern diese Art Ausbeutung die emotionale Befriedigung am anderen sucht, kann dieser Sachverhalt »emotionaler Mißbrauch« genannt werden. Wir kennen es alle: Abhängige, meistens Kinder, werden zum Zweck der Befriedigung emotionaler Bedürfnisse benutzt, zum Zweck der Rechtfertigung oder des Beweises eigener Wert- oder Moralvorstellungen. Und es funktioniert, weil das Ich des Adressaten umgangen wird. Er wird befangen gemacht und verwirrt. Das Klima des emotionalen Mißbrauchs lähmt den Adressaten in seinem unabhängigen und eigenständigen Denken.

Dem Kind wird vermittelt, daß es in dem Maße »geliebt« wird, wie es den Vorstellungen der Eltern, Erzieher, Großeltern etc. entspricht. Es wird in dem Maße »geliebt«, wie es *unabhängig von seiner Individualität* die ihm jeweils zugewiesene Rolle erfüllt. Die emotionale Ausbeutung des Kindes oder eines anderen Abhängigen arbeitet immer zum einen mit der Technik der bedingten Liebe und zum anderen mit der vom Adressaten nie überprüfbaren Voraussetzung, daß der Überlegene besser weiß, was dem Abhängigen bekömmlich ist, als dieser selbst. Und so kann dem Adressaten nie auffallen, daß dieses »Bekömmliche« immer mit dem zusammenfällt, was der Überlegene selbst will oder für richtig oder besser hält.

»Ich wußte doch, daß ich mich auf dich verlassen kann«, hatte die Mutter ihrem Sohn hinterhergerufen. Damit befestigt sie erstens noch einmal, daß das Ganze *sein* Problem war. Zweitens definiert sie seine Unterwerfung unter ihre Vorstellungen als Ausdruck seiner Individualität. Drittens teilt sie mit, daß sie *diese,* zu diesem Entschluß gekommene Individualität sowohl kennt wie liebt. Also: »Wenn deine Individualität darin besteht, dich meinen Vorstellungen zu unterwerfen, dann liebe ich dich.«

Eine Variante des »Tu's mir zuliebe« ist das »Sei ehrlich!«: Die Mutter hat die elfjährige Tochter gefragt, was sie sich zum Geburtstag wünscht. Schüchtern und nach mehreren Anläufen hat diese den Wunsch angemeldet, eine CD von einer bestimmten Pop-Gruppe zu bekommen. Die Mutter ist entsetzt: »Das kann doch nicht sein. Du hast Lärm doch noch nie leiden können. Ich glaube, du sagst das nur, weil einige in deiner Klasse diese Gruppe anhimmeln. Ich denke, wenn du jetzt einmal ganz ehrlich bist und dich nochmals fragst, dann ist das gar nicht dein Wunsch. Sei ehrlich, du wünschst dir doch sicher wieder eine CD von der Volkslied-Gruppe x.« – Auch hier sind die Bedingungen klar definiert, unter denen die Mutter das Kind weiter »lieben« wird.

Ganz allgemein kennen wir nicht nur situative Beispiele für die verdeckte Ausbeutung von Kindern für emotionale Bedürfnisse der Erwachsenen, sondern ganze *Karrieren* von Kindern, weil sie Erwachsenen in von diesen vordefinierten Rollen emotional dienen. Sabrina soll so werden, wie ihre Mutter sich ein adrettes Mädchen vorstellt; und Sabrina *wird* auch so werden, denn sie wird schnell begreifen, daß ihre Mutter jede Abweichung von diesem Leitbild damit beantwortet, darin eine Störung der Beziehung zwischen ihr und Sabrina zu sehen und Sabrina dafür verantwortlich zu machen: »Sollte ich mich in dir getäuscht haben?« Da sich eine Mutter – auch das hat Sabrina von ihrer Mutter gelernt – in ihrem Kind nicht täuschen kann, muß also jeder Versuch Sabrinas, eigene Wege zur Geschlechtsrollenidentität zu finden, ein Irrtum *ihrerseits* sein. – David soll einmal ein richtiges Waldorfkind werden, und falls er mit sieben Jahren schon am Computer spielen möchte, wird man ihn zur Therapie bringen. Knut hingegen soll bloß nicht so eine »Öko-Tunte« werden, sein Vater kann die ganze Bio-Szene nicht ab, und Männer, die sich in ihr engagieren, hält er für schwul. Felix soll ja nicht so werden wie sein Vater, von dem die Mutter sich getrennt hat, weil er nicht so war, wie sie dachte, daß er sei. Annette soll so werden wie die Mutter der Mutter, die schon früh verstorben ist. Tatjana soll eine Ballerina werden, und Fiona am besten eine Fee. Jürgen soll einmal ein »richtiger« Mann werden, kein Waschlappen. Peter soll bloß nicht so ein typischer Mann werden, denn die wollen immer nur das eine. Und Gottfried soll einmal einen geistlichen Beruf ergreifen, weil seinem Vater das nämlich seinerzeit verwehrt war. Etc., etc.

Strategien der alltäglichen Übermächtigung

Immer geht es bei der emotionalen Ausbeutung von Kindern darum, daß sie ausdrücklich oder unausgesprochen an das Abhängigkeits- oder Vertrauensverhältnis anknüpft – »Ich bin doch deine Mutter / dein Vater« etc. – und die Ich-Tätigkeit des Kindes zumindest für einen Moment ausschaltet oder umgeht. Das Problem liegt nicht darin, daß es solche Wünsche, Ziele und emotionale Bedürfnisse der Erwachsenen gibt, und problematisch wäre es auch nicht, wenn sie dem Kind einfach und offen mitgeteilt würden: »Ich möchte, daß du jetzt aufräumst«; »Ich wünsche mir, du würdest eines Tages eine Tänzerin«; »Ich erwarte von dir, daß du kein Macho, sondern ein reflektierter Mann wirst« etc. Die Anknüpfung an das Thema der verdeckten Manipulation liegt vielmehr dann vor, wenn diese Ziele und Wünsche den Kindern so nahegebracht werden, als wären sie *seine* Ziele oder Wünsche oder *müßten* zumindest seine Ziele sein.

Die Strategien sind wiederzuerkennen: Nicole, Schülerin der 3. Klasse, hat kürzlich ein Tagebuch zum Geburtstag geschenkt bekommen. Diesem hat sie anvertraut, daß sie oft die Hausaufgaben von ihrer Nachbarin abschreibt. Da sie sichergehen wollte, daß ihre Eltern das nicht lesen, hat sie das Tagebuch unter ihrer Bank im Klassenzimmer liegenlassen. Der Lehrer findet es und liest darin. Am nächsten Morgen, in der Pause, spricht er Nicole an: »Ich frage mich, ob ich deine Eltern einmal zur Sprechstunde einladen muß. Es ist doch merkwürdig, daß deine Hausaufgaben oft so fehlerfrei sind – wo du doch im Unterricht nicht gerade eine Schnelldenkerin bist. Du weißt schon, was ich meine.« – Dieses »Du weißt schon, was ich meine« ist eine Methode, das Kind befangen zu machen. Eigentlich hat der Lehrer ein Problem: Er hat eine Grenze überschritten, indem er Nicoles Tagebuch gelesen hat, hat nun einerseits deshalb untergründig ein schlechtes Gewissen, andererseits paßt es ihm ganz gut, jetzt ein Druckmittel für die Disziplinierung von Nicole in der Hand zu haben, weil sie die meiste Unterrichtszeit mit Tagträumereien verbringt. Er macht es zu *ihrem* Problem. Der Trick besteht darin, daß er nicht klar ausspricht, was er meint, und das Mädchen damit zwingt, angespannt und ängstlich darüber zu spekulieren, was er wohl genau meint: Hat er das Tagebuch gelesen? Oder hat er gesehen, wie sie abgeschrieben hat? Hoffentlich verrät er es nicht den Eltern! Und wenn er das Tagebuch gelesen hat, dann weiß er jetzt auch von den anderen kleinen Geheimnissen. Und Nicole wird alles tun, um dem Lehrer nicht weiter unangenehm aufzufallen. Er hat sie in der Hand, und zwar wesentlich umfassender, als wenn er etwa gesagt hätte: »Ich habe gestern zufällig dein Tagebuch gesehen, und da ich nicht gleich bemerkte, was das ist, habe ich darin gelesen. Dadurch weiß ich jetzt, daß du deine Hausaufgaben oft abschreibst. Es ist mir aber lieber, du schreibst sie selbst und machst vielleicht ein paar Fehler. Dann weiß ich, wo ich dir noch helfen muß.« – Diese Ansprache wäre als Macht-Technik ungeeignet, weil sie die Dinge benennt und keinen untergründigen Zwang ausübt.

Dieses *Befangen-Machen* funktioniert nicht nur Kindern gegenüber. Erwachsene setzen es auch Erwachsenen gegenüber ein, wenn sie sich überlegen fühlen oder zum Überlegenen machen wollen. Es ist eine effiziente Form, Abhängigkeit und Unterwerfung einzurichten: Ein Ehepaar streitet über seine finanzielle Situation. Nach langem Hin und Her – er wirft ihr Verschwendung vor, sie ihm Knausrigkeit – gehen ihr die Argumente aus, sie droht also in dem Streit zu unterliegen. Nun installiert sie ihre Überlegenheit, indem sie ihn plötzlich selbstbefangen macht: »Du sprichst so gereizt.« Damit hat sie die Diskussion in der Hand, denn jetzt wird nicht mehr über das finanzielle Problem gesprochen, sondern über die Frage, ob er gereizt ist oder nicht. Aus einem eigenen Problem – sie hatte keine Argumente mehr – macht sie ein Problem ihres Mannes. *Er* hat jetzt das Problem, wegen seiner von seiner Frau »entdeckten« Gereiztheit nicht mehr nüchtern zu argumentieren. Daß der wahre Sachverhalt andersherum liegt – *sie* hat die sachliche Ebene verlassen –, kann er im Moment zumindest nicht erkennen, denn er ist jetzt damit beschäftigt, ihre Behauptung abzuwehren, er sei gereizt. – Übrigens wird sie auf jeden Fall als Siegerin aus dem Streit hervorgehen, denn seine Widerlegung ihrer Unterstellung, er sei gereizt, wird immer gereizter.

Der Leiter einer sozialen Einrichtung will als Sparmaßnahme die Gehälter der akademischen Mitarbeiter herunterstufen. Seine überlegene Position nutzend, schaltet er mit der Technik des Befangen-Machens jeden Widerstand von vornherein aus: Er bestellt z.B. den Psychologen zu sich, eröffnet ihm seine Absicht der Gehaltskürzung und schließt mit den Worten: »Sie sind ja Psychologe. Sie verstehen das doch.« Sein Gegenüber kann in diesem Moment nicht weiter über das Ansinnen selbst nachdenken und vor allem keine Gegenargumente aufstellen, denn er ist absorbiert und gelähmt von der Paradoxie der Situation, in der er sich dem Vorgesetzten gegenüber befindet: Natürlich will er ein »guter« Psychologe sein und dies demonstrieren können, indem er Motive des Gesprächspartners erkennt und nachvollzieht. Als »guter« Psychologe muß er dem Leiter also recht geben. Widerspricht er ihm, so wäre dies dem Vorgesetzten ein Zeichen dafür, daß sein Angestellter kein »guter« Psychologe ist – und folglich eine Gehaltskürzung erst recht gerechtfertigt wäre. – Der Vorgesetzte hatte ein Problem bzw. Bedürfnis: Er wollte die Kürzung möglichst konfliktfrei und geräuschlos durchbringen. Mit der Technik des Befangen-Machens gelingt es ihm, dem Psychologen den Vorgang als dessen Problem zu definieren. Dadurch kann sich der Angestellte nicht von dem Bedürfnis des Vorgesetzten abgrenzen.

Etwas weiter geht die Technik der *Beschämung*. Ein Psychiater rivalisiert privat immer wieder mit einem sehr gewissenhaften, etwas melancholischen Psychotherapeuten. Am Ende einer ebenso angespannten wie unehrlichen Diskussion sagt er eines Tages zu ihm: »Du hast keinen Kontakt zu deiner Depression.« Damit hat er Überlegenheit installiert. Sein Kollege kann entweder widersprechen, dann bestätigt er aber die Unterstellung des Psychiaters: »Warum wehrst du denn die Selbsteinsicht so aggressiv ab?« oder er gibt ihm recht, womit er zugibt, daß er der Unterlegene ist, weil er, obwohl Fachmann, seine eigene Depression nicht erkannt hat. Der Kollege kann sich also nur entweder mit schlechten Gefühlen oder beschämt zurückziehen.

Unerschöpflich ist die Strategie, Abhängigen *Schuldgefühle zu vermitteln* bzw. durch Hervorrufen eines schlechten Gewissens erst abhängig zu machen. Das scheint die gängigste Technik, wenn es darum geht, unbemerkt eine Überlegenheit für eigene Bedürfnisse auszunutzen oder die Überlegenheit herzustellen, um einerseits das eigene Machtbedürfnis zu befriedigen und es andererseits zu kaschieren.

Diese Strategie wird schon kleinen Kindern gegenüber angewandt, die dadurch schnell lernen, daß sie den Bedürfnissen der Erwachsenen zur Verfügung zu stehen haben und ihre eigenen Bedürfnisse demgegenüber irrelevant sind: Tante Erna kommt zu Besuch. Bei der Begrüßung reißt sie den dreijährigen Max, den sie wegen seiner langen blonden Locken so süß findet, zu sich an ihren beträchtlichen Oberkörper hoch und knutscht ihn ab, laut und feucht. Max macht ein widerwilliges Gesicht und eine abwehrende Geste. Wenn seine Mutter jetzt sagt: »Stell' dich nicht so an, Tante Erna hat dich doch lieb. Und sie hat dir auch Schokolade mitgebracht«, dann hat Max etwas über die Bedeutungslosigkeit seiner Empfindungen erfahren. Wenn er weiter von Tante Erna und den Erwachsenen »geliebt« werden möchte, verzichtet er in Zukunft besser auf eigene Empfindungen. Wenn seine Mutter zu Tante Erna sagen würde: »Ich glaube, Max möchte das jetzt nicht«, und ihn ihr freundlich, aber bestimmt vom Arm nähme, würde Max etwas anderes lernen: daß seine Empfindungen ernstgenommen werden und er ihretwegen keine Schuldgefühle zu haben braucht.

In die gleiche Richtung gehen Appelle wie: »Du willst doch nicht, daß Oma traurig wird.« Kai wollte ihre Gulaschsuppe nicht essen. Durch diesen Appell erfuhr er, daß er sich dadurch an der Großmutter schuldig macht und für ihre Wohlgestimmtheit verantwortlich ist.

Auch die als Frage formulierte und deshalb in ihrem Mitteilungscharakter nicht erkennbare Botschaft: »Was tust du nur deiner Mutter an?« ist eine effiziente Machtinstallation: Julchen bleibt neuerdings abends länger weg als angeordnet. Ihre Mutter sitzt dann mit Herzrasen auf der Vorderkante des Sofas und malt sich alle erdenklichen Verbrechen aus, die ihrer Tochter widerfahren könnten. Wenn Julchen dann nach Hause kommt, blickt der Vater, der gerade noch Herztropfen aus der Notapotheke geholt hat, sie verbittert an und sagt: »Warum tust du das deiner Mutter an?«

Mindestens so erfolgreich ist die allen bekannte Technik des *stillen Leidens:* Kollegin B. sitzt griesgrämig dabei, wenn sich ihre männlichen Kollegen in der Pause über Fußball unterhalten. Irgendwann bekommen sie ein schlechtes Gefühl und gehen angespannt auseinander. – Die Mutter sagt demonstrativ nichts, wenn Klaus wieder einmal mit verdreckten Kleidern nach Hause kommt. Und Herr K. schweigt beredt, wenn ihm der Sohn von einer schlechten Mathe-Arbeit berichten muß. – Auch dies ist eine Methode, das Gegenüber unfrei zu machen, diffuse Schuldgefühle zu verursachen und das Bestreben auszulösen, sich künftig zum Wohlgefallen des leidenden Vaters, Kollegen etc. zu verhalten.

Hierher gehören auch die zahlreichen Verzichtsappelle, unter denen Kinder aufwachsen und die das Versagensgefühl vorsorglich gleich mitliefern, falls das Kind nicht verzichten sollte: Paul hat von Opa für den bevorstehenden Urlaub 20 Mark bekommen. Er würde sich nun gern am Kiosk die Fußballbilder kaufen, auf die er schon lange »scharf« ist. Sein Vater sagt ihm: »Du kannst mit deinem Geld ja machen, was du willst. Aber du hast es von Opa für den Urlaub bekommen, der sich das Geld von seiner Rente abgespart hat. Ich erwarte von dir, daß du es schaffst, das Geld bis zur Reise zusammenzuhalten.« Paul kann jetzt also nicht frei entscheiden. Entweder er verzichtet auf die Fußballbilder, dann hat er sich unterworfen, oder er kauft sie doch, dann hat er versagt.

Claudia, vierzehn Jahre alt, möchte ins Kino. Sie soll aber ihr kleines Brüderchen von sechs Monaten hüten. »Von einer Jugendlichen deines Alters kann ich wohl erwarten, daß sie mal auf ein eigenes Vergnügen verzichtet, wenn es um ein kleines hilfloses Baby geht.« – Die Effizienz dieser Technik besteht darin, den Verzichtsappell mit dem vorsorglichen Hinweis zu kombinieren, daß der Fall des Nicht-Verzichts eine Enttäuschung wäre und – in Claudias Fall – ein Hinweis darauf, ob sie denn schon eine »reife« Jugendliche ist. Daß Claudia damit parallel zu dem aktuellen Vorgang auch noch grundsätzlich auf ihre spätere Frauenrolle geeicht wird – eine Frau stellt eigene Bedürfnisse zugunsten eines Kleinkindes immer zurück –, berührt ein weites Feld täglicher Erziehung, das auszuführen nicht zur Aufgabe des vorliegenden Buches gehört.

Weiterhin wird zum Gefügig-Machen die Technik des *Umdeutens* eingesetzt. Dem Kind wird seine Wahrnehmung oder Eigenwahrnehmung mit der schon behandelten Botschaft umdefiniert: »Ich weiß doch, was du wirklich willst / brauchst.« Der berichtete Vorfall im Kindergarten – »Alle Kinder dürfen jetzt aufräumen« – gehört dazu und auch folgendes Beispiel kann die Definitionsmacht des Erwachsenen illustrieren: David geht nach der Schule zu einem umtriebigen Kindergeburtstag. Aufgewühlt kommt er am Abend nach Hause und möchte noch Fußball spielen mit dem Nachbarsjungen. Die Mutter, die jetzt rasch das Abendbrot durchziehen möchte, weil sie noch mit ihrer Freundin verabredet ist, sagt ihm nicht dies, sondern definiert ihm seine Eigenwahrnehmung – Ich bin aufgewühlt und möchte mich noch beim Fußballspiel abreagieren – um: »Du bist müde und weißt nicht, was dir jetzt guttut. Wasch' dir die Hände, iß schnell Abendbrot, und dann ab ins Bett, damit du dich erholst.« – Was David hier erfährt, ist die Belanglosigkeit seiner Eigenwahrnehmung. Die Mutter weiß es besser, wie es um ihn steht; und weil sie es als seine Mutter ja nur gut meint, muß sie recht haben.

Hierzu gehört die Strategie der *Ent-Realisierung:* »Ich will doch nur dein bestes«, sagt die Kindergärtnerin, wenn sie verhindern will, daß Jürgen seinen neuen Gameboy in den Kindergarten mitbringt. Er hat ihn von seinem technikbegeisterten Großvater, der ihm ein großes Vorbild ist, zum Geburtstag bekommen und möchte ihn nun stolz den anderen Kindern vorführen. Die Kindergärtnerin sieht schon voraus, daß die anderen Jungen sich von dem Gameboy faszinieren lassen würden, und fürchtet um ihre morgendliche Märchenstunde. Das aber sagt sie Jürgen nicht, vielmehr macht sie die Angelegenheit zu seinem Problem und leugnet zugleich, daß sie ihm etwas verbietet: »Wenn du den Gameboy mitbringst, will jeder damit spielen, und dann geht er kaputt.« – Schließlich ist Jürgen noch dankbar, daß die Kindergärtnerin ihm geholfen hat, den Gameboy zu retten.

Ent-Realisierung liegt auch vor, wenn vom Kind geschaffene Tatsachen ignoriert werden. Der Erwachsene zeigt dann, daß seine Macht, Realitäten zu schaffen, größer ist und das Kind folglich gegen den Willen von Erwachsenen keine Realitäten schaffen kann, auch nicht innere: Stefan mag Onkel Herbert nicht leiden; er ist ihm ein wenig unheimlich. Stefan hat deshalb seine Eltern gebeten, nicht mehr zu Besuchen bei Onkel Herbert mitgehen zu müssen. Die Eltern, die das respektieren, teilen dies bei Gelegenheit Onkel Herbert mit. Daraufhin ruft Onkel Herbert an, verlangt Stefan am Telefon und sagt: »Auch wenn du mich nicht mehr besuchen willst, dennoch bin ich mit meinen Gedanken und Gefühlen immer bei dir.« Stefan wird es heiß und kalt angesichts dieser bedrohlichen Mitteilung. Er weiß nun, daß seine Empfindung vom Onkel nur äußerlich respektiert wird, denn der Onkel setzt eine höhere, irgendwie moralischere Realität dagegen – seine. Stefan wird in Zukunft jedesmal Schuldgefühle haben, wenn die Eltern Onkel Herbert besuchen.

Eine Variante ist die Technik des *»wahren Helfers«*. Ein Erwachsener will beim Kind etwas durchsetzen, was dieses nicht will. Er definiert seine Handlungen dem Kind als Hilfe und spricht zwischen den Wörtern die Erwartung aus, daß das Kind dafür dankbar zu sein habe: Frau C. ernährt sich seelisch hauptsächlich aus der Aufopferung für ihre Familie. Sie weiß am besten, was für ihre Kinder und ihren Mann gut ist, und handelt, unter großen persönlichen Opfern, auch entsprechend. So näht sie ihrer neunjährigen Tochter ein Kleid aus alten Stoffen, das die Tochter nur schrecklich und außerdem unbequem findet. Frau C. übergibt dem Mädchen das fertige Kleid mit folgenden Sätzen: »Nun hast du endlich wieder etwas Ordentliches zum Anziehen. Du hattest ja nur noch abgelumpte Sachen. Ich habe in den letzten Wochen extra auf meinen Mittagsschlaf verzichtet, um dir dieses Kleid zu nähen. Aber du weißt ja, für euch ist mir kein Opfer zu groß.« Wenn die Tochter Schuldgefühle vermeiden will, wird sie das Kleid anziehen.

Aus der Betrachtung solcher Machtstrategien, die von Erwachsenen Kindern gegenüber – oder allgemein von Überlegenen oder Überlegenheit Suchenden Abhängigen gegenüber –

eingesetzt werden, ergibt sich eine erste Antwort auf die in diesem Kapitel eingangs aufgeworfene Frage: Warum fällt die Mißbrauchsbeziehung nicht auf? Wieso wird niemand hellhörig angesichts der Machtstrategien des Mißbrauchers? – Es gibt augenscheinlich eine *Kongruenz* zwischen den verdeckten Machtstrategien, derer wir uns im Alltag bedienen, und den Machtstrategien, mit denen der Mißbraucher die Kontrolle über sein Opfer aufbaut. Seine Techniken fallen nicht auf, weil wir sie alle kennen – als Adressaten, auch als Absender. Der Mißbraucher greift offensichtlich in eine Trickkiste, die der Alltagsmensch gut kennt und manchmal auch selbst benutzt, wenn es darum geht, unbemerkt eigene Belange durchzusetzen.

Offene und verdeckte Macht

Es gibt eine Form der Ausübung von Macht, die wir seit Kindheitstagen gut kennen und derer wir uns erinnern: Es gab immer wieder Erwachsene, Lehrer, Eltern, Nachbarn, die uns geschimpft, angeschrien, bestraft, gedroht haben, und manchmal gab es Prügel. Manchmal haben sie uns angst gemacht, uns eingeschüchtert, uns körperlich wehgetan, uns beleidigt. Wir fühlten uns bedroht oder mißverstanden oder ertappt, je nachdem gerecht oder ungerecht behandelt. Es ging bei solchen Vorfällen immer darum, daß wir etwas tun oder unterlassen sollten oder etwas getan hatten, das wir nicht hätten tun sollen, oder etwas unterlassen hatten, das wir hätten tun sollen. So schlimm es oft auch war, eines war immer klar: Wir wußten sofort, daß die überlegenen Erwachsenen uns zu etwas zwingen wollen, daß wir Gegenstand ihrer Macht und Gewalt sind. Es war klar, daß die (physisch) überlegenen Erwachsenen sich damit durchsetzen konnten. Wir fühlten uns als ihre Opfer, und fast immer haben wir uns gebeugt. Wir wußten, wir gehorchen ihnen, tun dieses oder jenes, weil *sie* es wollen.

Innerlich aber hatten sie keine Macht über uns. Wie *wir* über eine Sache dachten, kam durch diese offensichtliche Gewalt nicht unter ihre Kontrolle. Innerlich blieben wir das Ich, das wir waren. Ja, wir blieben es nicht nur, wir spürten es in solchen Situationen manchmal sogar noch intensiver, klarer, abgegrenzter, wer wir wirklich sind, was wir selbst wollen und denken. Diesen unseren innersten Kern konnte diese offene Machtausübung nicht erreichen.

Und dann gab es noch eine andere Form der Ausübung von Macht, die uns als solche gar nicht mehr erinnerlich ist. Wir können sie erst nachträglich, heute erst rekonstruieren und als Machtausübung erkennen. Mühsam wie eine Pfadsuche im Nebel ist die Erinnerungsarbeit, wenn wir der Frage nachgehen, inwieweit wir solche alltäglichen Übergriffe selbst erlebt haben. Es gibt kaum eine direkte Erinnerung an die verdeckten Formen der Macht, denn wir haben sie nicht als Macht erkannt. Die Erwachsenen, die solche Strategien der Beeinflussung einsetzten, beanspruchten, nur unser Bestes zu wollen, uns besser zu kennen als wir uns selbst oder ein natürliches Anrecht auf die Bestimmung unseres Wahrnehmens, Denkens und Fühlens zu haben, einfach weil sie Mutter oder Vater oder eben Erwachsene sind. Wir haben ihnen geglaubt, und wir haben uns zu eigen gemacht, was sie uns unterschoben, bis dahin, daß wir zugestanden, sie hätten schließlich doch recht und die eigene Wahrnehmung unseres Denkens und Fühlens sei irgendwie verkehrt. Je näher wir ihnen standen und je mehr sie betonten, daß wir ihnen nahestehen, desto eher glaubten wir ihnen. Und wenn wir heute zurückblicken, erkennen wir, daß diese verdeckten Formen der Machtausübung effizienter waren als die offenen. Angesichts offener Macht und Gewalt konnten wir uns innerlich an uns selbst halten, gingen uns nicht verloren. Die verdeckte Machtausübung aber führte, weil unmerklich, zu einer Kontrolle dieser Erwachsenen über unser Inneres, unser Denken und Wahrnehmen, über unser Ich.

Daß diese Technik effizienter ist, erkennen wir daran, daß wir manches von dem, was uns auf diese heimliche Weise eingepflanzt wurde, auch heute noch nicht abgelegt haben, ja vielleicht noch nicht einmal als Untergeschobenes erleben. Mit offener Macht gewinnt der (physisch) Überlegene Kontrolle darüber, was wir äußerlich tun. Mit verdeckter Macht gewinnt der (sozial) Überlegene Kontrolle darüber, was wir über unser Tun denken.

Nicht nur aus der Kindheit kennen wir beide Arten der Macht und Gewalt; die Medien berichten jeden Tag von Ereignissen physischer Macht und offener Gewalt, und mit Blick auf verdeckte Macht beobachten wir, daß mit Kindern in dieser insgeheim beeinflussenden Weise auch heute umgegangen wird, daß mit ihrer Hilfe Erwachsene die gegenseitige Kontrolle übereinander zu erlangen versuchen. Das sind die kleinen täglichen Übergriffe »unterm Tisch«, wie man sie in Betrieben erleben, in der Straßenbahn beobachten, zwischen Ehepartnern miterleben kann. Wir nehmen sie als normal und damit nicht weiter bedenkenswert hin. Erst wenn etwa seelisch labile Menschen mit solchen verdeckten Beeinflussungstechniken vereinnahmt werden, reflektieren wir auch über die heimliche Macht. Es ist das Thema der sexualisierten Mißbrauchsbeziehung, das unsere Aufmerksamkeit auf diese Art des heimlichen Übergriffs in das Innerste des anderen Menschen lenkt.

Ich kann nur ich sein, wenn du kein Ich bist

Warum oder wann greift man zu den verdeckten Beeinflussungsstrategien? Was würde es bedeuten, wenn die Kindergärtnerin zu den Kindern statt »Alle Kinder dürfen jetzt aufräumen« sagen würde: »Ich möchte, daß ihr jetzt aufräumt«? Die Kinder würden in diesem Fall bemerken, daß etwas von ihnen verlangt wird und es die Person der Kindergärtnerin ist, die etwas von ihnen verlangt. Sie könnten sich mit ihrem Ich-Bewußtsein dem Vorgang stellen. Sein Bezugspunkt wäre ein persönlicher, individueller. Das Risiko, das die Kindergärtnerin mit dieser Anrede eingehen würde, liegt darin, daß sich einige Kinder zunächst weigerten – eine ganz normale Reaktion bei Kindern, denn sie wollen erst ihr Ich spüren, bevor sie einer Aufforderung nachkommen. Das Kind, dessen Ich-Bewußtsein naturgemäß noch nicht stabil entwickelt ist, spürt sein Ich am unmittelbarsten in der Verweigerung. Es setzt dem Ich des Erwachsenen, das ihm als Fremdwille entgegentritt, den verweigernden Eigenwillen entgegen.

Offene Macht, offene Beeinflussung hat für denjenigen, der Macht oder Beeinflussung ausüben will, den Nachteil, daß der Adressat unmittelbar erkennt, er ist Gegenstand eines Fremdwillens. Und auch das Kind, das angeschrien oder geschlagen wird, weiß unmittelbar, daß es Opfer erwachsener Gewalt ist. Es verliert sein Ich-Gefühl nicht. – Verdeckte Macht, verdeckte Beeinflussung hat für denjenigen, der Macht oder Beeinflussung ausüben will, dagegen den Vorteil, daß der Adressat nicht erkennt, er ist Gegenstand einer Beeinflussung, und damit auch nicht erkennt, daß diese konkrete, ihm gegenüberstehende Person es ist, die etwas von ihm verlangt. *Die verdeckte Strategie umgeht das Ich des Adressaten*. Darin besteht der Übergriff. Das Ich des Adressaten wird gleichsam hypnotisiert, so daß es nicht erkennen kann, daß das, was es jetzt tut, nicht sein eigener Wille ist, *und* nicht erkennt, daß es jetzt dem Willen dieses konkreten anderen Menschen folgt.

Natürlich ist das Kind, das solchen kleinen Übergriffen ausgesetzt ist, wie sie hier beschrieben wurden, deswegen noch nicht traumatisiert. Es sind, jedes für sich genommen, harmlose Alltagsereignisse. Viele von uns, viele Erwachsene greifen hin und wieder zu solchen Strategien, wenn sie keine Lust, keine Kraft, keine Zeit haben, sich konfliktgefährdet – d.h. von Ich zu Ich – über eine Forderung mit dem Kind auseinanderzusetzen. Ist ein Kind aber systematisch solchen verdeckten Beeinflussungen ausgesetzt, wird der Sachverhalt ernster: Was hat die Kindergärtnerin davon, wenn sie in der beschriebenen Weise das Ich des Kindes umgeht; was hat der Erwachsene davon, der systematisch solche Strategien anwendet? Von dem kurzfristigen Vorteil abgesehen, daß man etwas rasch und konfliktfrei durchsetzen kann, erreicht der Erwachsene eine Erweiterung, eine Stabilisierung seiner Rolle als Überlegener. Gerade weil der Adressat den persönlichen, individuellen Charakter des Ansinnens nicht erfaßt, kann das Ich dessen, der das Ansinnen hegt, sich verstecken und doch zugleich den Triumph für sich verbuchen: Ich habe mich durchgesetzt. Mein Ich ist stärker. Welches Ich aber wird das Bedürfnis haben, sich einerseits zu verstecken und andererseits damit seinen Bereich auszuweiten? – Es muß ein schwaches Ich sein, ein seiner selbst nicht gewisses Ich.

Der Erwachsene, der systematisch das Ich des Kindes umgeht, ignoriert es nicht nur, sondern entwertet es. Im Erziehungsalltag kann es anstrengend sein, riskant und konfliktreich, das Kind in seinem Ich anzusprechen, der Gefahr ausgesetzt, daß man sich in Frage stellen lassen muß. Ein seiner selbst unsicheres Ich wird dieses Risiko umgehen, im Gegenteil sogar den ständigen Machtzuwachs suchen. Langfristig stabilisiert sich also dieses Ich, es nährt sich davon, daß es sich in das Ich des Gegenüber einschleichen kann. Solche verdeckten Strategien sind nur erfolgreich gegenüber Menschen, die sich ihrerseits nicht oder noch nicht oder nicht mehr ihres Ich sicher sind. Natürlicherweise sind das zunächst Kinder, aber auch seelisch labile Menschen, überhaupt Abhängige, die mit ihrer untergeordneten Position oder ihrer Selbst-Unterordnung unter einen verehrten, geliebten Menschen ihr Ich habituell zurückstellen. Der Abhängige übernimmt dann den Fremdwillen als Eigenwillen, ohne diesen Vorgang zu erkennen, und füllt damit ein Loch im Ich dessen, der beeinflussen will. Er nährt ihn.

Damit zeigt sich, daß die harmlosen Alltagsereignisse so harmlos nicht sind, wenn sie der systematischen Grenzüberschreitung dienen. Worin liegen die langfristigen Folgen?

Kinder, die in einem Milieu solch täglicher kleiner Grenzüberschreitung und Mißachtung ihrer sich zum Aufkeimen entwickelnden Individualität aufwachsen, werden keinen Glauben an die Individualität entwickeln: Der andere und das durch den anderen vertretene höhere Prinzip sind immer wichtiger als ich, als mein Ich.

Es kommt zu einer Art – sicher zunächst nicht bewußten – Resignation hinsichtlich des Rechts auf eigene Wahrnehmung, eigene Empfindung, eigenständiges Denken. »Tu's mir zuliebe« lenkt ab vom Recht des Individuums, sich in der Erprobung eigenen Denkens und Handelns zu finden, denn das eigene beginnt immer mit Abgrenzung. Erst in der Pubertät nimmt sich, wenn es gut geht, und in der bekannten Vehemenz, der junge Mensch das Recht, eigene Wege im Denken und Handeln zu suchen. Oft kehrt aber schon bald die Individualisierungsresignation zurück, insbesondere wenn Eltern, überhaupt die Erwachsenen diese oft schrillen, auch unbeholfenen Gehversuche abwerten oder mißachten.

»Tu's mir zuliebe« lenkt den Adressaten von seiner Individualität ab. Eine andere Variante, die das Kind und der Jugendliche oft hört, lautet: »Tu's der Moral / den guten Sitten / dem Glauben etc. zuliebe«, sie lenkt von der Individualität des Sprechers ab. »Verzichte auf dein eigenes um eines höheren Prinzips willen«, ist hier die Botschaft. Ein gesunder Jugendlicher reagiert allergisch auf solche Botschaften, denn sie sprechen nicht *ihn,* seine Individualität an, sondern stellen das Allgemeine in den Vordergrund, aus dem der junge Mensch sich gerade herauszuheben versucht. »Tu's dem Prinzip XY zuliebe«, wird aber oft mißbräuchlich verwendet und setzt das »Tu's mir zuliebe« fort. »Man tut das nicht«, sagt die Mutter, wenn *sie* nicht will, daß der Junge seine Füße auf den Couchtisch legt. Durchschaut der Adressat diesen persönlichen Hintergrund nicht, wird er das Prinzip nicht nur für wichtiger halten als seine Individualität, sondern auch für wichtiger als die Individualität des Sprechers. »Man tut das nicht«, oder: »Wenn du vernünftig wärst, würdest du einsehen, daß ...«, lenken ab davon, daß der Sprecher *selbst* eine Forderung oder eine Erwartung hat.

Wenn das Kind nun beide Varianten immer wieder hört, wird es den entindividualisierenden Kern solcher Botschaften nicht nur nicht durchschauen – das nämlich wäre die Abgrenzungshaltung, die eben verhindert werden soll –, sondern eine *Verzichtsmoral* verinnerlichen: Verzicht auf eigene Wahrnehmung, eigene Sichtweisen, eigene Impulse ist ein höheres Gut als das Eigene. Es wird an seinen eigenen Empfindungen und Standpunkten zweifeln, und das so entstehende Selbstmißtrauen ist eine gute Grundlage dafür, daß es künftig ganz grundsätzlich beeinflußbar und bis ins Denken kontrollierbar wird. Der so Erzogene wird schnell bereit sein, in Konflikten die Schuld auf sich zu nehmen. Ein ungesunder Zug zur Selbstaufopferung kann sich entwickeln, von dem insbesondere Frauenbiographien bis heute gekennzeichnet sind; ungesund deshalb, weil sich hier ein Selbst zu opfern bereit ist, das sich gar nicht hat.

Ein Mann bekommt im Streit mit seiner Frau einen Wutanfall. Er steigert sich hinein, schließlich schlägt er sie. Diese sagt sich, ihn entschuldigend: »Ich hab' ihn ja auch gereizt.« – Selbst das Recht auf die eigene Unversehrtheit wird zurückgestellt und in seiner Wertigkeit dem Recht des anderen untergeordnet, sich auszuleben.

Sei es das Ideal der heilen Familie, der allzeit guten Mutter, des fürsorglichen Ernährers – schnell sind Menschen, die mit den verdeckten »Tu's mir zuliebe«-Botschaften und deren Varianten aufgewachsen sind, bereit, ihr eigenes Erleben der *Realität* der Familie, des Mutterdaseins, der männlichen Rolle zurückzustellen und in Frage zu stellen. »Realitätsverwirrung« lautete die entsprechende Situation des Mißbrauchsopfers: Das Prinzip, das Ideal und die Vertreter von Prinzipien und Idealen sind bedeutsamer als ich, auch wenn ich Schwierigkeiten und Ungereimtheiten wahrnehme da, wo die Prinzipien und Ideale verwirklicht werden. Wenn ich die Realität nicht erleben kann, wie das Prinzip mir sagt, daß Realität sei, dann liegt das eben an mir. Wenn ich auf die Dauer nicht die Kraft habe, meine vier Kinder im Alter von fünf bis sechzehn Jahren ständig in Kindergarten und Schule, nachmittags zum Zahnarzt, zu ihren Freunden, zum Musikunterricht zu bringen und abends im Elternabend noch die engagierte Mutter zu sein, die den nächsten Schulbasar organisiert und beiläufig Konflikte mit und unter den Lehrern löst, dann bin ich eine schlechte Mutter. Nicht das Ideal ist falsch, sondern ich bin unzulänglich. Und meine gelegentlichen geheimen inneren Ausbrüche – einmal ein Wochenende ohne Mann und Kinder an der See, nur mit dem Wind und einem Buch! – belegen nur meine moralische Unzulänglichkeit und spornen mich an, dem Ideal der guten und aufopferungsvollen Mutter noch mehr zu entsprechen. Daß meine Familie nicht vom gleichen Glanz umflort ist wie ehemals diejenige von Maria und Josef, liegt an mir – mein Mann ist beruflich sehr eingespannt, er kann sich nicht darum kümmern. Es liegt an mir, und ich muß besser werden – und mit besser meint sie nicht eigenständiger und selbstbewußter, sondern dem Ideal angepaßter. Dem Ideal zuliebe verzichtet sie auf sich.

Die täglichen kleinen Entwertungen der Individualität des Kindes und die habituelle Verleugnung des Eigeninteresses der Erwachsenen im Erziehungsalltag können die sich auf Entfaltung angelegte Individualität bis dahin entmutigen, ja annullieren, daß sie nicht bis zu der Frage verstößt: Wer bin ich, und wie will ich mich eigenständig ins Leben stellen? Und weil sie nicht in Erfahrung bringen konnte, wer sie ist oder sein könnte, weiß sie auch nicht, daß sie nicht weiß, wer sie ist. Statt dessen sucht sie nach einer Auffüllung dieses Vakuums von außen: Sie wird beeinflußbar, kontrollierbar, manipulierbar, gefügig.

Fließender Übergang zum sexuellen Mißbrauch

Es gibt einen nahtlosen und den Kindern kaum bemerkbaren Übergang von den beschriebenen alltäglichen Strategien, mit denen sie gefügig gemacht werden, zur Sexualisierung dieser Bindung. Ohne daß es schon zu entsprechenden Handlungen kommt, wird die Befangenheit des Kindes auf den Bereich des Sexuellen zugerichtet. Mit der Attitüde der Harmlosigkeit und Belustigung wird zugleich das sexualisierte Interesse des Erwachsenen geleugnet.

Herr und Frau K. machen seit der Geburt ihres Sohnes großes Aufheben um sein »Geschäft«. Vom Säuglingsalter an begleitet ihn die begeisterte Aufmerksamkeit für seine Ausscheidungen. Für sein Erleben wird dieser Bereich zu *dem* Anknüpfungspunkt für das Interesse der Erwachsenen an ihm. In seinem Beisein erzählen die Eltern Freunden und Bekannten ausführlich über seinen Stuhlgang – wann, wie, in welcher Konsistenz, unter welchen genauen Bedingungen –, immer in der Haltung, als würden sie über ein großes und erstaunliches Amüsement berichten. Im Alter von drei Jahren filmen sie den Sohn einmal beim Stuhlgang auf dem Töpfchen. Dann, zum Fest seiner Kommunion, Paten und Verwandte sind angereist, zeigen die Eltern, als Überraschung, diesen Videofilm. Alles lacht. Als die Eltern merken, daß es ihm nun doch etwas peinlich ist, verkünden sie lauthals: »Dennis mochte das. Der wollte immer, daß wir zugucken. Er war immer richtig stolz auf sein Geschäft, und wir mußten es bewundern.« – »Dein Intimbereich gehört uns allen«, ist die Botschaft, unter der der Junge aufwuchs.

Die Oma, die wegen der Berufstätigkeit ihrer ledigen Tochter den achtjährigen Enkel jeden Nachmittag bei sich zu Hause hat, zeigt sich ihm fast täglich in der Unterwäsche. Anfangs sagt er ihr auf die Frage: »Findest du, daß mir das steht?«: »Ich weiß nicht.« Damit versucht er, nachträglich die Grenze zu markieren, die die Großmutter überschritten hat. Aber sie unterläuft diesen Versuch mit den Worten: »Willst du der Oma denn nicht helfen?« Klar, er will der Oma helfen. Also läßt er die ihm immer unangenehmere Dessous-Show über sich ergehen. Jahre später, er ist nun dreizehn, hört die Großmutter, wie er in seinem Zimmer mit einem Schulkameraden über »die Weiber« und speziell die Oma spricht: »Und meine Oma hat Riesentitten.« Sie reißt die Türe auf und beschimpft ihn empört: »Was weißt du denn? Davon verstehst du doch noch gar nichts!« – Sie weist ihn, nachdem sie ihn erst zum Ersatz-Erwachsenen gemacht hat, in die Kindesrolle zurück und befestigt damit erneut seine Abhängigkeit.

Typisch für dieses Klima der sexualisierten Grenzüberschreitung sind verbale Übergriffe wie: »Du bekommst die gleichen Brüste wie deine Mutter« (der Vater anerkennend zur zwölfjährigen Tochter); »Erst vierzehn und schon Hängebrüste« (die um ihre eigene Attraktivität besorgte Mutter zur heranwachsenden Tochter); »Zieh die Badehose an, sonst können dir alle unten reingucken« (der Vater im Urlaub zur siebenjährigen Tochter am Strand). Auch die Mutter, die jeden Monat den Oberschenkelumfang der heranwachsenden Tochter mißt und ihn ständig thematisiert, annulliert das Recht des Kindes darauf, die Identifikation mit seiner Leiblichkeit selbst und ungestört zu finden.

Man kann dieses sexualisierte Erziehungsklima als »strukturellen Mißbrauch« bezeichnen. Das Kind wird hier zwar nicht körperlich benutzt, aber es wird vom Erwachsenen herangezogen und eingebunden in sein untergründig sexuelles Interesse. Väter oder Mütter, die das Kind in ihr eheliches – oder außereheliches – Intimleben einweihen, zwingen ihm ein Interesse auf, das es ihm unmöglich macht, selbst in ein unbefangenes und selbstbestimmtes Interesse daran hineinzuwachsen: »Dein Vater kann im Bett nicht immer so, wie er müßte«; »Deine Mutter weiß nicht, was schön ist. Im Bett liegt sie da wie ein Brett.« Das Kind, das regelmäßig solchen strukturellen oder atmosphärischen Übergriffen ausgesetzt ist, lernt, daß sein Denken über das Geschlechtliche wie selbstverständlich dem Zugriff der Überlegenen offensteht und daß es selbst nicht eigenständig über diesen

Bereich verfügen kann. Das ist auch die Kernerfahrung des eigentlichen Mißbrauchsopfers.

Der weitere Übergang zum eigentlichen sexuellen Mißbrauch kann auf der Grundlage des täglichen Klimas der Grenzüberschreitung unmerklich geschehen: »Ich bin Wachs in deinen Händen. Du verzauberst mich. Mach mit mir, was du willst«, sagt die Musiklehrerin zu ihrem zwölfjährigen Privatschüler. Seit Monaten hatte sie seine Aufmerksamkeit immer wieder auf ihre Kleidung, ihr Parfüm gezogen, hatte ihm »geholfen«, sein Hemd in die Hose zu stecken, und dabei anerkennend geflüstert: »Du hast ja schon Muskeln wie ein richtiger Mann«, hatte ihm Fotos von ihrem Urlaub auf Ibiza gezeigt, auf denen sie barbusig am Strand herumhüpft. – »Mach mit mir, was du willst«: Er hat keine Ahnung, was er jetzt wollen müßte, schämt sich aber, denn er hat das Gefühl, wenn er schon älter wäre, dann wüßte er, was er wollen sollte. Er fühlt sich geehrt, ausgezeichnet, ernstgenommen, aber auch schwül, ungemütlich und überfordert. Und weil er nicht genau weiß, was sie meint, versucht er es aus ihrem Verhalten zu schließen. Weil sie die Hand auf die Knopfleiste der Bluse gelegt hat, knöpft er ihr die Bluse auf; weil sie mit der anderen Hand die Innenseite ihrer Schenkel reibt, greift er auch dorthin. – Und so greift er *ihre* Phantasien auf, inszeniert sie mit ihr, an ihr. Hinterher sagt sie: »Du bist ja ein ganz Verruchter. Woher hast du das alles?« Er geht nach Hause, verwirrt, erhitzt, fühlt sich stolz und zugleich schlecht, wie ertappt. Er wird den Versuch fortsetzen zu verstehen – zu verstehen auch, was es mit ihm und seiner Männlichkeit auf sich hat.

Aber genau das wird ihm angesichts dieser Übermächtigung, die als Unterwerfung daherkommt, nicht gelingen. Sein durchaus altersgemäßer Versuch, sich und seine beginnende Männlichkeit zu verstehen, ist umgelenkt auf das Bedürfnis, diese Frau, *die* Frau und die Natur ihrer Weiblichkeit zu verstehen. Er wird sich mit dem Gegenüber verwechseln. Er wird die geheimen Bedürfnisse des Gegenüber für seine geheimen Bedürfnisse halten. –

Und später wird er als Jugendlicher damit angeben: »Ich habe schon mit zwölf Jahren meine Musiklehrerin verführt.«

Dieses Klima der Grenzüberschreitung und seine Zuspitzung zum sexualisierten Befangen-Machen ist der Hintergrund dafür, daß sexueller Mißbrauch nicht auffällt. Man kennt das und erkennt deshalb nicht, worum es da geht.

Fazit

Es zeigt sich, daß es eine Kongruenz zwischen den Strategien und verdeckten Botschaften der Mißbraucher und den Übermächtigungsstrategien gibt, wie wir sie aus dem Erziehungsalltag kennen. Mißbraucher und Mißbraucherinnen verwenden nicht etwa besonders raffinierte Techniken, sondern greifen auf etwas zurück, das auch sie in ihrer Erziehung, in ihrem Milieu kennengelernt haben. Sie verwenden die Strategien, ein Kind gefügig zu machen, die jeder verwendet, der sich ein Kind gefügig machen möchte. – Es soll mit dieser Feststellung nicht behauptet werden, jeder sei damit potentiell ein Mißbraucher, und es geht auch nicht darum zu insinuieren, jeder sei im Umgang mit dem Kind *wie* ein Mißbraucher, sondern umgekehrt: Der Mißbraucher setzt gezielt und bewußt Kommunikationstechniken für seinen zugespitzten Zweck ein, die er aus dem normalen Alltag kennt.

Wie zu sehen war, gibt es nicht nur eine Parallele zwischen den Mißbrauchsstrategien und den normalen Übermächtigungsstrategien gegenüber Kindern, sondern es gibt auch einen gleitenden Übergang, eine folgerichtige Steigerung und Zuspitzung der entsprechenden Alltagsstrategien zu den Techniken, mit denen Kinder zur sexuellen Ausbeutung zugerichtet werden. Damit zeigt sich der ganz normale Erziehungsalltag, sofern er die beschriebenen Techniken benutzt, als der für den sexuellen Mißbrauch und seine Vertuschung begünstigende Hintergrund.

Das grenzüberschreitende Klima ist der Kontext, der den Mißbrauch so unauffällig macht. Das Hineinregieren in die Selbstverfügung des Kindes über seinen Intimbereich, die die Individualisierung annullierenden Botschaften, das Heranziehen des Kindes zum Partnerersatz, das Überschreiten von Generationsgrenzen, all das ist anti-präventiv, begünstigt den Mißbrauch, anstatt ihm vorzubeugen. Das Kind, das in einem solchen Klima aufwächst, kann nicht erkennen, worauf der Mißbraucher hinaus will, weil es die Art, wie er mit ihm umgeht, schon als selbstverständlich und normal kennt. Sexueller Mißbrauch ist also kein isoliertes Phänomen, sondern die Zuspitzung ganz üblicher Umgangsformen. Sexueller Mißbrauch ist »lediglich« *eine* Variante der Machtverfügung über das Kind. Es besteht, was die eingesetzten Kommunikationsformen betrifft, kein qualitativer Unterschied zwischen der emotionalen Ausbeutung des Kindes im Alltag und seiner sexuellen Ausbeutung. Es geht um Macht, die Erwachsene über die ihnen anvertrauten Kinder aufbauen, um ihre eigenen Bedürfnisse zu befriedigen. In beiden Fällen wird das Kind nicht als Individuum respektiert, sondern als Instrument benutzt.

Es geht um Macht an sich – um die Macht, die Individualisierung eines Menschen zu verhindern oder zu entwerten, damit das eigene Ich-Gefühl zu stabilisieren. *Ich kann nur ich sein, wenn du kein Ich bist.* Das ist der Kern der Botschaft – im Alltag wie beim sexuellen Mißbrauch.

Auch insofern ist sexueller Mißbrauch »normal«. Und normal sind die verwendeten Strategien auch nicht nur in der Erziehung. Es wäre jeweils ein Thema für sich zu zeigen, wie wiederum die gleichen Strategien eingesetzt werden, um z.B. Behinderte emotional, finanziell oder auch sexuell auszubeuten; um seelisch labile Menschen in Sekten zu ziehen, psychisch gefangen zu halten und der Verfügung durch die Machtlust des Sektenmanagements zuzurichten; um Psychotherapiepatientinnen auszubeuten, insbesondere Frauen, die bereits Mißbrauchsopfer sind, damit die emotionalen und sexuellen Zwecke von Psychotherapeuten zu befriedigen.

Sexueller Mißbrauch ist nur *ein* Beispiel dafür, wie geläufig es immer noch in unserer Gesellschaft ist, sich andere Menschen, die in irgendeiner Weise abhängig sind, zur eigenen Verfügung zuzurichten.

8. Die Befreiung vom Mißbraucher – Zur Psychotherapie mißbrauchter Frauen und Männer

Es scheint mir angebracht und sachgemäß, bei der Skizzierung therapeutischer Möglichkeiten für ehemalige Mißbrauchsopfer etwas persönlicher zu sprechen. Man ist – als Mann ist man – dabei noch einmal ganz anders in seiner Individualität und in seinem Umgang mit der eigenen Person, der eigenen Geschlechtsrolle, der eigenen diesbezüglichen Lebenserfahrung gefragt und herausgefordert. Es ist nicht die Frage nach einer pauschalen, irgendwo zertifizierten, schulmäßig erlernten psychotherapeutischen Fachkompetenz, sondern es geht für den männlichen Therapeuten vorwiegend weiblicher ehemaliger Mißbrauchsopfer um die Frage nach dem rechten und berechtigten Gleichgewicht von Sich-Zurücknehmen und Sich-Zeigen, von Raum-Geben und Schutz-Schaffen.

Das muß jeder Therapeut für sich finden. Alle Versuche des Therapeuten, es sich etwas bequemer zu machen und sich, die eigene Person und Geschichte, hinter einer psychotherapeutischen Patentmethode zu verstecken, führen in der Therapie der Mißbrauchsopfer im günstigsten Fall zum Leerlauf. Sie haben bei aller Unsicherheit über die eigene Individualität, bei allem Unglauben an die Berechtigung ihres eigenen Ich ein feines, unbestechliches Gespür für die individuelle Präsenz des Gesprächspartners. Denn das haben sie gelernt. Kaum etwas anderes können sie so gut wie dies: die Individualität des Gegenüber empfinden, vorauseilend seine Willensregungen erspüren. Wenn sie das Gegenüber in seiner Eigengeprägtheit nicht spüren können, verlieren sie sich. In der Therapie mit Kindern oder auch mit psychotischen Menschen ist es ähnlich. Aber bei Mißbrauchsopfern kommt noch eine Komplikation hinzu: Sie haben nicht nur diese feinen Antennen für ihr Gegenüber, sondern darüber hinaus die Eigenart, sich das Gegenüber »einzuverleiben«. Sie setzen sich mit dem gleich, was sie beim Gegenüber erspüren: Was du bist, das will ich. Und was du für dich willst, das will ich sein. Zeigt man also zuwenig von der eigenen Person, so verliert sich die Patientin in sich selbst – sie ist dann gar nicht anwesend. Zeigt man zuviel, so hält sie sich daran fest, macht sich abhängig. Aber dazwischendurch geht der Weg.

So geht es hier um alles andere, als Patentrezepte niederzuschreiben. Es kann sich nur darum handeln, die Wege nachträglich zu beschreiben, die ich mit den Patienten in den letzten Jahren – teils mutig-neugierig, teils verzagt, teils erfolgsgewiß, teils im Gefühl der Überforderung, teils wegen unbekannter Wegstrecken ängstlich, teils, auch das gibt es, gemeinsam über überraschende Klarheiten lachend, gemeinsam über kleinere Fortschritte erfreut – gegangen bin. Daraus ergibt sich dann doch so etwas wie eine Wegbeschreibung. Andere Therapeuten und Therapeutinnen werden andere Wege gehen, sind auch schon ganz andere Wege gegangen.

Dieses Kapitel zeigt also nur, wie es gegangen ist – nicht, wie es auf jeden Fall geht. Methodisch gesehen ist meine Vorgehensweise eklektisch, d.h. ich klaue, wo ich nur kann. Verhaltenstherapeutische Maßnahmen kommen ebenso zur Anwendung wie Gesichtspunkte aus der Psychoanalyse, aus humanistischen Psychotherapierichtungen, Übungen aus der Gestalttherapie wie Perspektiven und Vorschläge aus der Biographiearbeit.

Ich beschreibe im folgenden die einzelnen Abschnitte des gemeinsamen Weges, wie sie sich im nachhinein abzeichnen. Entgegen den Gepflogenheiten formuliere ich die Therapieziele im Lauf der Erörterung der einzelnen Abschnitte, nicht zuvor. So handhabe ich es auch in der therapeutischen Arbeit mit den Patienten. Es sind inzwischen erwachsene Mißbrauchsopfer zwischen 22 und 45 Jahren, bis auf zwei Ausnahmen sind es Frauen, die sich für die Arbeit mit einem männlichen Therapeuten entschieden haben, nachdem die Frage der Geschlechtszugehörigkeit des therapeutischen Gegenüber mit ihnen ausführlich erörtert wurde. Psychotherapeutische Erfahrungen mit Kindern, die direkt aus einer Mißbrauchsbeziehung kommen, habe ich nicht. Weiterhin ist meine Erfahrung auf ambulante Psychotherapie beschränkt – wenngleich teilweise in Kooperation mit stationärer Behandlung. Bestimmte, in ihrer alltäglichen Lebensführung schwer beeinträchtigte Mißbrauchsopfer, die sich z.B. ständig selbst durch Messerstiche verletzen oder drogensüchtig geworden sind o.ä. und die deshalb einer stationären Behandlung bedürfen, kenne ich aus der praktischen Arbeit kaum.

Die Präsenz des Mißbrauchers

Die therapeutische Arbeit wird davon ausgehen müssen, daß das jetzt erwachsene Mißbrauchsopfer eigentlich kein »ehemaliges« Opfer ist, das irgendwann einmal Schlimmes erlebt hat. Vielmehr ist das Mißbrauchsopfer bis hierhin, bis heute unter der Kontrolle des Mißbrauchers – auch wenn die sexuellen Übergriffe und Mißhandlungen längst aufgehört haben, vielleicht längst kein Kontakt mehr zum Mißbraucher besteht oder er schon gestorben ist. Die *innere* Kontrolle über Wahrnehmen, Empfinden und Denken des Opfers besteht fort. Die Mißbrauchs*beziehung* überlebt die sexuellen Übergriffe – wie sie auch schon vor diesen begonnen hatte, und sie überlebt auch den Mißbraucher.

Das ganze undurchdringliche Gewirr von Selbstmißtrauen, Schuldgefühlen und Scham, in welches das ehemalige Opfer sich immer wieder verstrickt, wird laufend von jenem – dunklen – Teil der Persönlichkeit des Mißbrauchers aufrechterhalten, den er einst dem Opfer eingepflanzt hat. Das Kind hat kein seelisches Immunsystem, das diesen Fremdkörper, das Fremd-Ich, als solchen erkennen könnte. Vielmehr nahm das gerade erst entstehende Ich diesen eingepflanzten Teil als eigenen in sein Wachstum auf, so daß es auch nachträglich diesen Teil nicht als Fremdkörper identifizieren kann. Auf diese Weise bleibt der Mißbraucher dem Opfer innerlich präsent. Deshalb denkt und empfindet das Opfer oft *im Sinne des Mißbrauchers* – besonders wenn es um das Verhältnis zu anderen Menschen geht, um das Verhältnis zum eigenen Körper etc.

Das Opfer denkt nicht *wie* der Mißbraucher, sondern *in seinem Sinne:* Es bagatellisiert und entschuldigt das Geschehen, wie er es tun würde, bis in die Formulierungen hinein: »Seine Frau hatte eben kein Verständnis für ihn. Da bin ich ihm zufällig über den Weg gelaufen.« Das Opfer gibt sich die Schuld am Mißbrauch: »Ich hätte ja nicht immer wieder hinzugehen brauchen.« Dem Opfer tut der Mißbraucher leid: »Wenn er jetzt hier wäre – ich glaube, ich würde ihn in den Arm nehmen vor Mitleid. Keiner konnte ihn so recht leiden.« So sind wir anfangs im Gespräch zu dritt: Der Mißbraucher ist auch dabei. Und dies wird das erste Ziel sein: *die Entmachtung des Mißbrauchers.*

Für diese Befreiung des Opfers aus der Mißbrauchsbeziehung hat es wenig Sinn, die sexuellen Übergriffe gleich frontal »besprechen« zu wollen. Der präsente Mißbraucher ist wachsam; er würde ein Sprechen *über* ihn, statt mit ihm, nicht zulassen. Ich beginne deshalb – nach einigen Vorgesprächen – die Arbeit mit dem Vorschlag, wir sollten uns zunächst gemeinsam ein Bild vom *bisherigen Lebensweg* machen – so wie er eben war. Es geht dabei nicht um eine lückenlose Chronologie, sondern darum, anhand einiger markanter Ereignisse, Wendepunkte oder auch stiller Episoden ein *gewichtetes Bild* vom Leben dieses Menschen zu bekommen: Ich bin nicht *nur* Mißbrauchsopfer, ich habe auch schöne und stärkende Beziehungen erlebt. Ich habe mich nicht *nur* einsam gefühlt, es gab auch Phasen des Getragenseins. Ich hatte nicht *nur* Depressionen, ich weiß auch, was Zuversicht ist. Ich habe nicht *nur* immer wieder Beziehungen abgebrochen und Trennungen erlebt, einige Jugendfreundschaften bestehen bis heute. Ich habe nicht *nur* versucht, meine Figur wegzuhungern, zeitweise fand ich es schön, eine Frau zu sein.

Im Verlauf des Berichts objektivieren wir das Erzählte, indem wir Stichworte zu den einzelnen Ereignissen und Episoden auf eine lange Papierrolle schreiben, so daß wir am Ende dieser ersten Arbeitsphase eine Art Dokument, gleichsam einen Beleg dieser Gewichtung vor uns haben. Erst dadurch kann die Patientin anfangen zu glauben, daß in ihrem Leben nicht alles Mißbrauch und Mißbrauchsfolge ist. Es ist nicht so, daß sie dies freudig zur Kenntnis nehmen würde. Sie zweifelt, hat ständig die Neigung, alles wieder zu relativieren. Trotzdem ergibt sich hieraus ein vorsichtiger erster Schritt zur Begrenzung der sonst alles überschattenden Präsenz des Mißbrauchers.

Dieser Blick darauf, daß es immer auch das andere, das Stärkende, im eigenen Leben gegeben hat, scheint mir eine wichtige Grundlage für die jetzt folgende Zumutung zu sein, die Erinnerungsarbeit.

Erinnerungsarbeit

Das Kind hatte in der aktuellen Mißbrauchssituation versucht, die einzelnen Übergriffe, die Unklarheit und die Bedrohlichkeit der Beziehung zum Mißbraucher auf zweierlei Weise zu überstehen: Erstens wehrte es sich gegen die eigenen bedrängenden, oft panischen Gefühle der Ohnmacht, Angst, des Ausgeliefertseins und Ekels, gegen den Fluchtwunsch. Es »verdrängte« diese Gefühle, leugnete sie vor sich selbst, spürte *sich* nicht mehr, um die Hilflosigkeit nicht spüren zu müssen. Zweitens lernte es, seine eigenen Wahrnehmungen und Erlebnisse zu bezweifeln. Es versuchte, der Situation, der es real nicht entrinnen konnte, innerlich zu entgehen, indem es sie ent-realisierte: »Ich habe nur geträumt«; »Es ist schlecht von mir, daß ich glaube, mein Vater hätte mich bedrängt«; »Er meint es nicht so«; »Ich habe mir das nur eingebildet.« – Mit diesem Bewältigungsversuch führte das Kind auch einen Auftrag des Mißbrauchers aus, der ebenfalls die Mißbrauchserfahrung ent-realisierte: »Es war doch nichts«; »Wie kannst du nur so von mir denken?«

Auch andere Traumaopfer – Folteropfer, Katastrophenopfer etc. – greifen zunächst zu diesem, den traumatisierenden Vorgang und die existentielle Bedrohung auflösenden Verarbeitungsversuch. Möglicherweise ist es der einzige Weg, innerlich zu überleben. Der Preis dafür ist aber die Verselbständigung dieses Vorgangs: Auch in Zukunft und selbst bei objektiv harmlosen Anlässen wird das Opfer seiner eigenen Wahrnehmung, seinem eigenen Erleben und eigenen Gefühl keinen Glauben schenken. Es wird bei diesem Zweifel an der eigenen Realität bleiben. Sind auch die Übergriffe beendet, ist auch die reale Bedrohung vorbei, die realistische, ihrer selbst sichere Wahrnehmung kehrt nicht zurück.

In der Erinnerung an das Mißbrauchsgeschehen wird das Erlebte immer mit vielen Fragezeichen behaftet sein: Ob es denn wirklich so war? Und die damaligen Ohnmachts- und Panikgefühle bleiben »abgespalten«. So beschuldigt sich Frau K. selbst, die nach einer fünfzehnjährigen Mißbrauchsgeschichte mit z.T. täglichen Übergriffen viele Detailerinnerungen hat, wegen ihrer »schmutzigen Phantasie«: »Ich muß irgendwie verdorben sein, daß ich meinem Onkel solche Schweinereien unterstelle.« Ihre in den Mißbrauchssituationen ohnehin nur ansatzweise erlebten Gefühle der Panik, ihren ständigen, aber auch ständig unterdrückten Fluchtreflex, ihre Ekel- und Angstgefühle treten im Zusammenhang mit den Erinnerungen an Übergriffe gar nicht auf. Statt dessen ist ihr aktuelles Leben als Buchhalterin und Mutter zweier Kinder über weite Gebiete blockiert oder dadurch eingeengt, daß sich die damals abgewehrten Gefühle selbständig gemacht haben, sich nun überall breit machen und Erlebnisbereiche mit dem Gefühl der Bedrohung einfärben, die real mit der Mißbrauchssituation nichts zu tun haben: Das freundliche

Lächeln des Kassierers in der Bank wird als schwerste Bedrohung und Belästigung empfunden – die Bank wird künftig gemieden. Der Sohn verschüttet etwas Joghurt auf dem Tisch, es bildet sich ein kleiner See weißer Flüssigkeit – Frau K. muß gegen einen Würgereflex ankämpfen. Sie kann nicht in den Supermarkt einkaufen gehen, denn die anderen Menschen könnten es ihrem Körper ansehen, das aber hieße: zur Verfügung stehen. Jede real harmlose Nähe-Situation – im Fahrstuhl, im Zweiergespräch mit einem Fremden – löst bei Frau K. einen Fluchtreflex aus. Sie unterdrückt ihn. Er staut sich auf. Auch durch rationale Selbstberuhigungsversuche ist er nicht auflösbar. In der Nacht ist es dann regelmäßig soweit: Sie springt panikartig aus dem Bett, zieht sich schnell etwas über, springt ins Auto, um nun ziellos über die Autobahn irgendwohin zu rasen, nur um zu entkommen. Frau K. hat, wie viele Mißbrauchsopfer, nächtliche Alpträume, teils Erinnerungsfetzen der realen Übergriffe, teils alltägliche Erlebnisse der Gegenwart, im Sinne des Mißbrauchs umgedeutet. Schweißgebadet wacht sie auf, um sich sogleich wieder ihrer »schmutzigen Phantasie« zu schämen.

Die Erinnerungsarbeit ist nun notwendig, nicht um buchhalterisch die damaligen Übergriffe aufzuzählen, sondern damit das jetzt erwachsene Opfer *Anschluß* an seine damals unterdrückten Gefühle der Ohnmacht und Bedrohung, der Verzweiflung und des Ekels findet. Denn erst vor diesem Hintergrund kann auf eine nachträgliche innere Abgrenzung abgezielt werden. Es ist dies eine sehr schmerzliche Phase der Arbeit, und sie kann nur unter der Führung der Klientin selbst geschehen.

Zu Beginn der Erinnerungsarbeit erkläre ich der Klientin genau, was jetzt auf sie zukommt, weshalb es notwendig ist und welches Ziel damit verfolgt wird: das nachträgliche Ernstnehmen der eigenen Wahrnehmungen und des eigenen Erlebens, erst dadurch kann das Erlebte handhabbar werden. Ich verabrede mit der Klientin, daß sie zu erkennen gibt, wenn sie bereit ist, sich diesen Dingen zu stellen. Meistens gibt sie bald grünes Licht. Ich bitte dann, zunächst eine typische Übergriffssituation darzustellen. Sie wird nun, zunächst bagatellisierend und den Mißbraucher rechtfertigend, von einzelnen Übergriffen sprechen: »Seine Frau war damals monatelang im Krankenhaus; was hätte er denn machen sollen? Er hat sich dann halt an mir getröstet. Es war immer schnell vorbei.« – Nun kommt es darauf an, mit der Klientin zusammen ihr tatsächliches inneres Erleben zu vergegenwärtigen. Da sie sich nicht einfach auf Befragen erinnern kann, beginnen wir mit einer möglichst genauen Situationsbeschreibung: Wie sah das Zimmer aus, in dem die Übergriffe stattgefunden haben? Wir fertigen eine Skizze des Zimmers: Wo standen das Sofa, der Tisch, Stühle, Schränke? Wie sahen die Vorhänge aus? Tapeten, Teppich? Waren die Möbel hell, dunkel? Welche Stimmung hatte die Einrichtung? Sodann: Wo war die Tür, das Fenster?

Anhand solcher Skizzen kommen bereits viele Erinnerungen, die auf Anhieb nicht verfügbar gewesen waren. Haben wir dann ein genaues Bild der räumlichen Situation vor Augen, frage ich nach den Vorgängen vor dem Übergriff: War noch jemand in der Wohnung? War es abends, mittags? Vor dem Essen, danach? Aus welcher Situation wurde das Kind für den Übergriff geholt? Spielte es? Wo? Hatte es sich versteckt? War es bei den Schularbeiten? Wie taucht der Mißbraucher jetzt auf: Ruft er, kommt er ins Zimmer? Was sagt er? Was hat er an? Hat er etwas an? Hat er das Kind wortlos geholt? Am Arm gepackt, an der Schulter? Hat es gewußt, was jetzt kommt? Und als das Kind in sein Zimmer kam, was hat er gesagt oder getan? Hat er es zu etwas aufgefordert? Hat er sich ausgezogen, es ausgezogen? Wo sollte es sich hinsetzen, hinlegen, hinknien? Wo stand, lag, saß er? Nehmen wir an, die Klientin berichtet von einem oralen Übergriff: Zog er sie an sich? Mußte sie sich über ihn beugen? Kniete sie vor ihm?

Wir bleiben zunächst beim Faktischen. Ich frage noch nicht nach den beteiligten Gefühlen, sondern nach dem realen Ablauf. Die Klientin kann sich auf diese Weise meist gut der Einzelheiten erinnern. Wenn sie bereit ist fortzufahren, rekonstruieren wir jetzt den Übergriff selbst. Einige Klientinnen bitten darum, nach den Einzelheiten gefragt zu werden. Am Anfang der Erinnerungsarbeit fühlen sie sich noch nicht *berechtigt,* von sich aus über Einzelheiten zu sprechen, oder die Scham ist zu groß. Auf diese Bitte hin rekapitulieren wir zunächst die Vorbereitung des oralen Übergriffs. Dann ist zu fragen: Wie hat der Mißbraucher seinen sexuellen Vorgang eingeleitet? Hat er selbst die Hose geöffnet, oder sollte das Kind das tun? War sein Glied schon steif, oder sollte das Kind es so manipulieren, daß es steif würde – die Mißbraucher ziehen letzteres vor, denn es hinterläßt beim Kind eher das Gefühl, die Erregung des Mißbrauchers selbst herbeigeführt zu haben und damit selbst schuld zu sein. – Hatte das Kind die Augen geschlossen oder offen? Wo waren seine Hände? Die Hände des Mißbrauchers? Gibt es Geruchs- oder Geschmackserinnerungen? ...

Der Ablauf wechselt vom Fragenbeantworten zum Erzählen. Und nun erst, bei der Darstellung des eigentlichen Übergriffs, tauchen die damals kaum zugelassenen Gefühle und Empfindungen auf: Ekel, Bedrohung, Erstickungsangst, Panik, jemand könnte vom Haus gegenüber aus zusehen; zugleich Überlegungen, wie sie ihn so manipulieren kann, daß sie es möglichst schnell hinter sich hat; die Vorstellung, mit flüssigem Dreck angefüllt zu werden.

Die Klientin braucht jetzt viel Zeit, um den andrängenden Gefühlen Raum geben zu können. Eine erste Entspannung tritt ein: Ja, das waren *meine* Gefühle. Das ist *mir* geschehen. Jetzt brechen auch weitere Einzelheiten, oft fotografisch genau, aus der Versenkung hervor: Er hatte dabei erigierte Brustwarzen; er schnaufte, als ob es zu Ende ginge; er grinste; draußen Verkehrslärm. – Es ist manchmal sinnvoll, über mehrere Therapiestunden bei einer solchen Situation zu bleiben. Für die Klientin ist es wie die Rückeroberung eines Geländes, das ihr einmal gehörte. Man stürmt nicht voran, sondern kommt erst einmal innerlich nach.

Diese Qualität der Rückeroberung steht gegenüber der belastenden Konfrontation mit den traumatisierenden Einzelheiten im Vordergrund.

Es ist dann wichtig, die Rekonstruktion einer solchen Situation auch ausdrücklich abzuschließen: Wie ging der Übergriff zu Ende? Hat der Mißbraucher etwas gesagt? Hat das Kind gewartet, bis er etwas sagen würde? Ist es in das Spielzimmer zurückgegangen? Was hat es dort getan? – Eine Klientin berichtete, sie habe sich danach in ihrem Zimmer unter den Tisch verkrochen und ihren Teddy in den Arm genommen, habe sich dann vorgestellt, daß der Tisch ein unsichtbares Haus sei, in dem sie keiner mehr finden könne. – Eine andere Frau erinnert sich an die Erleichterung darüber, daß sie jetzt wieder zwei bis drei Tage Ruhe haben würde. Sie wußte, daß sie es der Mutter nicht erzählen kann, sie wollte sie nicht beunruhigen, dachte vielmehr darüber nach, wie sie die Mutter beschützen kann, die doch krank ist. Sie wollte der Mutter keinen Kummer bereiten.

Nach einigen Wochen solcher Rekonstruktionsarbeit ist ein erstes Ernstnehmen der eigenen Wahrnehmung erreicht: So muß es gewesen sein. Es ist plausibel. Meine Erinnerungen sind in sich schlüssig. – Freilich hat die Klientin deswegen noch nicht das Zweifeln verlernt. Vor allem die Vorwürfe, doch selbst mitgemacht zu haben, sich nicht gewehrt zu haben, können jetzt vehementer auftreten als zuvor, sie lösen sich erst in der Konfrontationsarbeit (siehe S. 170ff).

In dieser Phase ist oft auch so etwas wie sachliche Aufklärung angebracht. Männliche Opfer müssen z.B. wissen, daß die Erektion bei analem Mißbrauch reflektorisch ist und eben nicht bedeutet, daß sie selbst »Lust« hatten. Manche Klientinnen wollen wissen, ob andere Menschen auch so etwas erlebt haben. Die Klienten müssen erfahren, daß solche Detailerinnerungen wie an die erigierten Brustwarzen des Mißbrauchers eindeutige Zeichen für eine Realerinnerung sind, sie können von Kindern nicht erfunden werden. Manche haben Brechreiz oder Atembeschwerden nach einzelnen Rekonstruktionssitzungen. Sie müssen erfahren, daß dies sinnvoll ist, denn damit wird gegenwärtig und erstmals zugelassen, was sie damals unterdrückt haben.

Womit das Opfer in der Rekonstruktionsphase ringt, ist die Anerkennung des eigenen Opferstatus: Ich bin tatsächlich Gegenstand, Opfer sexualisierter Übergriffe gewesen. Es ist *mir* dieses Bedrohliche und damals Unverständliche geschehen. Ich habe es nicht zusammenphantasiert und es nicht gewollt, sondern es ist *mir* geschehen. – Auch wenn es paradox klingt: Die Anerkennung des Opferstatus ist ein wichtiger Zwischenschritt auf dem Weg, den Opferstatus einst ablegen zu können.

Dieses Ringen kann wochen- oder monatelang dauern. Es ist auch ein Ringen mit dem immer noch anwesenden Mißbraucher, der dem Opfer eingeredet hat, es habe alles selbst gewollt und herbeigeführt. Es gibt eine Art Loyalität mit dem Mißbraucher, die Klientin möchte ihn nicht bloßstellen. Er ist doch der »gute« Vater, Onkel, Pfarrer gewesen. Er hat doch so viel für sie getan, hat sie beschenkt, sich um sie gekümmert. Von Stunde zu Stunde kann die Erleichterung über die Rückeroberung der eigenen Gefühle mit heftigen Selbstvorwürfen abwechseln, erneuten Bagatellisierungen: »Ich war schon immer empfindlich«, und zeitweisen Rücknahmen: »Vielleicht hab' ich das ja irgendwo gelesen.«

Bei dieser Rekonstruktion der Übergriffe geht es nicht darum, möglichst jede Situation in allen Einzelheiten zu vergegenwärtigen, vielmehr reichen fünf bis zehn solcher Situationen. Man kann die Phase beenden, wenn eine Stimmung der Trauer eingetreten ist. Das ist die für die weitere Verarbeitung angemessene und notwendige Trauerphase, wie über einen Verlust, den man anerkannt hat. Das Opfer *erlebt* jetzt, daß es Opfer ist.

Sehr heikel ist die Frage, ob in diesem Zusammenhang auch eventuelle Versuche aufgespürt werden sollten, sich zu wehren. Das Mißbrauchsopfer macht sich in der Regel größte Vorwürfe, sich ehemals nicht gewehrt zu haben. Manche erinnern sich schwacher Versuche, z.B. Krankheit oder Fieber vorgeschoben zu haben. Häufiger kann kein direkter Versuch der Abwehr erinnert werden, und wahrscheinlich gab es auch keinen. *Dies* zu rekonstruieren, ist in dieser Phase aber nicht hilfreich, weil es den Mißbraucher bestätigt: »Sie hat sich nicht gewehrt, also konnte ich davon ausgehen, daß sie einverstanden ist.« Ich ziehe es vor, entweder selbst dahingehend zu kommentieren, daß ich reale, äußerlich als solche erkennbare Abwehrversuche bei einem Kind für unwahrscheinlich halte, oder ich greife diese Frage in anderer Weise auf, wenn wir die Überlebensstrategien rekonstruieren. Manchmal tauchen Erinnerungen auf, die indirekt das Sich-Wehren anzeigen: Das Kind klammert sich an seinen Teddy, wenn der Mißbraucher zur Tür hereinkommt, oder es schweigt stundenlang nach dem Mißbrauch – die Mutter: »Was bist du wieder so stur?« –, wie um auf ein Unsagbares hinzuweisen. Es scheint mir wichtig, die Klienten darauf hinzuweisen, daß einem Kind in der Mißbrauchsbeziehung mehr auch nicht möglich sein dürfte.

Die Rekonstruktion der Übergriffe geht über in die Rekonstruktion der Mißbrauchs*beziehung*. Was hat das Kind mit und am Mißbraucher zwischen den einzelnen Übergriffen erlebt? Meistens ist zu erfahren, daß es die Übergriffe wie ausgestanzt aus dem sonstigen Alltag empfand. Der Mißbraucher nimmt offenbar nie Bezug auf die Übergriffe, im Gegenteil, er stellt sich dem Kind als helfender Kamerad, fürsorglicher Vater etc. dar. – Es ist sinnvoll, die Klienten dann darüber aufzuklären, daß dies eine Strategie des Mißbrauchers ist, dem Kind die Übergriffe irreal erscheinen zu lassen. Die Rekonstruktion der Mißbrauchsbeziehung soll eine erste Ordnung in die Verwirrung über die Natur der Beziehung zum Mißbraucher schaffen. Die erwachsene Klientin soll den für das Kind unvorstellbaren Sprung von der sexualisierten Mißhandlung zum freundlich sich kümmernden Vater als plausible Macht- und Kontrollstrategie erkennen können.

Der dritte Schritt der Rekonstruktionsarbeit ist die Vergegenwärtigung der Überlebensstrategien. Wie hat das Kind die Übergriffe überstanden? Wodurch waren sie überhaupt auszuhalten? Bei allen Mißbrauchsopfern wird erkennbar, daß sie innerlich geflüchtet sind. Sie haben sich, wie das auch von anderen Traumaopfern bekannt ist, innerlich der Situation und dem eigenen Körper entzogen: »Es geschieht gar nicht mir«; »Das ist nicht mein Körper, mit dem er das macht«; »Ich bin bei meinem Teddy und träume nur.« – Mit der Rekonstruktion dieser zentralen Überlebensstrategie wird der Klientin faßbar, daß sie noch heute bei jeder Art subjektiver Bedrängnis oder vorsorglich auch schon bei jeder nur befürchteten Bedrängnis auf diese Strategie zurückgreift: Sie weicht in sich zurück, beteiligt sich nicht am realen Geschehen. Sie hat damit aber auch den Anschluß an ihre eigene Leiblichkeit verloren. Es fallen ihr dann viele Beispiele dafür ein, wo sie heute noch die damals einzig mögliche Überlebensstrategie einholt. Sie kann jetzt *erleben,* was Mißbrauchsfolgen sind.

So ist die Erinnerungsarbeit auch Erinnerung an die Gegenwart, denn sie führt zu einer Art differenzierter Bilanz der Mißbrauchsfolgen: Anhand von Beispielen alltäglicher Lebens- und Erlebensbeschränkung kann nun sichtbar werden, inwiefern die Klientin heute noch Opfer ist. Es handelt sich darum, daß sie die Selbst-Beschuldigungen für ihre aktuellen Erlebnis- und Verhalteinschränkungen ablegt. Ziel ist nicht, daß sie sich ausschließlich als Opfer sieht, im Gegenteil, das Endziel ist herauszuarbeiten, wie sie sich heute aus dem Opferstatus befreien kann. Dazu muß differenziert werden: Welche Erlebnis- und Verhaltensbereiche sind tangiert von der Mißbrauchsbeziehung und welche nicht?

Auch hier handelt es sich nicht um eine Auflistung von Symptomen, vielmehr hat die Klientin jetzt Anschluß an ihre Grunderfahrung der Hilflosigkeit und Bedrohung, der Scham und des Ekels und kann erkennen, wo gegenwärtiges Erleben von Hilflosigkeit, Bedrohung, Scham und Ekel auf das frühere Trauma zurückgeht und wo es vielleicht auch wirklich angemessen ist. Die Klientin vergleicht jetzt immer wieder ihr damaliges mit ihrem heutigen Erleben.

Nach meiner Erfahrung entsteht jetzt eine Art *Mut,* sich *heute* da anders zu verhalten, wo das eigene Erleben noch ganz im Bann des damals Erlebten steht. Die Klientin, die nicht in den Supermarkt gehen konnte, kann nun vorsichtig beginnen, sich in solche Situationen zu begeben, die sie bisher wegen ihres Gefühls, exponiert zu sein, gemieden hat. Sie kann anfangen zu *entscheiden,* ob und inwieweit sie sich exponieren möchte, in Gesprächsrunden, in der Öffentlichkeit, im Sport etc. Indem sie ihren Opferstatus erkannt und als »angemessen« anerkannt hat, kann sie auch anfangen, reale Lebenssituationen so zu gestalten, daß sie kein Opfergefühl mehr haben muß. *Sie* fängt an, *ihr* Leben in die Hand zu nehmen. – Das hat freilich nicht den Charakter eines sensationellen Durchbruchs, vielmehr ist auch das ein langer Kampf: »Darf ich überhaupt etwas wollen?«; »Was will ich wirklich?«; »Bin ich nicht einfach schlecht, verdorben?« – Es ist zähe Arbeit, aber ein weiterer Schritt zur Entmachtung des Mißbrauchers.

Es scheint mir wichtig, diese Phase der Erinnerungsarbeit ausdrücklich mit der Erinnerung an das Ende der Übergriffe abzuschließen: Wodurch haben die Übergriffe aufgehört? Was hat die Klientin dabei erlebt? War sie erleichtert? War sie nur erleichtert, oder gab es auch noch andere Gefühle? Gab es Schuldgefühle, weil nun der Mißbraucher am Pranger stand? Gab es Scham über das Öffentlich-Werden der ihr aufgezwungenen Intimitäten? Konnte sie *jetzt* mit jemandem darüber sprechen? Oder wollte sie nun die ganze Angelegenheit nur aus dem Sinn haben?

Am Ende der Phase der Rekonstruktion treffen wir eine Unterscheidung: Die Übergriffe haben irgendwann aufgehört, sie sind vorbei. Der dunkle Bann aber, den der Mißbraucher geschaffen hat, wirkt bis in die Gegenwart fort. *Jetzt* hat die Klientin sich daran gemacht, sich aus diesem Bann zu lösen, indem sie ihre Erinnerungen dem Mißbraucher aus der Hand genommen und sich selbst zueigen gemacht hat.

Ablegen des Opferstatus – Konfrontationsarbeit

Nach der Erinnerungsarbeit geht es nun darum, daß das ehemalige Opfer jetzt nachholt, was damals der Mißbraucher durch seine Manipulation der Beziehung verhindert hat: *sich vom Mißbraucher aktiv abzugrenzen,* den Übergriffen als ein Ich gegenüberzustehen. Diese Phase ist ein Prozeß, oft von mehreren Monaten Dauer. An ihrem Ende soll der Mißbraucher durch sein ehemaliges Opfer mit seiner Verantwortung konfrontiert werden. An ihrem Anfang steht zunächst wie eine Lähmung die Verzagtheit des Opfers, das sich nicht berechtigt hält, ja es nicht einmal für möglich hält, einen Weg einzuschlagen, der zur Übernahme der Verantwortung für die Mißbrauchsbeziehung durch den Mißbraucher führt.

Ausgangspunkt dieser Konfrontationsarbeit sind manchmal Fragen der Klientin, die sie »eigentlich« gerne dem Mißbraucher stellen würde und die sich aus der Erinnerungsarbeit ergeben: »Wie hat es angefangen? Wieso hast du mich ausgesucht und nicht meine Schwester? Wie war es für dich? Hast du gewußt, was du mir antust? Hast du meine ständige Angst wahrgenommen? Ist dir klar, was der Mißbrauch für mein weiteres Leben bedeutet hat?« – Manchmal ist der Ausgangspunkt eine Frage oder ein Hinweis von mir: »Empfinden Sie manchmal so etwas wie Wut Ihrem Vater, Onkel etc. gegenüber? Hat es nach Beendigung der Übergriffe jemals die Situation gegeben, daß Sie mit Ihrem Vater darüber sprechen konnten? Hatten Sie jemals den Wunsch, Ihrem Vater klarzumachen, was sein Verhalten für Ihr weiteres Leben bedeutet hat?«

Die Klientin hält es zunächst für unmöglich, oder sie nimmt an, es nicht zu verkraften, nun nachträglich mit dem Mißbraucher über das Geschehene zu sprechen. Ich versuche deshalb zunächst, ihr eine innere Haltung der Wut, der Abgrenzung, der Empörung dem Mißbraucher gegenüber zu ermöglichen. Dazu können wir an die Erinnerungsarbeit und die Zusammenschau der Erinnerungen mit den Spätfolgen anknüpfen. Es hat sich auch bewährt, in dieser Phase zusätzlich mit anderen Ausdrucksmitteln zu arbeiten: Ich gebe der Klientin z.B. die Aufgabe: »Versuchen Sie bitte, Ihre heutigen Empfindungen Ihrem Vater gegenüber einmal in Farbe und Form auszudrücken. Malen Sie einfach, was Ihnen diesbezüglich durch das Herz geht.« – Die Klientin wird zunächst, ganz zaghaft, in schwachen Farben eine dunkle, unklare Stimmung malen. Dann kann ich beim gemeinsamen Betrachten des Bildes z.B. sagen: »Ich stelle mir vor, daß Ihr Vater, würde er das Bild sehen, sich kaum persönlich angesprochen fühlte. Er wäre nicht betroffen.« Dann schlage ich ihr vor, ein deutlicheres Bild zu malen. Nun bringt sie vielleicht ein Bild in kräftigeren Rot- und Schwarztönen mit, in der Form aber sehr gehalten. Im Gespräch darüber kann sie zum Wunsch kommen, auch in der Formgebung aggressiver zu werden. Sie fügt dann z.B. spitze, scharfe Formen hinzu ... etc. So können wir das weiterführen, *bis die Wut da ist.*

Wut ist eine elementare Abgrenzungsaktion. Sie war aufgrund der Macht des Mißbrauchers über das Innenleben des Kindes diesem damals nicht möglich. Diese Wut, die Empörung stellt sich bei vielen Klientinnen jetzt erstmals ein. Charakteristischerweise fallen ihnen in diesem Zusammenhang auch weitere, seelisch oder körperlich verletzende Handlungen des Mißbrauchers ein, die in der Erinnerungsarbeit noch gar nicht zugänglich waren. Der Mißbraucher nimmt jetzt als Mißbraucher, als Verletzender, als Mißachtender Gestalt an. Trotzdem ist die Klientin noch weit davon entfernt, ihn real mit diesem Bild von ihm, das sie sich erarbeitet hat, zu konfrontieren. Ich mache deshalb den Vorschlag, es zunächst offen zu lassen, ob sie eines Tages eine reale Konfrontation für richtig, für sich zumutbar oder hilfreich hält, und schlage vor, uns zunächst probeweise mit möglichen Konfrontationsszenarien zu beschäftigen. Gesetzt, sie will ihn konfrontieren, wie wäre das denkbar? Wir spielen dann wochen- oder monatelang in den verschiedensten Varianten durch, wie sie den Mißbraucher vor seine Taten und deren Folgen stellen könnte.

Ein möglicher Schritt wäre z.B., einen Brief abzufassen, der die Tatsache der Übergriffe ausspricht, mit einigen Beispielen stichwortartig belegt, den Täter auffordert, dafür unter Hinweis auf die damalige Ohnmacht, Schutzlosigkeit und Abhängigkeit die Verantwortung zu übernehmen, und schließlich die Festlegung trifft, daß weitere Kontakte unerwünscht sind – falls real noch Kontakte bestehen. Wir werden dann in vier oder fünf Sitzungen einen solchen Brief erarbeiten. Was würde die Klientin sagen, oder mit welchen Fragen würde sie den Mißbraucher konfrontieren? Wie skizziert sie die Mißbrauchsfolgen, ohne ihm wiederum grenzüberschreitende Einblicke in ihr heutiges Seelen- oder Intimleben zu gewähren? Wie macht sie deutlich, daß sie heute erst erkennt, was die Übergriffe und seine Art, mit ihnen umzugehen, bedeuten?

Während wir an solchen Fragen entlang immer wieder neue Entwürfe erarbeiten, kommen von der Klientin unweigerlich die Fragen: »Wird er das verstehen? Wie wird er das aufnehmen? Wird er bereit sein, die Verantwortung zu übernehmen?« – Diese Fragen, so verständlich und berechtigt sie sind, sind kontraproduktiv, denn das Mißbrauchsopfer, das einen Konfrontationsbrief aus diesen Fragen heraus abfassen würde, wäre bereits wieder in einer sich unterordnenden, sich selbst zurückstellenden Rolle, wäre bereits wieder in der Haltung: »Was braucht *er*? Wie ist es *für ihn* richtig?« – und das ist wieder die gut eingespielte alte Haltung. Statt dessen geht es jetzt darum: »Was braucht *sie*? Wie ist es richtig *für sie*?« – Die Konfrontationsvorbereitung und -durchführung beschäftigt sich gezielt und bewußt *nicht* damit, was sie wohl für den Täter bedeuten wird. Es ist sekundär, was ein solcher Brief oder eine Realkonfrontation beim Täter bewirken mögen. Im Zusammenhang der Therapie des Opfers soll nicht an ihm etwas verändert werden, sondern an ihr. Das ist ein Gesichtspunkt, den ich der Klientin gegenüber nachdrücklich vertrete.

Manche Opfer finden einen solchen Brief zunächst nur unter dem Aspekt sinnvoll, daß sie beim Täter damit etwas »erreichen«. Das aber würde sie in ihrem Abgrenzung schaffenden Handeln erneut von ihm abhängig machen – ein Widerspruch in sich. Wir können es dann zunächst ganz offen lassen, ob ein solcher Brief tatsächlich abgeschickt wird. Das soll am Ende dieser Arbeitsphase die Klientin selbst entscheiden. Falls der Mißbraucher schon verstorben ist, kann es sich ohnehin nur um einen symbolischen Brief handeln. Wichtig ist zunächst auch gar nicht der Brief, sondern das Erarbeiten der Haltung, aus der heraus er abgefaßt wird.

Andere Schritte gehen von der Möglichkeit aus, real ein Treffen mit dem Mißbraucher herbeizuführen und ihn in einem Gespräch mit den Folgen seiner Taten zu konfrontieren. Es ist verständlich, daß diese Möglichkeit anfangs Ratlosigkeit und Verzagtheit hervorruft. Ich berichte dann der Klientin, was diesbezüglich denkbar und schon durchgeführt worden ist, so wie ich es aus anderen Therapien kenne. Ich stelle dar, wie ein solches Treffen ablaufen könnte, immer wieder betonend, daß es im Moment nicht darum geht, über eine reale Konfrontation zu entscheiden, vielmehr zu erarbeiten, wie für diese Klientin die hilfreiche und zumutbare Form eines solchen Treffens aussehen könnte.

Wir stellen uns dann so genau wie möglich verschiedene Abläufe vor. Die anfängliche Verzagtheit macht einem Interesse und schließlich einem Wollen Platz. Wir werden uns also genauestens überlegen, wie der Täter zu einem solchen Treffen einbestellt werden könnte. Wie spricht die Klientin ihn an? Ruft sie an? Was sagt sie? Bestellt sie ihn besser schriftlich ein? An welchem Ort könnte sie sich mit ihm treffen? Die Konfrontation sollte weder in der Wohnung der Klientin noch in der Wohnung des Täters stattfinden, allenfalls in Gegenwart einer dritten Person. Wer könnte das sein? Der Ehemann der Klientin? Eine Freundin? Eine Fachperson? – Welche Sitzordnung ist angebracht? Würde sie in der Nähe der Tür sitzen wollen? Welche Lichtverhältnisse braucht sie? Will sie die vorbereiteten Worte auf einem Zettel notiert bei sich haben? Was würde sie vorbringen wollen? Und wie bringt sie es vor? Wählt sie die Form einer Ansprache, eines Gesprächs? Oder ist es sinnvoll, ihn zuerst zu fragen, ob er sich denken kann, weshalb er einbestellt wurde? Womit ist seitens des Täters zu rechnen? Muß man annehmen, daß er wütend wird? Daß er Ausflüchte macht? Daß er versucht abzulenken? Daß er sie auslacht? Daß er weggeht? Falls er versucht, die Situation in die Hand zu nehmen, z.B. durch Gegenvorwürfe: Wie kann sie handeln? Wie beendet sie die Situation? Und womit muß sie bei sich selbst rechnen? Was kann sie tun, falls sie während des Gesprächs zusammenbricht, ihr die Stimme versagt? Welcher äußere Schutz muß gewährleistet sein?

Im Lauf der Arbeit an solchen Fragen wird der Klientin die Realisierung eines solchen Szenarios immer plastischer, und sie fängt an, es zu wollen. Aber auch dann ist es sinnvoll, nicht sofort zur Tat zu schreiten, sondern noch andere Szenarien durchzugehen: Wäre die Konfrontation durch einen Dritten angebrachter, z.B. aus Schutzgründen? Oder kann sie sich ein formales Verfahren als die ihr hilfreichere Konfrontation vorstellen? Das wäre die nachträgliche Anzeige – falls der Mißbrauch nicht verjährt ist –, die die Konfrontation im Rahmen eines Gerichtsverfahrens mit sich brächte.

Erst wenn alle solche Möglichkeiten immer wieder durchgespielt sind, vielleicht auch mit kurzen Rollenspielen oder Sprechproben, schlage ich der Klientin vor, sich nun die Frage vorzulegen, ob sie überhaupt eine Konfrontation möchte, und wenn ja, in welcher Form. Manchmal hat sich eine bestimmte Variante schon im Lauf der Szenarienarbeit als die richtige herauskristallisiert. Es ist auch wichtig, besprochen zu haben, was geschieht, wenn die Konfrontation mißlingen sollte – der Täter den Brief ungeöffnet zurückschickt, zum Termin gar nicht erscheint etc. Schnelle Entscheidungen bitte ich, nach einigen Wochen noch einmal befragen zu dürfen. Bisher haben sich alle Klientinnen, soweit es real möglich war, für die Durchführung der Konfrontation entschieden. In einem Fall habe ich von der Realkonfrontation abgeraten, weil der Täter als gewalttätig und jähzornig bekannt war. In einigen anderen Fällen kam es zur brieflichen Konfrontation, in einem Fall zur realen, in zwei Fällen zur symbolischen Briefkonfrontation, weil anderes nicht möglich war – einmal war der Täter verstorben, ein andermal sein Aufenthaltsort unbekannt. Mit Erlaubnis der betreffenden Klientinnen berichte ich folgende drei Beispiele:

Frau M., 28 Jahre alt, hatte mit ihrem Vater bis in die Gegenwart regelmäßig Kontakt im Rahmen von Familienfeierlichkeiten, bei denen alle Beteiligten – auch die Mutter, die von dem Mißbrauch wußte – so taten, als läge nichts elementar Belastendes vor. Wie alljährlich lud er sie zu seiner Geburtstagsfeier ein. Eine Realkonfrontation schied aus, weil mit gewalttätigen Ausbrüchen seinerseits zu rechnen war. Frau M. entschied sich für einen Brief, den sie ihm als Antwort auf die Einladung schicken wollte. Da wir nicht sicher waren, ob er sie nach Empfang des Briefes etwa während eines überfallartigen Besuches bei ihr bedrängen oder einschüchtern würde, stellten wir sicher, daß sie danach für einige Zeit nicht erreichbar war. Frau M. schickte folgenden Brief ab:

»J.T.,
Du hast mich wieder zu Deiner Geburtstagsfeier eingeladen. Eine Geburtstagsfeier hat aber den Zweck, Freude an einem Menschen zum Ausdruck zu bringen. Es ist mir nicht möglich und nicht zuträglich, Dir zu gratulieren, da ich alles andere als Freude empfinde bezüglich der destruktiven Bedeutung, die Du für mein Leben hast. Ich habe deshalb beschlossen, die alljährliche Heuchelei nicht mehr mitzumachen.

Denn ich muß jetzt als erwachsene Frau aufgrund der Beschädigungen, die Du mir verursacht hast, darauf achten, was mir zuträglich ist – worauf Du ja nie geachtet hast, schon als ich

Kind war nicht. Im Gegenteil: Du hast über viele Jahre meinen Körper sexuell ausgebeutet, mich dadurch gedemütigt und gequält und hast mir alle kindliche Lebensfreude zerstört.

Du hast Deine Fürsorgepflicht als Vater zutiefst verletzt. Du hast mir in jeder Beziehung Gewalt angetan, mir Deinen Willen aufgezwungen, mich gefügig gemacht und mich ohnmächtig Deiner ekelhaften und jämmerlichen Sexualität ausgeliefert. Du hast mich aus dem Schlaf gerissen, um Dich sexuell an mir zu befriedigen. Du hast jedes Gefühl von Wärme und Geborgenheit, das ich wie jedes Kind gesucht habe und gebraucht hätte, unmöglich gemacht. Meine Kindheit war geprägt von erbärmlicher Angst und von Ekel vor Dir.

Ich klage Dich daher an, die Verantwortung zu tragen nicht nur für die sexuellen Übergriffe, die Du an mir verübt hast, sondern auch für die Tatsache, daß ich bis vor kurzem nicht lernen konnte, meine eigenen Lebensbedürfnisse zu erkennen und für sie zu sorgen. Noch heute stehe ich permanent unter dem Druck, auch anderen Menschen und ihren Ansinnen gegenüber, auch wo es nicht um Sexuelles geht, entgegen meinem eigentlichen Wollen zur Verfügung stehen zu müssen – daß ich nie gelernt habe, meine eigenen Rechte ernstzunehmen und durchzusetzen.

Ich klage Dich an, durch Dein Vergehen an meiner Person die Hauptverantwortung an meiner belasteten Lebensführung und meinen verschiedenen seelischen und psychosomatischen Erkrankungen zu tragen, von denen Du ja weißt.

Ich verlange von Dir, daß Du die Verantwortung für die sexuelle Ausbeutung meiner Person und deren Folgen übernimmst.

Ich lege fest, daß ich keinen weiteren Kontakt zwischen uns zulasse.

C.M.«

Nach Abschicken des Briefes wohnte Frau M. einige Wochen bei einer Freundin. Die Therapiefortführung zum Nacharbeiten dieses Schrittes war gewährleistet. Durch einen Zufall erfuhr die

Klientin von einer dritten Person, daß der Mißbraucher sich nach Erhalt des Briefes – womit wir nicht gerechnet hatten – in eine Therapie begeben hat. Frau M. kehrte in ihre Wohnung zurück.

Frau R. entschied sich für eine Realkonfrontation. Der Täter war ihr 22 Jahre älterer Cousin. Sie bat mich, bei der Konfrontation anwesend zu sein. Nachdem wir meine Rolle dabei besprochen und festgesetzt hatten, bestellte sie ihn in das Büro eines Bekannten ein. Wir arrangierten die Sitzsituation so, daß Frau R. ihm gegenüber saß, er in der Ecke des Zimmers und ich zwischen beiden. Zwischen uns stand ein kleiner Tisch, auf den sie ihren Notizzettel gelegt hatte. Als er anklopfte, öffnete sie, gab ihm aber, wie vorbesprochen, nicht die Hand, sondern wies ihm seinen Platz an. Er begrüßte mich, ohne Fragen zu stellen, woraus ich schloß, daß er bereits ahnte, worum es gehen würde.

Frau R. war – wie ich auch – in hohem Grad angespannt. Da wir nicht absehen konnten, ob ihr Cousin einfach weglaufen würde, sobald er merkt, worum es geht, schien es uns in den Vorbesprechungen wichtig, daß sie gleich im ersten Satz das Wesentliche anbringt. So stand sie jetzt auf, sah dem vor ihr sitzenden Cousin in die Augen und sagte: »Du hast mich als Kind jahrelang sexuell ausgebeutet, und du hast die Verantwortung für diesen sexuellen Mißbrauch und die Folgen.« Er rührte sich nicht und sagte auch nichts. Nun setzte sie sich und trug vor, was sie zu sagen hatte. Ich möchte es im einzelnen nicht wiedergeben. Als sie ein Beispiel nannte, sagte er: »Du warst fünfzehn.« Er machte also einen Bagatellisierungsversuch mit dem Tenor: Schließlich hast du ja mitgemacht. Das war aus meiner Sicht die entscheidende Stelle. Würde sie sich dadurch aus dem Konzept bringen lassen und mit ihm diskutieren, wie alt sie wohl gewesen war und inwiefern sie vielleicht durch Stillhalten »mitgemacht« habe, oder würde sie das Manöver als solches erkennen und bei ihrer Konfrontationshaltung bleiben? Aber souverän und nüchtern erwähnte sie stichwortartig einige Beispiele für Übergriffe aus ihrem Kindergartenalter, so daß er »kann sein« murmelte und nichts mehr weiter sagte.

Sie schilderte ihm in knappen Sätzen die Folgen des Mißbrauchs, an denen sie heute noch zu leiden hatte, und schloß mit dem vorbereiteten Satz: »Und du hast die Verantwortung.« Tatsächlich nickte er. Es war nun zu spüren, daß ihr – die Situation dauerte schon eine halbe Stunde – die Kräfte ausgingen. Auf Fragen, die sie gestellt hatte, antwortete er nicht oder mit: »Weiß ich auch nicht.« Es schien mir wichtig, daß der Punkt der Verantwortungsübernahme noch deutlicher würde. Da wir verabredet hatten, daß ich mich einschalte, wenn ich meine, daß noch etwas fehlt, fragte ich: »Frau R., ist Ihnen der Punkt der Verantwortungsübernahme deutlich genug geworden?« Daraufhin spannte sie innerlich noch einmal ihre Kräfte an und sagte zu ihm: »Ich verlange von dir, daß du die Verantwortung übernimmst.« Darauf er: »Ja, das ist klar.« Sie: »Du weißt also, daß du für all das verantwortlich bist?« Er: »Ja«, und fing nun in weinerlichem Ton an, Bedauern zu äußern. Er hätte ja nicht gewußt, ... etc. Sie unterbrach ihn und sagte: »Du kannst jetzt gehen. Weiteren Kontakt mit dir wünsche ich nicht.« Er blickte mich nun ratlos an, stand nach kurzem Zögern auf – sie, was wichtig war, zugleich – und wollte ihr die Hand geben. Sie entzog sie ihm und wies ihn still zur Tür.

Danach Erleichterung und Trauer, denn jetzt erst war ihr der Mißbrauch real geworden. Jetzt erst konnte sie Trauer über den Verlust der Kindheit empfinden. Erstmals richtete sich die Trauer auf den Ursprung ihrer Probleme und Symptome. Sie hatte den Täter entmachtet und die Rolle des hilflosen Opfers abgelegt. Erstmals war sie Herr einer gemeinsamen Situation mit ihm. Erstmals hatte *sie* das Geschehen in die Hand genommen.

Frau P. schrieb ihrem verstorbenen Vater, der sie schon ab ihrem Säuglingsalter z.T. mehrmals täglich zu seiner sexuellen Befriedigung herangezogen hatte, folgenden Brief, den ich in Auszügen wiedergebe. Sie faßte ihn nach einigen Sitzungen der Konfrontationsarbeit spontan ab:

»Vater – es ist an der Zeit – daß ich mit Dir rede – ich muß wissen – was geschehen ist – wieso Du meinst – Du hättest ein Recht gehabt – das mit mir zu tun – wer hat Dir das Recht dazu gegeben, mich mit Deinen großen Händen anzufassen, mich mit Deinen Augen anzusehen, meinen Körper zu stehlen – ihn zu Deinem zu erklären – meine Brust anzufassen – eine Brust – die noch gar nicht da war – die erst wachsen wollte – was gab Dir das Recht – mir Schmerzen zuzufügen – die ich irgendwann nicht einmal mehr spüren durfte – Deine großen Hände – Hände können viel – sie können zärtlich sein – und sie können weh tun – ich habe oft gedacht, eines Tages werden sie mich umbringen – ... ich habe nie Halt spüren dürfen – heute geht es nicht mehr – ich weiß oft nicht wo ich hingehöre – du hast mich oft aus dem Schlaf gehabt – ich durfte kein Kind sein – ich wußte nicht, was da passierte – für mich gab es keine Worte dafür – es passierte – wie unter einer Glocke – ich habe gedacht, wenn ich mich tot stelle, spüre ich nichts – bis ich mich überhaupt nicht mehr gespürt habe – du warst viel zu groß und zu schwer für mich – es dauerte alles viel zu lange – dein Stöhnen wird immer lauter – dein Geruch immer unerträglicher – irgendwann merke ich, wie ich aus meinem Körper aussteige – mein Vater ist ein Schwein – ich bin froh, daß ich nichts mehr mit Dir zu tun habe ...«

In der Durchführung der Konfrontation erscheint erstmals das *Ich-Gefühl*. Erstmals hat die Klientin die Situation in der Hand. Sie spricht dem Mißbraucher gegenüber das Geschehene als das aus, was es war, sexueller Mißbrauch. Erstmals grenzt sie sich von ihm ab, steht ihm als ein Ich gegenüber. Am Ursprung ihrer zahlreichen Abgrenzungsprobleme, ihrer alles durchdringenden Lähmung, holt sie nach, was damals nicht möglich war. Sie stellt den Täter *und weist ihn zurück*. Natürlich wird dadurch nichts ungeschehen, im Gegenteil, es wird jetzt erst real. Sie erreicht damit das Ende der Realitätsverwirrung. Sie kann jetzt wieder Vertrauen in die eigene Wahrnehmung haben, und sie weiß jetzt, daß sie nicht schuld ist – was ihr kein anderer als der Mißbraucher sagen kann.

Bei allen Klientinnen hören sogleich oder nach kurzer Frist die Alpträume auf. Der Täter ist entmachtet. – Natürlich darf man sich über die Verantwortungsübernahme durch den Täter keinen Illusionen hingeben. Inwiefern er sich tatsächlich innerlich die Verantwortung klarmacht und sie annimmt, bleibt offen. Bei dem Beispiel der Realkonfrontation war mein Gefühl, daß er einfach heil aus der Situation kommen wollte. Die Klientin empfand es auch so und schickte ihm deshalb das, was sie gesagt hatte, in schriftlicher Form nach. Daß er aber, der bis dahin Macht über ihren Willen, ihr Denken und ihre Selbstwahrnehmung hatte, wie ein Häufchen Elend vor ihr saß und durch sein ganzes Verhalten zu erkennen gab, die Tragweite seiner Übergriffe mindestens zu ahnen, das war das Entscheidende.

Die Konfrontationsvorbereitung und -durchführung ist nach meiner Auffassung der Angel- und Wendepunkt der Therapie. Sie setzt die Erinnerungsarbeit und den Blick auf die Spätfolgen voraus, damit die Klientin weiß, wofür genau der Mißbraucher die Verantwortung zu übernehmen hat. Und sie ist Voraussetzung für das weitere, das noch zu beschreiben ist. Sie ist der eigentliche Durchbruch, in dem die Klientin selbst durch eine Abgrenzungshandlung an der Stelle des ursprünglichen Übergriffs Ordnung in ihr Leben bringt. Sie hat jetzt den ersten entscheidenden Schritt getan, ihr Leben als ihr eigenes Leben in die Hand zu nehmen.

Das Kind taucht auf

Es ist eines der Ziele der Therapie, daß »das Kind« auftaucht. »Das Kind« – das ist *der innere Anschluß an das Erleben des Kin-*

des damals. Die elementare und erstmalige Ich-Leistung der Konfrontation, die Zurückweisung des Täters – »Hier bin ich, und dort bist du, und zwischen uns ist eine Grenze, die du überschreitest« –, heilt auf die Dauer die Identitätszweifel des Mißbrauchsopfers: »Wenn *ich mich* abgrenze, weiß ich, wer ›ich‹ ist.« Die Bestätigung des Mißbrauchs durch den Mißbraucher, die Erfahrung, sich doch auf die eigenen Wahrnehmungen verlassen zu können, machen nach zwei Richtungen den Weg frei, daß die Erwachsene sich wiedergewinnt.

Zum einen hat sie jetzt Anschluß an das Ohnmachts- und Angsterleben, das innerhalb der Mißbrauchsbeziehung ihr Alltag war. Gewußt hat sie davon schon immer, aber es zu *erleben,* hat sie sich schon damals verbieten müssen, um zu überleben, und danach hatte sie keinen Zugang mehr zu diesem Teil ihrer selbst. Statt dessen breiteten sich Ohnmachtsgefühle, Angstgefühle und seelische Lähmungserscheinungen über alle anderen Lebensbereiche aus. Sie erkennt sich jetzt in diesem Teil ihres Ursprungs, spricht nicht mehr *über* das damalige Erleben, sondern *aus* diesem Erleben.

Es schließen sich deshalb jetzt Sitzungen an, die die Erinnerungsarbeit noch einmal ganz anders aufgreifen. Nicht nur werden weitere Erfahrungen aus der Mißbrauchsbeziehung greifbar, sondern die Qualität der Erinnerung ist jetzt eine andere. Die Klientin kann sich nun ihr damaliges Erleben vergegenwärtigen. Sie erlebt sich noch einmal als das bedrängte Kind. – Diese Sitzungen haben atmosphärisch nicht den angespannten, scheinbar objektiv berichtenden Charakter, den die Phase der Erinnerungsarbeit noch hatte; vielmehr möchte ich die Stimmung jetzt als »ruhige Trauer« charakterisieren, ähnlich wie sie nach der Erinnerungsarbeit schon auftreten kann. Das chronische Trauma wird noch einmal aktuell, aber jetzt widerfährt es nicht mehr dem wehrlosen Kind, sondern dem Kind, das Distanz geschaffen hat.

In diesem Zusammenhang taucht manchmal auch die Frage nach der Mutter auf. Sie war bis dahin eine mehr psychologische:

»Warum hat meine Mutter wohl nichts gemerkt? Hatte sie selbst Mißbrauchserfahrung? Konnte sie aus Angst vor dem Verlust des Partners ihren Wahrnehmungen nicht trauen?« – verbunden mit Schuldgefühlen und Rechtfertigungen für das Verhalten der Mutter: »Ich kann ihr das nicht vorwerfen, sie war so überlastet.« Es ist jetzt noch einmal die viel elementarere Frage nach der Mutter: »Wo ist meine Mutter? Weiß sie es? Wird sie mich das nächste Mal schützen? Wie kann ich es ihr sagen?« die aus dem Erleben des Kindes kommt, nicht aus der Reflexion des Erwachsenen.

Es kann an dieser Stelle sinnvoll sein, auch so etwas wie eine innere Konfrontation mit der Mutter herbeizuführen, auch an die Mutter aus dem Erleben des ohnmächtigen, sich verlassen fühlenden Kindes einen Brief zu erarbeiten, nicht um die Mutter als »Mittäterin« zu entlarven, sondern um die drangvollen Fragen des Kindes endlich zuzulassen. – Nur in einem Fall war es das Bedürfnis der Klientin, die noch lebende Mutter über ihre Sicht und ihr Erleben der Mißbrauchszeit zu befragen.

Noch in einer anderen Weise taucht »das Kind« auf: Das mißbrauchsfreie Kind wird zugänglich. *Nicht die ganze Kindheit bestand aus Mißbrauch,* es gab z.B. Zeiten vor der Mißbrauchserfahrung, in denen das Kind ganz normales Kind war. Und selbst bei jahrelangem, im Kleinkindalter beginnendem Mißbrauch gab es Nischen normalen – wenngleich wohl kaum unbeschwerten – kindlichen Erlebens. Kleine Situationen – das versonnene Spiel mit anderen Kindern im Sandkasten, ein Urlaub (vom Mißbraucher) auf dem Bauernhof, das samstägliche Bad mit der Mutter, der Flötenunterricht in der Grundschulzeit bei einer geliebten Lehrerin – werden jetzt erstmalig wieder erinnert und erlebt.

Wenn es irgend geht, ermuntere ich die Klientin, etwas von diesen Erinnerungen aufzugreifen und in ihr alltägliches Leben heute umzusetzen. So erinnert sich Frau B., deren sexuelle Ausbeutung im achten Lebensjahr durch einen Nachbarn begann, ihrer Begeisterung für Kleintiere. Im Kindergarten war sie die »Mäusemama« – sie hatte ein Händchen dafür, Kleintiere ihrer

Freundinnen gesund zu pflegen, hatte selbst auch Meerschweinchen und Kaninchen und denkt daran, wie sie stundenlang die Tiere beobachtete und mit ihnen spielte. Sie erzählt das in einer Lebensfreude, die ich jetzt zum ersten Mal an ihr wahrnehme. Ich frage sie, ob sie sich vorstellen könne, das in irgendeiner Weise wieder aufzugreifen. Bald macht sie einen Zoobesuch, kommt mit Pflegern der Kleintierabteilung ins Gespräch und entschließt sich, das Angebot ehrenamtlicher Mitarbeit anzunehmen. Nun können Mißbrauchsopfer nichts besser als sich ausbeuten lassen. Ich weise sie auf diesen schwierigen Aspekt des Arrangements hin, und nach ein paar Wochen traut sie sich, nach einer Vergütung zu fragen. Es gelingt, und sie wird Honorarkraft im Zoo.

Frau L. dagegen hatte vor der Mißbrauchserfahrung mit Begeisterung angefangen, Geige zu lernen, hatte es aber aufgegeben, weil der Mißbraucher, ihr Grundschullehrer, sie nach dem Geigenunterricht, der im Schulgebäude stattfand, abpaßte und bedrängte. Nun, nach der – hier symbolischen – Konfrontation, greift sie den Geigenunterricht wieder auf und braucht jetzt keine Angst mehr vor der sich anschließenden Not zu haben – zu ihren Symptomen zählte Übelkeit beim Musikhören.

Der Anschluß an das mißbrauchsfreie Kind bringt auch etwas von dem *ursprünglichen Lebenswillen* zurück, einen Schimmer von der Lebensfreude des Kindes. Andererseits muß man realistisch bleiben: Es kann sich nicht um ein Ungeschehen-Machen handeln, und das Nachholen kindlicher Aktivitäten bzw. das Umsetzen kindlicher Aktivitäten ins Erwachsenenalter führt nicht zur gleichen Selbstverständlichkeit des Erlebens und Lebens, wie sie dem nicht-traumatisierten Kind geläufig war. Es bleibt immer Ersatz. Dennoch unterstütze ich solche Wieder-Anschlüsse sehr, weil sie mit dazu beitragen, daß die Klientin lernt, sich selbst ernst und wichtig zu nehmen. Es kann in diesem Zusammenhang Phasen kindlichen Verhaltens wie Trotz, Verspieltheit, Regelverletzungen geben, die den Charakter einer lustvollen Regression haben. Solange dies so aufzufassen bleibt und die Klientin von der Kindebene nicht aufgesogen wird – was zu psychotischen Zuständen führen könnte –, solange sie die innere Orientierung an ihrem Erwachsenenleben nicht verliert, halte ich das für unterstützenswert. Das ist oft eine durchaus humorvolle Phase der Therapie. Die Klientin kann mit diebischer Freude erzählen, wie sie bei ihrem Arbeitgeber etwas durchgesetzt, eine Regel durchbrochen hat, einen Termin hat sausen lassen, statt in eine langweilige Konferenz zu gehen, zwei Stunden in der Buchhandlung geschmökert hat etc. Solche Verhaltensweisen haben auch die Funktion, das neu gewonnene Ich-Gefühl auszuprobieren, Grenzen – auch Grenzen der eigenen Belastbarkeit – selbst zu bestimmen. Denn all das geschieht mit dem erstaunten Selbstbewußtsein: »*Ich* bin es, die jetzt bewußt einen Termin schwänzt, sich einen Abend im Restaurant gönnt, einem Vorgesetzten eine patzige Antwort gibt« etc. Also: »Ich bin die, die sich abgrenzen kann.«

Durchbrechung der Geheimnisbindung

Die Klientin ist in der Regel nun in der Lage, einen offensiven Umgang mit ihrem Opferstatus zu lernen und ihn genau dadurch abzustreifen. Hatte die Geheimnisbindung, unter die der Mißbraucher, aber auch die undurchschaubare mißbräuchliche Beziehung sie gesetzt hatten, bis jetzt nachgewirkt, so kann sie nun ohne lähmende Angst durchbrochen werden; insbesondere entfällt die Angst, nicht ernstgenommen zu werden. Bis hierhin hatte das ehemalige Mißbrauchsopfer gefürchtet, man glaube ihm nicht, halte seine Erzählung für übertrieben, ja mache ihm mehr oder weniger offen den Vorwurf, an der Aufrechterhaltung der Mißbrauchsbeziehung zumindest mit-schuldig zu sein. Nun ist durch Erinnerungs- und durch Konfrontationsarbeit die Mißbrauchserfahrung real geworden. Die Klientin kann deshalb einen weiteren Schritt in der Entmachtung des Mißbrauchers machen, indem sie Menschen, denen sie nahesteht oder nahestehen möchte, von diesem Teil ihrer Biographie berichtet. So mag es angebracht sein, bei Gelegenheit z.B. einer Freundin gegenüber, die sich vielleicht immer wieder über Fluchtzustände der Klientin in Nähesituationen gewundert hat, die Tatsachen des Mißbrauchs anzusprechen. Ich habe mehrfach miterlebt, daß es zunächst zwar Herzklopfen verursacht und kurzfristig wieder Scham- und Schuldgefühle aufruft, sich aber wohltuend und ordnend für die Beteiligten auswirkt, wenn eine mißbrauchte Frau diese Seite ihrer Geschichte und Persönlichkeit *zeigt*. Gemeint ist nicht ein »outing«, also ein Mitleid oder Sensationslust aufrufendes Öffentlich-Machen, sondern das Zu-sich-selbst-Stehen da, wo es um eine Klärung und Vertiefung, eine Erweiterung persönlicher Beziehungen gehen kann.

Manche Klientinnen sind jetzt erstmals in der Lage – manchmal erfordert auch dieser Schritt Vorbereitung, Rollenspiele, vorheriges Berücksichtigen verschiedener Reaktionsmöglichkeiten des Gegenüber –, z.B. mit Verwandten oder der eigenen erwachsenen Tochter über diese Seite des eigenen Lebens zu sprechen. Es war gerade nahestehenden Menschen gegenüber schwergefallen, Therapeuten, Ärzten etc. gegenüber jedoch eher möglich gewesen, weil die neutrale und geschützte Situation mit Professionellen die alte Geheimnisbindung nicht mit der gleichen Macht aufgerufen hat. Es scheint mir deshalb wichtig, das Durchbrechen der Geheimnisbindung gerade in den Alltagsbeziehungen anzuregen.

Das durch die Konfrontation ermöglichte, oft erstmals so erlebte »Ich-Gefühl« ist der Maßstab für alles weitere. Alles, was die Klientin ab jetzt tut oder was ihr ab jetzt widerfährt, sollte sie nun daraufhin überprüfen, ob *sie* das will, ob es *ihr* zuträglich ist – oder ob sie es tut, weil es irgend jemand stillschweigend von ihr erwartet, weil sie meint, es würde erwartet, oder ob sie etwas hinnimmt, weil sie es als Mißbrauchsopfer und als Frau gelernt hat, auch das Unerträgliche hinzunehmen.

Damit gilt es nun Schluß zu machen. Das geht nicht einfach durch Beschluß oder durch psychologische Einsicht, sondern muß geübt, muß gelernt werden. Weil die Klientin nun das Ich-Gefühl kennt, hat sie ein Kriterium dafür festzustellen, wann ihre Belastungsgrenze überschritten ist, wann sie etwas ohne Eigenmotivation oder ohne innere Beteiligung tut. Dies wahr- und ernstzunehmen, gilt es nun zu unterstützen und real werden zu lassen durch Anregen von Übungen zur *Abgrenzung* und durch Hinweise auf Situationen, die sie jetzt im Sinne der Abgrenzung selbst gestalten, selbst in die Hand nehmen kann.

Eine Freundin ruft an: »Gehen wir zusammen essen heute abend? Ich muß dir unbedingt vom Urlaub erzählen!« – Das ehemalige Mißbrauchsopfer hätte früher sofort zugesagt, dabei vielleicht von eigenen Belangen abgesehen, denn eigentlich hatte die Klientin gehofft, einfach einen ruhigen Abend für sich zu haben, in Ruhe gelassen zu werden, vielleicht hätte sie gerne einen Brief geschrieben. Bei den ersten Worten der Freundin hätte sie früher all dies sofort vergessen oder zumindest für unwichtig, ja unberechtigt gehalten: »Wenn meine Freundin mir von ihrem Urlaub erzählen möchte, dann ist das wichtiger, als daß ich meine Ruhe haben will.« – Nun kann sie lernen, solche alltäglichen Situationen anders zu handhaben. Ich schlage ihr z.B. vor, bei solchen Anrufen nicht sofort zuzusagen, sondern nur zuzusichern, in ein paar Minuten zurückzurufen. Sie kann sich dann einen Moment bewußt die Frage vorlegen, was sie selbst eigentlich heute abend tun wollte oder zu tun sich gewünscht hätte. Hatte sie etwas anderes vor, so möge sie sich fragen, wann sich das Ich-Gefühl eher einstellt, wenn sie jetzt dennoch mit der Freundin weggeht, oder wenn sie bei dem bleibt, was sie vorhatte. Das ist ihr Maßstab. Im ersten Fall kann sie zusagen, im zweiten Fall sollte sie, auch wenn es inneren Aufwand und Mut kostet, mit einer kurzen Begründung absagen.

Die Klientin kann so lernen, »nein« zu sagen. Sie kann jetzt lernen, Begründungen zu verlangen, wenn etwas von ihr erwartet oder verlangt wird. Sie kann in differenzierter Weise lernen zu erkennen, wann sie Ich bleibt und wann sie nicht Ich bleiben kann. Selbstverständlich gibt es manchmal Erfordernisse, nach denen man sich richten muß, ob man das nun für sich zuträglich findet oder nicht. Aber auch hier kann die Klientin lernen, wenigstens die Tatsache vor sich selbst festzustellen, daß sie jetzt etwas tut, was sie eigentlich von sich aus nicht will, aber unumgänglich ist.

Diese Unumgänglichkeit muß begründbar, erklärbar sein. Es können in diesem Zusammenhang in der Therapie langwierige Diskussionen darüber entstehen, ob es z.B. unumgänglich ist, zum 70. Geburtstag der Schwiegermutter zu gehen, auch wenn man sich dort elementar unwohl und fehl am Platz fühlt. Fruchtbarer, als sich auf solche Diskussionen einzulassen, ist es, mit der Klientin alternative Möglichkeiten durchzugehen: Könnte sie der Schwiegermutter auch brieflich gratulieren? Ist es angebracht, ihr Nicht-Erscheinen dabei kurz zu begründen, mit welcher Offenheit? Oder könnte sie anrufen und offen sagen, daß ihr solche Familienfeiern ein Greuel sind, daß sie aber gerne z.B. am Vormittag zum Gratulieren vorbeikommt?

So gehen wir detailliert die Alltagssituationen durch, die Überschreitungen der persönlichen Belastungsgrenze, der Würde und des Wollens der Klientin bedeuten oder bedeuten könnten. Und nach anfänglichem Zögern, nach ungläubigem Staunen darüber, daß das möglich ist, kann die Klientin eine Wachheit erwerben, die ihr hilft, sich selbst vor den Grenzüberschreitungen zu schützen, denen man im Alltag immer wieder ausgesetzt ist.

Um trotz der Mißbrauchserfahrung und des Gewichts, das sie im Leben eines Opfers einnimmt, ein Sinnerleben zu ermöglichen, rege ich in der Endphase der Therapie an, *Fähigkeiten und Erfahrungen wiederzubeleben, die mit dem Mißbrauch nichts zu tun haben.* Schließlich hat die Klientin ja Fähigkeiten durch Geburt mitgebracht oder durch Erfahrung erworben, mit denen sie sich sinnschaffend in ihre Mitwelt einbringen kann. Sie ist vielleicht sprachbegabt, war in der Schule in den Fremdsprachen immer gut gewesen – kann sie das jetzt ausbauen? Kann sie darauf aufbauend vielleicht eine Zusatzausbildung machen? Eine andere ist künstlerisch interessiert und begabt, hat sich das gestaltende Tun aber noch nie zugestanden, weil es ja »unnütz« sei. Ich rege dann an, daß sie das wenigstens probeweise aufgreift, um sich im künstlerischen Tun selbst erleben zu können.

Ein solcher Blick auf die Talente, die persönlichen und beruflichen Fähigkeiten erweitert das Selbstbild der Betroffenen, das ja weitgehend eingeschränkt war auf den schuldhaft und schamvoll erlebten Opferstatus. Darin liegt eine andere Stufe der Abgrenzung und Selbstbehauptung, eigene Möglichkeiten in die Mitwelt einzubringen. Während der vorhergehende Schritt, »Nein« sagen zu lernen, noch defensiv bleibt, geht es hier um offensive Selbstbehauptung und Selbst-Vertretung.

Hieraus ergibt sich die ganz grundsätzliche Frage nach den *künftigen Lebenswegen:* Gibt es habituelle Unzuträglichkeiten im jetzigen Leben der Klientin, die verändert werden sollten? Wenn ja, wie? – Auch hierzu kann man Szenarien entwerfen. Eine Klientin arbeitet z.B. schon lange in einem Betrieb unter einem Vorgesetzten, der sie immer wieder mit verbalen Anzüglichkeiten bedrängt. Früher fand sie das normal – »Männer brauchen das eben.« Später konnte sie das Grenzüberschreitende darin erkennen. Nun aber müßte es darum gehen, ob sie diese Situation grundsätzlich ändern kann. Ist das Problem durch eine offene Aussprache aus der Welt zu schaffen? Durch formale Schritte – z.B. eine Beschwerde bei der Leitung? Oder ruft das ganze Betriebsklima, für das solche verbalen Übergriffe nur ein Symptom sind, vielleicht das Bedürfnis hervor, überhaupt den Arbeitsplatz zu wechseln? Wenn ja, so besprechen wir auch das sich daraus Ergebende ganz konkret.

Die Planung der weiteren Lebenswege hat aber nicht nur den Sinn, Abgrenzung gegenüber grundsätzlichen Unzuträglichkeiten aufzubauen, sondern soll für den beruflichen und privaten

Bereich zumindest alternative Möglichkeiten der Lebensgestaltung erkennbar machen. Was zwangsläufig ist, kann man nicht ändern – z.B. die Fürsorgeverpflichtung gegenüber den eigenen Kindern –, was aber nicht zwangsläufig ist, kann man ändern. Es ist nicht zwangsläufig, die nächsten zehn Jahre im gleichen Reihenhaus in der Innenstadt zu wohnen, wenn man dort schon zehn Jahre gewohnt hat. Wenn die Klientin es als Teil ihres Wesens empfindet, naturnah zu leben, dann wird es Wege geben, eine Wohnmöglichkeit am Stadtrand zu finden. Und wenn nicht jetzt, dann kann man doch jetzt wenigstens diese Perspektive aufbauen.

So kann die Perspektive, eigenes, das Eigen-Sein, auf die Welt bringen zu können, ein guter Ausklang der Therapie sein.

Einbeziehung des Partners

Ich halte es meistens für sinnvoll, im Lauf einer mehrmonatigen oder mehrjährigen Therapie mißbrauchter Menschen auch den *Partner* – so es ihn gibt – kennenzulernen und hin und wieder ein Gespräch mit ihm oder ihr zu haben. Ist die Klientin oder der Klient damit einverstanden, so lade ich den Partner alleine oder beide zusammen zu einem Gespräch, und ich sage ihm, daß ich die Lebensproblematik der Klientin auch gerne aus seiner Sicht kennenlernen möchte. Es können vielleicht Beziehungsprobleme zur Sprache kommen, und es besteht in Absprache mit der Klientin die Möglichkeit, dem Partner eine Eigenart oder momentane Entwicklungsphase, in der sich die Klientin therapiebedingt befindet, zu erläutern.

In der Regel habe ich es dabei mit sehr verständnisvollen Partnern zu tun. Trotzdem ist es sinnvoll, ein konkretes Bild von ihm zu haben, weil manche Übungsvorschläge, z.B. in der Phase des Abgrenzen-Lernens, auch das Umfeld mit einbeziehen. Ich kann genauere Vorschläge machen, wenn ich eine Vorstellung vom konkreten Beziehungsalltag der Klientin habe.

Worin liegt nun der »Erfolg« einer solchen Therapie? – Ich bin zuversichtlich und skeptisch zugleich. Skeptisch bin ich, weil ich nicht die Erfahrung gemacht habe, daß das durch den Mißbrauch gesetzte Beziehungstrauma »heilbar« ist. Die Mißbrauchserfahrung ist da, und sie bleibt da. Ihre Tragweite wird manchmal erst während des therapeutischen Vorgangs sichtbar und kann dann auch etwas angst machen – kann auch mir als Therapeuten im ersten Moment angst machen. Ist es berechtigt, z.B. in der Erinnerungsarbeit und im gemeinsamen Blick auf die Spätfolgen so detailliert die eigene Geprägtheit durch die Mißbrauchserfahrung vor Augen zu stellen? Aber was ist die Alternative? Die Mißbrauchserfahrung wirkt, solange sie untergründig bleibt, erst recht verheerend. Indem sie ins Bewußtsein gehoben wird, kann die Betroffene sich ihr gegenüberstellen; die Dinge werden, in Grenzen, handhabbar.

Zuversichtlich bin ich, weil ich miterleben kann, wie sich die Klientinnen *trotzdem* ein sinnerfülltes Leben, einen Lebenswillen, partiell auch Lebensfreude erarbeiten. Aber skeptisch bin ich wiederum, weil der *erarbeitete* Lebenswille, die *erarbeitete* Lebensfreude nicht die gleichen sind, nicht die gleiche Selbstverständlichkeit und Tragkraft haben wie der Lebenswille und die Lebensfreude nicht-traumatisierter Menschen. Daß ich von »nicht heilen« spreche, heißt nicht »unheilbar«. Es geht um das große und würdige Trotzdem. Das kann man erreichen.

Man muß auch damit rechnen, daß *dieser therapeutische Prozeß manchmal gar nicht ausreicht*. Vielleicht müssen weitere Schritte oder zusätzliche, begleitende Schritte gemacht werden. Ich habe es oft als angebracht empfunden, die rein verbale Therapie um gestaltungstherapeutische Aspekte zu ergänzen. Und ich empfehle am Ende der Therapie manchmal die Teilnahme an einer Selbsthilfegruppe oder Gruppentherapie als sinnvollen weiteren Schritt. Es gibt Symptome, die ich nicht habe heilen sehen:

zwanghaftes Verhalten z.B., das ich gelernt habe, als Selbstschutz zu respektieren. Auch ritualisierte Waschzwänge können noch lange fortbestehen.

Dann *die Sinnfrage:* »Worin liegt der Sinn, daß ich diese Erfahrung machen mußte?« – Sie ist nicht durch einige warme Worte und auch nicht durch den Hinweis auf den Reinkarnationsgedanken lösbar. Das bleibt oft in beunruhigender Weise offen. Ich empfinde, daß es mir als männlichem Therapeuten irgendwie nicht ansteht, in der Therapie hierüber Spekulationen anzustellen. In Abwandlung eines Wortes von Rudolf Steiner empfinde ich vielmehr, daß es Sache der betroffenen Frauen ist, über die Sinnfrage Klärung zu suchen. Ich kann nur dazu ermuntern, dies *fordernd* zu tun – die Gesellschaft, auch uns Männer vor diese Frage zu stellen.

Auch was die Sinnfrage betrifft, bin ich zuversichtlich und skeptisch zugleich. Ich bin skeptisch, weil ich nicht sehe, daß sich hierauf *handhabbare* Antworten abzeichnen. Und ich bin zuversichtlich, weil ich erlebe, daß diese für die Betroffenen existentielle und für die Gesellschaft grundsätzliche Frage *Bewegung* schafft. Festgefahrene, bisher nicht hinterfragte Rollenbilder, unsere immer noch selbstverständlichen Beziehungsmuster können in Bewegung geraten. Mein eigener Umgang mit dieser grundsätzlichen Frage hat mich, im Austausch mit anderen Interessierten darüber, zu der anderen Frage geführt, ob vielleicht in unserer Umgangsweise miteinander – zwischen den Geschlechtern, zwischen Eltern und Kind, zwischen »Herrschenden« und »Abhängigen« – nicht grundsätzlich etwas falsch, weil unwürdig ist.

Und dann die *Vergebungsfrage:* Von den Betroffenen meistens zu Beginn der Therapie oder im Zusammenhang mit der Konfrontationsarbeit aufgeworfen, kann sie auch am Ende der Therapie wieder auftreten. »Soll das Opfer dem Mißbraucher vergeben? Würde das nicht Beruhigung schaffen? Und wäre das nicht moralisch das Richtige?« – Diese Frage kann überhaupt nur das Opfer berechtigt stellen, und nur das Opfer kann diese Frage eines Tages entscheiden. Sie gehört nicht in das Bedenken der Außenstehenden, schon gar nicht in das Gespräch mit Opfern. So lautet meine Antwort auf die Frage, »Sollte ich dem Täter verzeihen?«: »Legen Sie sich diese Frage wieder vor, wenn Sie 80 sind.«

Gruppen-Kurzzeittherapie

Neben oder zur Einzeltherapie kann auch die Gruppentherapie treten, wie sie z.B. von zwei Leiterinnen in der Form einer Gruppen-Kurzzeittherapie für Frauen nach sexuellem Mißbrauch durchgeführt wurde. Sie ist über zehn Abende für eine Gruppe von maximal acht bis zehn Frauen konzipiert, die sich an den sexuellen Mißbrauch an ihnen erinnern – nicht komplett und in allen Einzelheiten, sondern in groben Zügen.

Zwei Professionelle leiten die Gruppe. Die Struktur der einzelnen Abende ist immer gleich, von der Eingangsrunde – »Wie geht es mir heute? Was habe ich vom letzten Mal noch nachzutragen? Was beschäftigt mich im Moment vorrangig?« – über eine Entspannungsübung bis zum thematischen Schwerpunkt, einer 15minütigen Pause und zur Abschlußrunde – »Wie geht es mir jetzt? Wie gehe ich nach Hause?« Diejenige Leiterin, die das Thema des Abends vorbereitet, führt auch die freiwillige Entspannungsübung durch – einigen Frauen war es aufgrund ihrer Lebensgeschichte nicht möglich mitzumachen –, die andere ist für die Eingangs- und Abschlußrunde zuständig. Mit jeder Teilnehmerin war ein Vorgespräch von etwa 50 Minuten vereinbart, in dem es zu klären galt, inwieweit der sexuelle Mißbrauch noch erinnerlich ist, wie die soziale Situation und die Eingebundenheit und der Rückhalt aussehen, in dem auch die Gruppenstruktur mitgeteilt wurde. Bis zu einem Telefonkontakt konnten beide Seiten über die Teilnahme entscheiden. Zwei Frauen wurden nicht aufgenommen, weil der sexuelle Mißbrauch kaum noch erinnert werden konnte, sie wurden in Einzeltherapien verwiesen.

Der erste Abend stand im Zeichen des Kennenlernens. Die Jüngste war Anfang zwanzig, die Älteste Mitte fünfzig. Bis auf die jüngste Frau waren alle auch Mütter von Kindern unterschiedlichen Alters. Sie waren in ihrer Auseinandersetzung mit dem sexuellen Mißbrauch an ganz unterschiedlichen Stellen angelangt, einzelne setzten sich seit Jahren, z.T. mit Hilfe einer Therapeutin oder eines Therapeuten, damit auseinander, für andere begann eine begleitete Auseinandersetzung mit dieser Gruppe, was bedeutete, daß die Frauen einander viel zu geben hatten.

Nach einer Vorstellung der Leiterinnen wollten diese von den Frauen wissen, was sie gerne machen, welche Farbe sie lieben, welches Lieblingsgericht sie essen, welches Lieblingstier sie haben etc. Diese Eingangsfragen wurden mit Erleichterung aufgenommen, ging es doch nicht sofort um den sexuellen Mißbrauch, jede Frau konnte ihre Interessen nennen. Dann sollten sie sich den Raum erobern, sich zur Musik im Raum frei bewegen und mit ihm vertraut werden. Anschließend wurden die Gruppenstruktur und die Gruppenregeln vorgestellt.

Äußerer Rahmen:

– Verbindliche Teilnahme an allen Gruppensitzungen,

– Pünktlichkeit,

– Absagen vorher,

– Vertraulichkeit.

– Falls während der Gruppenarbeit Probleme auftreten, sollen sie in der Gruppe oder mit den Leiterinnen angesprochen werden. Vor einem möglichen Ausscheiden soll ein klärendes Gespräch mit den Leiterinnen stattfinden.

Inhaltliche Arbeit:

– Von sich reden; »ich« statt »man«,

– nicht beurteilen; Reaktionen nicht bewerten,

– Offenheit; aber jeder bestimmt selbst wie weit,

– Störungen haben Vorrang,

– Verlassen der Sitzung nur nach vorheriger Rücksprache mit den Leiterinnen.

Nach der Pause gingen die Frauen in die Küche, und ein erstes Mal wurde zusammen gelacht. In der Abschlußrunde war die gemeinsame Aussage, daß sie sich – vor allem in der Küche – sehr wohlgefühlt hatten und auf die nächsten Abende sehr gespannt sind.

Der zweite Abend stand unter dem Thema ›Trauma‹. Es wurde erläutert, was unter diesem Begriff zu verstehen ist, was ein traumatisches Ereignis sein kann und welche Störungen dadurch hervorgerufen werden können. Dann ging es ganz konkret um den sexuellen Mißbrauch von Kindern, die Situation, den Umgang damit, die Folgen für den Erwachsenen und um die Therapie von Mißbrauchsopfern. Nach der Pause sollte jede Frau ihre Erlebnisse benennen und warum sie in dieser Gruppe ist. Jede konnte der Aufforderung folgen, auch wenn es noch schwerfiel. Die Frauen waren bereit, ihre Erlebnisse miteinander zu teilen und einander ihre Aufmerksamkeit zu schenken. Es war beeindruckend, daß das nach so kurzer Zeit möglich war. Insgesamt herrschte Erleichterung darüber, in der Gruppe den sexuellen Mißbrauch ausgesprochen zu haben.

Am dritten Abend stand das Thema ›Gefühle – Schuld‹ an. Wiederum ging eine theoretische Beschreibung des Begriffs Schuld voran, um anschließend auf das Schuldgefühl beim sexuellen Mißbrauch einzugehen. Zum ersten Mal sollte dem Schuldgefühl Ausdruck verliehen werden, wozu verdeutlicht wurde, daß das Schuldgefühl der Kinder bei sexuellem Mißbrauch viel zu groß ist, um es alleine zu tragen, die Erde jedoch sei dafür stark genug. Die Frauen sollten nun ihr Gefühl von Schuld malen, geleitet von der Vorstellung, ihr Schuldgefühl der Erde anheimzugeben. Es war wichtig, einmal nicht darüber reden zu müssen, sondern das Gefühl ausdrücken zu können.

›Der Täter – die Täterin‹ war Thema des vierten Abends. Eingangs deutete jedoch eine Frau an, daß sie heute zu sehr mit anderen Problemen belastet sei. Mit Unterstützung und Akzeptanz durch die Gruppe konnte sie ihr Problem darstellen. Ein erstes Mal wurde die Gruppe zur Bearbeitung eines Alltagsproblems genutzt, sie formierte sich dadurch stärker. Nach der Entspannung wurde das Thema des Abends verfolgt. Die Frauen sollten eine kurze Personenbeschreibung von dem jeweiligen Täter oder der Täterin aufschreiben und diese anschließend der Gruppe vortragen.

›Meine Angst in der Mißbrauchssituation‹ war Mittelpunkt des fünften Abends. Auch dabei sollte dem Gefühl der Angst Ausdruck verliehen werden. Als Darstellungsmittel war Ton gewählt. Die Ausdruckskraft der Tonobjekte war beeindruckend: mit einer Frau in einem Boot zu sitzen; mit einer anderen den Hals zugeschnürt zu bekommen; zu erleben, was es bedeutet, sich äußerst klein zu fühlen; einen Teil aus dem Bauch gerissen zu bekommen – in solcher Weise waren die erlebten Angstgefühle der Frauen in ihren Plastiken präsent.

Bereits in anderen Sitzungen war das Thema des sechsten Abends angesprochen worden: ›Die Mutter‹. Auf einer Wandzeitung sollten die Frauen Fragen an ihre Mutter formulieren. Sie waren geprägt von der Enttäuschung, daß sie das Kind nicht gerettet hat. Warum hat sie nichts gesehen? Wollte sie nichts sehen? Sie muß es gewußt haben! Warum hat sie mich alleine gelassen? Was ist in ihrer Kindheit geschehen? Fragen über Fragen. Die Auseinandersetzung mit der Mutter wurde als schwierig beschrieben, in fast allen Fällen hatte sie noch keinen Abschluß gefunden.

Am Ende dieser Sitzung gab es eine Hausaufgabe. Die nächsten beiden Sitzungen sollten dafür reserviert sein, daß jede Frau ihre Mißbrauchsgeschichte darstellt. Zu Hause sollten sie sich ein wenig Zeit nehmen und ihre Erinnerungen niederschreiben, nicht viel, was eben jeder möglich ist.

Am siebten Abend sollten drei Frauen in etwa jeweils 20 bis 25 Minuten ihre Erlebnisse berichten. In anschließenden 10 Minuten sollten sie in sich hineinfühlen, um nun ihre Bedürfnisse festzustellen – z.B. eine Tasse Kaffee trinken, eine Zigarette rauchen oder eine Rückmeldung aus der Gruppe hören. Eine Frau hatte etwas zu ihrer Geschichte aufgeschrieben, las dies vor und erzählte dann weiter. Die zweite konnte vor, die dritte nach der Pause ihre Mißbrauchsgeschichte darstellen.

Der achte Abend gab drei weiteren Frauen Raum, ihre Geschichte zu berichten.

Am neunten Abend wurde bereits der bevorstehende Abschied spürbar. Eine Frau bringt die Frage nach der empfundenen Lust beim Mißbrauch auf. Sie möchte entweder mit der Gruppe darüber sprechen oder von den Leiterinnen hören, welche Erfahrungen diese mit anderen Mißbrauchsopfern darüber gemacht haben. In der folgenden Diskussion wird deutlich, daß alle Frauen noch weitere Fragen haben und weitere Gruppenabende damit gefüllt werden könnten. Verschiedene Möglichkeiten der Weiterführung – z.B. in Selbsthilfegruppen – werden angesprochen und sollen beim letzten Treffen ins Auge gefaßt werden. Dann konnte noch die siebte Frau ihre Mißbrauchsgeschichte vortragen. Nach der Pause ist nicht mehr genügend Zeit, die eingangs gestellte Frage ausführlich zu diskutieren, weshalb die Leiterinnen ihre Erfahrungen dazu aus der Einzelarbeit der Gruppe mitteilen.

Mit dem zehnten Abend steht der Abschied an: »Wie ist es jeder einzelnen in der Gruppe gegangen? Was hat sich mit der Gruppe verändert?« Als Resümee wurde geäußert: Ich konnte ausreden; ich bin nicht alleine; Akzeptanz; ich kann über meine Probleme reden; ich kann Alltagsprobleme hier lassen; es gibt noch andere, denen es passiert ist; die anderen Frauen bewerten nicht; ich werde ernstgenommen; Raum und Zeit für mich haben; schweigen und weinen können; Erlebnisse konnten im Raum stehen bleiben; die anderen haben mir Mut gemacht, über den Mißbrauch zu reden; sie zu hören tat gut; verschiedene Personen erleben; verschiedene Geschichten hören; mich abgrenzen zu können, das ist meins und das ist das der anderen; Fragestellungen haben sich geformt; von der Seele reden; in Ruhe erzählen können; die anderen hören mir zu; ich sehe mich und meine Bedürfnisse besser; ich bin wichtig; Pause war Pause, nachher geht es weiter; trotz des Themas das Lachen nicht verlernt; Verständnis, Sicherheit, Geborgenheit; ich kann mich geben, wie ich bin; ich brauche mehr Zeit; mein Rücken ist gestärkt; erstaunlich, wie schnell Vertrauen da war; wir sitzen in einem Boot; gemeinsam haben wir viel Kraft; ich bin gerne mit Frauen zusammen; ich muß mich darum kümmern, etwas mit Frauen zu machen.

Nach Abschluß der Gruppenabende wurde zu gesonderten Terminen mit jeder einzelnen Frau ein Abschlußgespräch geführt: »Wie ist es Dir mit Deiner Mißbrauchsgeschichte in der Gruppe gegangen? Wie haben wir Dich in dieser Gruppe erlebt? Was hast Du jetzt nötig?« In diesen Gesprächen wurde je einzeln geklärt, wie es weitergehen kann und welche Hilfen geboten werden können.

Diese Form einer begleiteten Gruppenarbeit hat sich als sehr wesentlich erwiesen. Eindrucksvoll war für die Frauen die Erfahrung, mit anderen zusammen zu sein, die ebennfalls sexuell mißbraucht wurden. Bislang wußten alle, daß sie nicht alleine sind, doch nun saßen sie sich konkret gegenüber. Es war erstaunlich, wie schnell eine Vertrauensbasis gefunden werden und wie die Frauen sich gegenseitig unterstützen konnten.

9. »Wo ist das Problem?« – Präventive Arbeit mit Mißbrauchern

Im folgenden stellen wir unsere Erfahrungen mit der Mißbraucherarbeit dar, unsere Ziele und unsere Vorgehensweise. Diese Arbeit lehnt sich an die umfangreichen Erfahrungen englischer und holländischer Kolleginnen und Kollegen an, insbesondere an Ray Wyre, Hillary Eldridge und Ruud Bullens. Dennoch handelt es sich dabei um kein Rezept, sondern um einen persönlichen Bericht.

Entscheidend dafür, daß wir uns überhaupt auf diese schwierige, anstrengende und gegenüber der üblichen Psychotherapie so ganz anders gelagerte Arbeit eingelassen haben, ist folgender Ausgangspunkt: Die Beauftragung zur Mißbraucherarbeit ergibt sich für uns aus der Arbeit mit den – aktuellen und ehemaligen – Opfern sexuellen Mißbrauchs. Im Unterschied zu allen anderen Arten der Beratung oder Psychotherapie mit Erwachsenen kommt der Arbeitsauftrag nicht vom Betroffenen selbst, sondern ergibt sich ideell aus dem Präventionsgedanken. Man muß annehmen, daß die Rückfallquote bei Mißbrauchern bei 80% liegt – und zwar unabhängig davon, ob sie angezeigt bzw. inhaftiert sind oder nicht. Mißbraucherarbeit soll deshalb ein Beitrag zur Verhinderung des weiteren Mißbrauchs sein. Sie ist damit schon vom Ziel und von der Beauftragung her keine Psychotherapie im Sinne der Aufarbeitung schwieriger, vielleicht schädigender Kindheitsprägungen beim Mißbraucher, sondern ein *Umerziehungsprogramm*.

Aus welcher Haltung können wir diese pädagogische Um- oder Nacherziehung mit Mißbrauchern durchführen? – Mißbraucherarbeit ist eine anstrengende Gratwanderung: Einerseits ist der Täter von der Tat zu unterscheiden, die Person von der kriminellen Handlung. Mit einer Haltung der Dämonisierung des

Mißbrauchers als Psycho-Monster, Sexualvulkan oder triebgejagtes Raubtier kann man nicht arbeiten. Auch er ist eine Person und hat ein Anrecht darauf, daß wir im Umgang mit ihm seine Würde achten.

Andererseits erfordert die Arbeit mit ihm ein Äußerstes an Konzentration und Klarheit, ein Bei-sich-Bleiben gegen den Sog des schnellen Verstehens. Besonders in der Anfangsphase der Arbeit will der Mißbraucher nicht nur dem Gesprächspartner gegenüber, sondern vor allem vor sich selbst seine Verleugnungen und Bagatellisierungen mit aller Macht aufrechterhalten. Er zielt auf Mitleid und Mitfühlen – Haltungen, die bei uns Psychotherapeuten schnell abrufbar sind.

Wir führen die Arbeit zu zweit durch. Dem Mißbraucher stehen eine Frau und ein Mann gegenüber. Diese Konstellation ermöglicht Klarheit und Wachheit, die dieser Arbeit angemessen ist. Der Mißbraucher kann dadurch die Situation nicht für sich ausnutzen, weder durch Hervorrufen einer falschen Männersolidarität noch durch den Versuch, sich als Mann interessant zu machen. Im Moment sind es Gespräche mit einzelnen Mißbrauchern. Geplant ist, die Arbeit in Gruppen mit etwa sechs Männern weiterzuführen. Ohne die gegenseitige Unterstützung und die gemeinsame Wachsamkeit, ohne die ständige ausführliche und gemeinsame Reflexion vor und nach den einzelnen Sitzungen und ohne ein stützendes Umfeld – das Team der Beratungsstelle, die Zusammenarbeit mit Bewährungshelfern, Mitarbeitern der Justizvollzugsanstalt und anderen Interessierten, Staatsanwälten, Richtern, Kriminalbeamten – wäre die Arbeit nicht möglich.

Ziel und Vorgehensweise

Ziel der Arbeit mit den mißbrauchenden Männern ist, daß sie die Verantwortung für die Übergriffe und die mißbräuchliche Beziehung zu ihrem Opfer übernehmen. Es geht nicht darum, den

Mißbraucher zu »heilen«. Das Umerziehungsprogramm kann allenfalls das Risiko des Rückfalls senken, *wenn* der Mißbraucher

1. Aufbau und Aufrechterhaltung der Mißbrauchsbeziehung und der einzelnen Übergriffe detailliert zu rekonstruieren lernt und dabei seine eigenen planenden und herbeiführenden Aktivitäten erkennt,
2. Opferempathie lernt, indem er die Übergriffe und die mißbräuchliche Beziehung aus der Sicht des Opfers kennenlernt,
3. danach die Verantwortung für den Mißbrauch übernimmt,
4. sich real oder symbolisch mit dem Opfer konfrontiert und dabei seine Verantwortung für seine Handlungen ausspricht,
5. seine persönlichen Risiko-Situationen für Mißbrauch kennenlernt,
6. entsprechend Selbstkontrolle oder Kontrolle durch Dritte aufbaut,
7. sich für seine Konflikte, Ängste, Sehnsüchte nach Macht und seine sexuellen Bedürfnisse alternative konstruktive Verhaltensweisen erarbeitet.

Auch für den Mißbraucher ist die Arbeit anstrengend, auch beschämend. Es kommt darauf an, daß seine Gesprächspartner einerseits die erwähnten Arbeitsschritte unbeirrt verfolgen und andererseits eine menschliche Grundakzeptanz vermitteln. Wenn die Arbeit den Charakter eines Verhörs annimmt, wenn sie auf »Zugeben« abzielt, haben wir verloren. Der Mißbraucher macht dann dicht oder bricht die Arbeit einfach ab. Das gleiche wird geschehen, wenn wir seinen Verleugnungen, Ablenkungen, Selbstrechtfertigungen, seiner Mitleidsuche nachgeben, dann hat er uns – mit den Worten des holländischen Kollegen Ruud Bullens – »den Ring durch die Nase gezogen«, dann hat *er* die Kontrolle über die Arbeit, und damit ist sie sinnlos.

Das Setting

Wir führen die Arbeit z.T. in der Haftanstalt, z.T. in der Beratungsstelle durch. Sie kann in jeder Phase des Strafverfahrens, aber auch unabhängig von einem Strafverfahren aufgenommen werden.

Die Arbeit beginnt sinnvollerweise unter Zwang oder zumindest unter Druck. In England und Holland werden Mißbraucher zur Teilnahme an einem solchen Programm gerichtlich verpflichtet. In Deutschland ist das so nicht zu regeln. Trotzdem kann auch hier eine Teilnahmeverpflichtung ausgesprochen werden, z.B. als Bewährungsauflage – dem inhaftierten Mißbraucher kann die Reststrafe auf Bewährung mit der Auflage erlassen werden, sich an einem solchen Programm zu beteiligen. Eine solche Festlegung liegt im Ermessen der Vollzugsgerichte. Die Teilnahme kann auch statt einer Haftstrafe angeordnet werden. Nicht gerade juristischer Zwang, aber erheblicher Handlungsdruck liegt vor, wenn der Mißbraucher befürchtet, bei Nichtteilnahme angezeigt zu werden, oder schon angezeigt ist und sich Vorteile für das Verfahren, z.B. beim Strafmaß, ausrechnet, indem er zu erkennen gibt, daß er sich um eine Aufarbeitung seiner Handlungen und ihre Vorbeugung bemüht. – Druck liegt auch vor, wenn der Mann an dem Programm teilnimmt, um Freigang während der Haft zu bekommen. Dieser Zwang wirkt, auch auf Fachleute, befremdlich, und anfangs sträubten wir uns dagegen. Da aber die Mißbraucher, die wir bisher kennengelernt haben, niemals Eigenmotivation zur Aufarbeitung des Mißbrauchs zeigten, ist die Arbeit gar nicht anders als unter Druck oder Zwang möglich. Dieser Zwang widerspricht allem, was wir über die notwendige Freiwilligkeit in der Psychotherapie gelernt haben, er ist aber durchaus sinnvoll und verantwortungsvoll einsetzbar, eben weil es hier nicht um Psychotherapie geht, sondern um ein Nachlernen im Bereich der Grenzziehung und des Umgangs mit eigenen grenzüberschreitenden Verhaltensweisen – ein Nachlernen, dessen bedürftig zu sein, der Mißbraucher zunächst absolut nicht einsieht. Solange er es aber nicht einsieht, stellt er eine Gefahr für weitere Kinder dar.

Wir handhaben den Zwang ganz offen und sprechen ihn bereits im ersten orientierenden Gespräch an. Wir empfinden stark, daß dies für die Männer entlastend ist: Sie können sich auf die Teilnahme an dem Programm einlassen, ohne vollumfänglich »zugegeben« zu haben. Indem wir ihnen mitteilen, daß wir gar keine Eigenmotivation zur Teilnahme erwarten, dokumentieren wir eine entlastende Grundakzeptanz und zeigen damit, daß wir die Scham *und* die Verleugnung wahrnehmen und im Moment auch gar nichts anderes als solche Sekundärmotive erwarten.

Alle diese Männer haben zu Beginn Angst – Angst davor, sich den eigenen Handlungen zu stellen. Tiefe Scham und Selbstverachtung ist zwischen den Worten hörbar, unüberhörbar. Jeder Mißbraucher weiß im Grunde, daß er elementare Grenzen überschritten hat, und jeder möchte so gerne an seine eigenen Bagatellisierungen und Selbstrechtfertigungen glauben. Der Ansatz für eine erste Eigenmotivation, die sich dann erst im Lauf von Monaten deutlich herauskristallisieren kann, ist damit gegeben: die tiefe, wenngleich zunächst oft unbewußte Sehnsucht, Selbstachtung und Würde zu finden. Aber kaum ein Mißbraucher wird dies anfangs selbst so formulieren.

Einige Mißbraucher, die wir in der Haftanstalt kennengelernt haben, leugnen pauschal. Sie wollen als Justizirrtum, als Opfer familiärer oder nachbarschaftlicher Intrigen gesehen werden. Auch damit läßt sich arbeiten. Wir empfehlen solchen Männern, mit uns an der Frage zu arbeiten, wie es kommt, daß sie in die Situation geraten sind, die sie als Justizirrtum o.ä. bezeichnen. Auch das ist ein möglicher Ansatzpunkt für die Arbeit.

Bedingungen

Wir stellen zwei Bedingungen für die Arbeitsaufnahme:

Es muß sichergestellt sein, *daß der Mißbrauch* während der Arbeit *nicht weitergeht*. Bei Inhaftierten ist diese Bedingung zunächst durch ihre Haftsituation erfüllt, jedoch ist auch hier zu prüfen und gegebenenfalls kontrollieren zu lassen, daß der Mißbraucher nicht etwa anläßlich eines Freigangs wieder Kontakt zum Opfer aufnimmt. In diesem Zusammenhang ist die Zusammenarbeit mit Bewährungshelfern und dem Jugendamt unerläßlich.

Mißbraucher, die von sich aus die Beratungsstelle aufsuchen, haben wir z.T. für das Programm abgelehnt, wenn unklar war, ob sie weiterhin Zugang zum Opfer haben – sei es zur Fortsetzung des Mißbrauchs oder zur Einschüchterung des vielleicht aussagewilligen Opfers. Geht nämlich der Mißbrauch während der Arbeit weiter, so kann sich der Mißbraucher sagen, daß es ja nicht einmal die Fachleute schaffen, ihn davon abzuhalten, und er folglich leider auch selbst gar nichts dafür kann. Eine mögliche Verleugnungsstrategie des Mißbrauchers – »Ich bin psychisch krank und kann deshalb nicht anders« – wäre somit bestätigt.

Eine weitere Bedingung ist, daß wir *Einsicht in das Gerichtsurteil* und die Vernehmungsprotokolle der Opfer bekommen. Wir brauchen dies als Anhaltspunkt für die Rekonstruktionsarbeit. Der Mißbraucher würde ohne unsere Kenntnis der tatsächlichen Sachverhalte nur einen kleinen Teil der Übergriffe thematisieren, und die Rekonstruktion seiner Strategien wäre damit bruchstückhaft, das weitere Programm sinnlos. Der Mißbraucher hätte dann die Kontrolle über die Arbeit. Sie ist aber nur möglich, wenn wir die Kontrolle über die Gespräche, ihren Inhalt und Ablauf haben.

Darüber hinaus stellen wir keine Bedingungen. Wir machen auch keine »Verträge« mit den Mißbrauchern. Wir teilen ihnen lediglich mit, daß wir eine zuständige Behörde (Bewährungshilfe, Gericht, Jugendamt) informieren, wenn sie die Arbeit abbrechen.

Alle Strategien der Verleugnung, der Ablenkung und der Selbstrechtfertigung, wie sie beschrieben wurden, werden anfangs vom Mißbraucher eingesetzt. Schon im ersten Gespräch will er sich als Opfer einer Kette von Mißverständnissen darstellen, eines Justizirrtums, einer Intrige, einer Suchtkrankheit, ungünstiger Kindheitsumstände oder schließlich des Kindes, das er mißbraucht hat. Er versucht, sich im Gespräch als »Helfer« zu prädestinieren: »Wollen Sie eine Pause?«, »Machen Sie sich ruhig einen Kaffee zwischendrin« , als verständnisvoller Mann: »Für Sie als Frau muß es ja ganz besonders belastend sein, hier im Männerknast zu arbeiten« , als engagierter Kämpfer gegen sexuellen Mißbrauch: »Ich habe viel darüber gelesen; es ist ja ganz furchtbar, was da geschieht. Aber bei mir war alles ganz anders.« Er unternimmt es immer wieder, den Gesprächspartner einzuwickeln, befangen zu machen, wie er das Opfer befangen gemacht hat: »Ich spüre, daß Sie mir helfen wollen«, »Es tut mir so gut, daß Sie sich um mich kümmern.«

Im ersten Gespräch fragen wir zunächst nach dem Anlaß des Kommens bzw. der Inhaftierung. Fast alle erwähnen dann von sich aus das Thema sexueller Mißbrauch: »Ich soll meine Tochter bedrängt haben«, »Ich habe mit meiner Tochter und ihren Freundinnen gebadet, und jetzt wird aus einer Mücke ein Elefant gemacht.« Danach erklären wir unseren Anlaß und erläutern das Ziel unserer Arbeit. Wir bringen klar zum Ausdruck, daß wir nicht Psychotherapie anbieten, sondern zur Prävention sexuellen Mißbrauchs beitragen wollen, indem wir mit Männern, die des Mißbrauchs angezeigt sind, erarbeiten, wie es zu dieser Anzeige gekommen ist. Wir erläutern das äußere Setting und sprechen die Zwangssituation an. Schließlich fragen wir nach beruflicher Laufbahn, familiärer Situation, Hobbies etc., dem Alltag vor der Inhaftierung, und häufig lassen sich daraus schon erste Anhaltspunkte für die weitere Arbeit gewinnen. Es soll schon im Erstgespräch deutlich werden, daß wir ihn nicht nur als Mißbraucher sehen, daß wir ihn nicht als Person verurteilen, sondern die Tat des Mißbrauchs. Einige lehnen daraufhin die weitere Arbeit ab. Die Mehrzahl läßt sich skeptisch bis mißtrauisch, aber deutlich auch auf Entlastung für ihren inneren Druck aus Scham und Schuld hoffend, auf die Arbeit ein.

Die ersten Sitzungen sind von der Angst des Mißbrauchers geprägt, daß wir den vollen Umfang des Mißbrauchs erkennen: »Wenn Ihr wirklich wüßtet, was ich getan habe, würdet ihr mich verachten.« Um dies nicht aufkommen zu lassen, setzt er alle Bagatellisierungen ein, über die er verfügt. Uns ist wichtig, von vornherein klar mitzuteilen, daß wir eine andere Auffassung von den Vorfällen und der Beziehung zum Opfer haben, als er sie zunächst vermitteln will.

Herr F. »soll« seine Stieftochter zum regelmäßigen Oralverkehr abgerichtet haben. Er stellt die erste Übergriffssituation als Verführung durch das Kind dar:

»Was meinen Sie mit Verführung?«

Er: »Na, sie kam im Slip und oben ohne in mein Zimmer.«

»Wieso kam sie in Ihr Zimmer?«

Er: »Weiß nicht.«

»Ich habe die Vorstellung, daß sie in Ihr Zimmer kam, weil Sie sie gerufen haben.«

Er: »Kann sein.«

»Wo war sie, als Sie sie gerufen haben?«

Er: »Im Bad, glaube ich.«

»Sie wußten, daß sie im Bad ist.«

Er: »Ja, naja, sie hat sich fürs Bett fertig gemacht.«

»Ich stelle mir vor, Sie waren in Gedanken bei ihr, haben sich ausgemalt, wie sie sich umzieht, zwischendrin nackt ist.«

Er: »Ist das verboten?«

»Ich gehe davon aus, daß Sie annahmen, sie würde nackt oder spärlich bekleidet auftauchen, wenn Sie sie in dieser Situation rufen.«

Er: »Mein Gott, sie war schon in der Pubertät. Ist doch normal.«

»Sie kam dann im Slip. Und ich nehme an, Sie haben sie gleich aufgefordert, sich ganz auszuziehen.«

Er: »Die legte sich ja auf mich.« Um seine Verführungstheorie aufrechterhalten zu können, tritt er nun die Flucht nach vorn an und beschreibt von sich aus die Situation als sexualisiert.

»Was denken Sie, warum sie sich auf Sie gelegt hat?«

Er: »Na hören Sie mal, warum wohl?«

»Ich nehme an, weil sie wußte, was jetzt kommen würde.«

Er: »Sag ich ja, die war total versaut.«

»Woher mag sie es gewußt haben?«

Er: »Was weiß ich, was die für einen Umgang hatte.«

»Nun, auf jeden Fall hatte sie ja schon jahrelang Umgang mit Ihnen.«

Er: » – «

»Ich stelle mir vor, daß sie von Ihnen wußte, was jetzt kommen würde.«

Er: »Kann ich mir nicht denken.«

»Ich denke mir, sie hat es entweder direkt von Ihnen gelernt, oder sie hat Pornos gesehen.«

Er: »Genau. Die muß solche Pornos gesehen haben.«

»Welche?«

Er: »Na solche mit Kindern und alles.«

»Ich nehme an, daß sie solche Pornos bei Ihnen gesehen hat.«

Er: »Also mein Kumpel, der hatte schon mal solche Filme.«

»Und das Mädchen war dabei, als Sie zu zweit die Filme gesehen haben.«

Er: »Kann sein, daß sie gerade mal reinkam.«

»Ich denke, Sie haben sie hereingerufen, damit sie sich so einen Film ansieht, als Lehrfilm.«

Er: » – «

»Und dann müssen Sie das mit dem Mädchen ja eingeübt haben.«

Er: »Wie?«

»Sie werden ihr gesagt haben, sie soll das mal mit Ihnen nachmachen.«

Er: »Also wenn, dann mein Kumpel.«

»Sie haben es in der Hand, was Ihre Kumpels mit Ihrer Tochter machen. Deshalb macht das keinen Unterschied.«

Er: »Scheißerziehung. Ich sag' ihm noch, hör auf. Aber der hatte die Birne ja schon voll.«

»Die Tochter konnte also bei Ihnen lernen, was sie zu tun hat.«

Er: »Sag ich ja.«

»Nein, Sie sagten, sie habe es bei anderen Leuten gelernt.«

Er: »Ja, auch.«

Bagatellisieren ist immer auch ein minimales Eingeständnis. Im Gesprächsverlauf greifen wir die Bagatellisierungen so auf, daß möglichst ihre Unangemessenheit sichtbar wird, ohne aber in die triumphierende Haltung zu geraten: »Jetzt haben Sie's ja doch zugegeben.« Vielmehr bewährt es sich, im Verlauf einer scheibchenweisen Rekonstruktion des tatsächlichen Ablaufs den Mißbraucher immer wieder an seine eben noch verwendeten Bagatellisierungen und Selbstrechtfertigungen zu erinnern. Er wird sie dann »präzisieren« und dabei weitere Teile der Realität ans Tageslicht bringen.

Ähnlich wie in der Opfertherapie ist es wesentlich, daß wir uns nicht vom Sog des Realitätszweifels vereinnahmen lassen. Diskutieren wir erst mit dem Mißbraucher darüber, ob er vorher nun drei oder fünf Biere getrunken hat und ob er noch zurechnungsfähig war oder nicht, ob Sexphantasien mit Kindern normal sind oder nicht, dann verflüchtigt sich die Realität des Mißbrauchs.

Wie gezeigt wurde, verwendet der Mißbraucher keine anderen Verleugnungs- und Ablenkungsstrategien als der Alltagsmensch, der jemanden überzeugen möchte. Es sind die gleichen Strategien, die wir einsetzen, wenn wir einer Tat beschuldigt werden. Wer beim Falschparken erwischt wird, wird versuchen, sich mit Ausreden zu retten. Wer bei der Steuerhinterziehung erwischt wurde, wird beruflichen Streß, die Krankheit der Schwiegermutter und außerdem das ungerechte Steuersystem anführen. Alt-Nazis haben genauso geleugnet und bagatellisiert: »Es waren nicht sechs Millionen, höchstens zwei Millionen, die umgekommen sind«; »Keiner hat's gemerkt. Wir wußten von nichts«; »Die Juden haben sich doch nicht gewehrt, also kann es doch nicht so schlimm gewesen sein«, »Die Großmächte waren schuld, die haben Deutschland gedemütigt.«

Auch der Mißbraucher möchte glauben, was er vorbringt. Je inbrünstiger und beschwörender er verharmlost, um so deutlicher wird, daß er doch seine Verantwortung ahnt. Er kämpft im Lauf der Arbeit die Scham mit allen Mitteln nieder. Es hat keinen Sinn, ihm zu widersprechen. Vielmehr stellen wir lediglich Fragen, die auf Genauigkeit aus sind. »Vielleicht bin ich manchmal zu weit gegangen«, ist z.B. ein gutes Zwischenergebnis.

Von Anfang an ist der Mißbraucher uns gegenüber in einer abhängigen Position. Auch das muß ausgesprochen werden. Dennoch wird er über weite Strecken immer wieder versuchen, Kontrolle über die Gesprächssituation zu bekommen. Auch nachdem seine Eigenaktivität an den Übergriffen schon herausgearbeitet wurde, wird er dennoch in Leugnungen zurückfallen: »Meine Tochter ist eben so schmusig. Wo ist da die Grenze? Hätte ich sie zurückstoßen sollen?«; »Meine Frau ist dick. Die kann mich sexuell nicht mehr erregen«; »Ich bin als kinderlieb bekannt. Ich hab' viel Gutes für Kinder getan«; »Die war so klein, die wird sich später nicht daran erinnern«; »Wieso verbietet man einer Dreizehnjährigen ihre Sexualität?« – Wir deuten ihm solche Rückfälle als Ausdruck von Angst und Scham. Wir geben zu verstehen, daß wir sein Verleugnungsbedürfnis erkennen, aber dabei nicht stehenbleiben. Wenn nach der Rekonstruktion eines Übergriffs Scham und Schuld den Mißbraucher überschwemmen, machen wir eine Pause in der Rekonstruktionsarbeit, anerkennen diese Gefühle und sagen ihm, diese Gefühle zeigen, daß er in einer Entwicklung ist. Wir loben ihn ganz einfach dafür.

Im Lauf der Zeit lernt der Mißbraucher das Muster erkennen, nach dem er mißbraucht: die typischen Anfangssituationen, die für ihn typischen Situationsarrangements, die Worte und Gesten, der Abschluß, das Ungeschehen-Machen danach.

Ebenso wichtig ist es, mit ihm zu rekonstruieren, wie er die Mißbrauchsbeziehung aufgebaut hat. Welche Spiele hat er eingesetzt? Wann hat er Belohnungen und kleine Mißachtungsstrafen in die Beziehung zum Kind eingebaut? Wie hat er es getestet? Wie hat er das Opfer zwischen den Übergriffen manipuliert? Wie hat er das Geheimhaltungsgebot installiert? Wie hat er sich im Alltag dem Kind gegenüber dargestellt, wie seiner Umgebung? – Manche Mißbraucher werden an dieser Stelle erstaunlich gesprächig. Sie können mit einer gewissen diebischen Freude erzählen, wie sie Macht über das Kind und seine Umgebung erlangten, um den Mißbrauch zu kaschieren: »Ich habe sehr früh gelernt, daß man mit Menschen spielen kann.« Sie beschreiben offen, wie sie sich als liebevoller Vater, als fürsorglicher Onkel etc. aufgebaut haben – als ob sie über einen gelungenen Streich sprächen. Von hier aus ist es gut möglich, den Kern des Mißbrauchs, das kompensatorische Machtbedürfnis, anzusprechen, mit dem Mißbraucher zu erarbeiten, wie es ihm letztlich *darum* ging. Nun kann er lernen, den Mißbrauch anders zu sehen. Bisher hatte er das Bild, dazu sexuell motiviert zu sein. Jetzt kann er beginnen zu erkennen, daß es ihm im Grunde um den Ausgleich eines grundlegenden Ohnmachtsgefühls ging. Wir nehmen an, daß damit eine Motivation für die spätere, nach der Verantwortungsübernahme durchführbare Psychotherapie veranlagt ist.

Ein weiterer Schritt besteht darin, daß wir die rekonstruierbaren Übergriffe, die Rekonstruktion der Mißbrauchsbeziehung und der Manipulationsmuster dazu verwenden, um mit dem Mißbraucher zu erarbeiten, *was die Übergriffe für das Kind bedeutet haben*. Wie konnte es die ersten Übergriffe erleben? Wie mag es versucht haben, ihre Bedeutung zu verstehen? Was hat es seelisch und körperlich empfunden? Welches Bild kann es vom Vater als dem Mißbraucher gehabt haben? Wie hat es versucht, sich zu wehren? – Im Detail gehen wir einzelne Situationen noch einmal durch, diesmal ganz aus der Sicht des Kindes: Z.B. legt der Erwachsene eine Pornokassette ein. Was sieht das Kind? Was hört es? Kann es einschätzen, was es sieht und hört? Kann es möglicherweise die gezeigten Situationen anders verstehen als der Erwachsene? Wie? Wie wird das Kind das Gesehene zu verarbeiten suchen? Wird es möglicherweise etwas aus dem Film mit Puppen oder mit Freunden nachzuspielen versuchen? Und welchen Eindruck hat dann ein Erwachsener, der das mitbekommt? Welchen Reim wird sich das Kind darauf machen, daß der Erwachsene es den Film hat sehen lassen? Wird es sich geehrt fühlen? Oder unter welchen Umständen wird ein Kind irritiert oder verstört reagieren? Wann wird ein Kind mehr davon sehen wollen, wann nicht? – Ähnlich kann man z.B. eine orale Mißbrauchssituation durchgehen etc.

So gibt Herr P. zunächst an, mit der achtjährigen Marie geduscht zu haben, »und dabei haben wir herumgefummelt«. Die Rekonstruktionsarbeit ergibt nach einigen Wochen folgenden Ablauf der ersten Übergriffssituation: Herr P. wird von den ihm befreundeten Eltern Maries gebeten, diese am Wochenende zu sich zu nehmen, weil sie beruflich verreisen müssen. Marie wird Freitag nachmittag gebracht. Herr P. packt mit Marie zusammen ihre Wäsche in den Schrank und macht ihr Kakao. Marie packt ihre Spielsachen aus, unter anderem ihre Barbie-Puppen. Sie sitzen beide nebeneinander auf der Couch, und Herr P. phantasiert zu diesem Moment bereits eine Situation der oralen Befriedigung durch das Kind beim Duschen.

Marie spielt Anziehen und Ausziehen mit den Barbie-Puppen. Er denkt sich dabei, »lieber das Kind ausziehen als die Puppe«. Damit sie später bereit ist, sich auf das gemeinsame Duschen einzulassen, legt er einen Kinderfilm in den Videorekorder ein; der Film interessiert ihn nicht, er denkt währenddessen weiter an den oralen Übergriff. Als der Film zu Ende ist, will Marie weiterspielen. Herr P. sagt daraufhin: »Wir wollen jetzt lieber duschen.« Marie äußert, daß sie keine Lust zum Duschen habe. Er sagt ihr, daß sie nach dem Duschen weiterspielen könne. Daraufhin rückt er ihr auf der Couch näher und beginnt sie auszuziehen. Nachdem er die Rollos heruntergelassen hat, fordert er sie auf, ihn auszuziehen. Schon beim Ausziehen ist er erigiert. Als Marie ihm die Unterhose herunterzieht, tritt sein erigiertes Glied hervor, und sie faßt den Penis an.

Er stellt dann eine Wettbewerbssituation her: »Wer ist erster in der Dusche?« Marie rennt daraufhin voraus. Er schlägt vor, sich gegenseitig zu waschen. Marie nickt. Er sagt: »Wer fängt an?« Daraufhin sie: »Du!« Herr P. cremt Marie nun mit einem Duschgel ein, zuerst die Haare, dann den Popo, dann die Scheide, er verweilt mit dem Eincremen ausführlich am Popo. Dann braust er sie ab. Während er sie eincremt, kniet er vor ihr. In dieser Stellung beginnt sie nun auf seine Aufforderung hin, ihm die Haare zu waschen. Sie geht mit dem Waschen immer tiefer und wäscht ihm dann auch das erigierte Glied. Er hat dabei die Augen geschlossen. Als er merkt, daß er zum Höhepunkt kommt, dreht er sich um. Daraufhin sagt er: »Jetzt wollen wir noch ein bißchen spielen!«

Aufgrund dieser Rekonstruktion gehen wir die Szene mit Herrn P. aus Maries Wahrnehmung durch. Wir rekonstruieren zunächst durch Befragen Maries Ausgangssituation: Sie war zur Zeit des ersten Übergriffs äußerst zuwendungsbedürftig, ihre

Eltern sind beruflich stark eingespannt und haben erhebliche Eheprobleme. Marie wußte schon von vorangegangenen Besuchen, daß ihr bei Besuchen von Herrn P. wesentlich mehr erlaubt ist, daß sie z.B. länger aufbleiben darf. Herr P., gerne zu einem Scherz aufgelegt, verbreitete immer eine lustige Stimmung. Da er auch immer bereit war, mit ihr zusammen zu spielen, muß er für sie ein attraktiver Spiel- und Zuwendungspartner gewesen sein. Marie freut sich, daß sie jetzt einen Videofilm sehen darf. Bei ihm darf sie im Gegensatz zum Elternhaus auch die Fernbedienung benutzen. Herrn P. wird bewußt, daß Marie zu Beginn der Situation nicht ahnen konnte, daß er das Duschen mit oralem Übergriff bereits geplant hatte, auf Befragen hin auch, daß Marie die Aufforderung, gemeinsam zu duschen, nur akzeptierte, weil sie zugleich hörte, hinterher wieder mit ihm spielen und also länger aufbleiben zu dürfen. Auf die Frage, was Marie von der Duschsituation erwarten oder befürchten konnte, ergibt sich, daß das Duschen hier wohl lustiger und unterhaltsamer ablaufen könnte als zu Hause, wo sie nur alle zwei Tage sehr kalt abgeduscht wird.

Auf die Frage, wie Marie das Ausziehen wohl erlebt haben mag, ergibt sich, daß sie gerade dabei unablässig Späße gemacht hat, also mehr oder weniger von der ersten Grenzüberschreitung abgelenkt war. Was mag sie empfunden haben, als sie ihm die Unterhose herunterzog und auf einmal seine Erektion bemerkte? Herr P. berichtet, sie habe gesagt: »Oh, ist der groß.« Wir überlegen gemeinsam, was das Mädchen damit gesagt hat, und kommen zu dem Ergebnis, daß es eine Art Schreckreaktion war und anzunehmen ist, daß es als Kind die Bedeutung des erigierten Penis zwar dunkel ahnen, aber nicht einschätzen konnte, wohl lieber weitergespielt hätte als tiefer in die Auszieh- und Duschsituation einzusteigen. Es ist anzunehmen, daß ihm die Situation nicht geheuer war. Herr P. erzählt daraufhin, daß tatsächlich beide in diesem Moment sehr ernst gewesen sind. Auch er hat in diesem Moment keine Späße gemacht. Es ist damit deutlich, daß Marie zumindest für einen Moment die Grenzüberschreitung als solche erkannt hat, trotz seiner vorhergehenden Ablenkung durch Späße.

Um keinen Widerstand aufkommen zu lassen, bricht Herr P. diesen Moment des Schreckens mit der Aufforderung ab: »Komm, jetzt gehen wir unter die Dusche«, zudem stimuliert er einen Wettbewerb. Die Tatsache, daß Marie vorausrennt, deutet Herr P. zunächst so, daß sie den Wettbewerb gewinnen wollte. Es ist nach mehrmaligem Befragen aber auch nicht auszuschließen, daß es für Marie zumindest zusätzlich die Gelegenheit war, dem Schrecken zu entkommen. Im weiteren Verlauf wird das Mädchen das Gefühl gehabt haben, selbst über den weiteren Ablauf mitbestimmen zu können, denn Herr P. läßt es »entscheiden«, welches Shampoo sie jetzt benutzen. Dieses Gefühl wird in Maries Rückerinnerung eine große Rolle spielen, denn aus ihrer Sicht konnte sie unmöglich erkennen, daß er das Ziel bereits festgelegt hatte. Und Herr P. erkennt und sagt mit leiser Stimme: »Wenn sie das Ziel wüßte, würde sie sich ausgenutzt fühlen.«

Es ist anzunehmen, daß Marie aufgefallen war, daß Herr P. ihren Popo so lange wäscht, und auf die Frage, warum sie nicht eine entsprechende Frage stellte oder ihn zum Weitermachen an anderer Stelle aufforderte, ergibt sich, daß sie es ihm zuliebe akzeptierte, um sich wieder des scherzenden Onkels zu vergewissern. Beim Waschen seines erigierten Glieds hat Marie, so berichtet Herr P. nun, verlegen gelächelt. Wenn dies die erste Übergriffssituation war, so ist anzunehmen, daß Marie noch nie einen erigierten Penis gesehen hatte. Es müssen ihr also zumindest viele Fragen durch den Kopf gegangen sein. Warum hat sie sie nicht gestellt? Herr P. äußert, daß sie möglicherweise entweder versucht hat herauszufinden, was es damit auf sich hat, und deswegen beim Waschen seines Penis blieb, oder daß sie spürte, daß es für ihn die zentrale Situation ist – er hatte die Augen geschlossen und eine genießerische Haltung eingenommen – und deshalb ihm zuliebe dabei blieb. – Wie mag sie es erlebt haben, daß er sich (angeblich) plötzlich umdreht, bevor er zum Orgasmus kommt? Herr P. meint: »Gott sei Dank.« Wir können mit Herrn P. rekonstruieren, daß Marie, wenn sie in diesem Moment tatsächlich »Gott sei Dank« gedacht haben sollte, die Situation zuvor belastend oder bedrohlich empfunden haben muß. Es ist auch vorstellbar, daß Marie angesichts des plötzlichen Abbruchs der Situation so etwas wie ein schlechtes Gewissen hatte, sich vielleicht leise Selbstvorwürfe machte, denn sie könnte daraus geschlossen haben, daß sie es nicht gut genug gemacht hat.

Da Herr P. nach Beendigung der Situation wieder anfing Scherze zu machen, ist davon auszugehen, daß Marie jetzt erleichtert war und sich aufs Weiterspielen freute. – Wie mag Marie sich nach dieser Duschsituation gefühlt haben? Herr P.: »Sie wird sich nicht gut gefühlt haben.« – Warum nicht? »Na, das kann für sie ja nicht mit dem Scherzonkel zusammengepaßt haben, den sie sonst an mir kannte.«

Der Mißbraucher lernt auf diese Weise allmählich die emotionale Verwirrung, die Selbstzweifel, die zunehmende Selbstablehnung, die Scham- und Schuldgefühle des Kindes kennen. Schon während des Mißbrauchs und bis hierhin hat er das Kind in seiner Vorstellung »depersonalisiert«, er hat es gar nicht als eigene Persönlichkeit wahrgenommen, sondern lediglich als Verlängerung seiner selbst. Nun kann er lernen, wie bedrängt, bedroht, verletzt, entwürdigt und vielleicht auch seelisch ausgelöscht sich das Opfer fühlen kann. – Es ist ein eindrucksvoller Moment, wenn nach manchmal langer, zäher Arbeit detaillierten Fragens der Mißbraucher *selbst* im Blick auf das Kind erstmals solche *Gefühlsworte* findet. Es ist, als ob jemand erstmals versuchte, sich in einer Fremdsprache auszudrücken.

Übernahme der Verantwortung

Erst danach ist es möglich und sinnvoll, den Mißbraucher zu fragen, ob er sich bereit und in der Lage sieht, die Verantwortung für den Mißbrauch zu übernehmen. Es geht dabei nicht um ein äußerliches »Zugeben«, auch nicht um eine billige »Entschuldigung«, sondern darum,

– daß *er* sich der Tatsache stellt, den Mißbrauch geplant, aufgebaut und durchgeführt zu haben,

– daß er erkennt, was der Mißbrauch für das Kind bedeutet,

– daß er anerkennt, welche langfristigen Folgen der Mißbrauch für das Opfer hat.

Kriterium für das innere Vollziehen dieses Schrittes der Verantwortungsübernahme ist nicht einfach der – natürlich leicht daherzusagende – Satz: »Ich übernehme die Verantwortung«, sondern daß der Mißbraucher den Mißbrauch, seinen Aufbau, seine Umstände aus der Sicht des Kindes darstellen kann. Wenn er diesen Schritt – der Wochen dauern kann – durchgestanden hat, ist er der ehemalige Mißbraucher. Er ist jetzt der Klient. Er hat durch diesen Schritt erstmals aktiv Selbstachtung hergestellt. Er löst sich aus der zugrundeliegenden Ohnmacht, indem er sich seinen verdeckten Machtstrategien stellt.

Es ist möglich, diesen Schritt der Verantwortungsübernahme in Gegenwart des Opfers zu vollziehen. Voraussetzung ist, daß das Kind ebenfalls therapeutisch begleitet wird und dieser Konfrontation zustimmt. Fachpersonen, die das Kind und den ehemaligen Mißbraucher kennen, sollten ebenfalls anwesend sein. Diese Art der Konfrontation kann, wenn sie gut vorbereitet ist, für das Kind entlastend sein und dem ehemaligen Mißbraucher die Verantwortungsübernahme noch plastischer und erlebnisnäher machen.

Selbstkontrolle

Erneut die rekonstruierten Übergriffe und die Manipulationsmuster durchgehend, arbeiten wir als nächstes die persönlichen Risikofaktoren des ehemaligen Mißbrauchers durch. Jeder hat andere Auslöser für den Beschluß, ein Kind sexuell auszubeuten: Welche situativen Merkmale lösen bei ihm Kindersexphantasien aus? Sind es äußere Merkmale – alleine mit dem Kind in der Wohnung – oder eher Stimmungsmerkmale – aktuelle Gefühle der Einsamkeit oder der Wut etc.? Welche inneren Abläufe – Phantasien, Gefühle, Erinnerungen – gingen bei ihm den Übergriffen immer voraus – Gedanken an Frauen, an bestimmte Personen, an eigene Kindheitsbilder? Mit welchen Gedanken hat er sich schon vor dem Übergriff vor sich selbst gerechtfertigt?: »Die ist noch zu jung, um das zu kapieren«; »Ich habe eine Scheißwut im Bauch, jetzt steht mir Sex zu«; »Jetzt will ich mal wieder so richtig liebevoll zu ihr sein.«

Durch das Entwerfen verschiedener Szenarien, die seine persönlichen Risikofaktoren enthalten, versuchen wir gemeinsam, alternative Gedanken- und Handlungsabläufe zu finden, die Ärger, Einsamkeit, Ohnmachtsgefühle, Bedürfnis nach Sex, nach Macht konstruktiv beantworten können. »Konstruktiv« bedeutet immer »offen« – offen vor sich selbst, offen vor anderen Menschen – und »direkt«: direkt adressierte Wut z.B. kann nicht zu verdeckter Manipulation führen, direkt kenntlich gemachtes sexuelles Interesse kann nicht zu sexueller Ausbeutung führen etc.

Über den Mißbraucher hinaus?

In der Endphase drehen sich die Gespräche um die weitere Lebensplanung: Welche Art von Arbeit oder Beschäftigung kann dem Klienten Achtung und Anerkennung bringen? Wie will er in Zukunft Beziehungen gestalten? Darf ein Mann ohnmächtig, hilflos sein? Was erwarten Frauen von Männern?

Und jetzt kann auch ein Bedürfnis nach Psychotherapie entstehen, um eigene Verletzungen auszugleichen, eigene Ohnmachtsgefühle verstehen und akzeptieren zu können, die beschädigte männliche Identität annehmen und heilen zu können. –

Eine solche, die Kindheit und die Entwicklung aufarbeitende Psychotherapie führen wir bei den Männern, die an dem Programm teilnehmen, nicht selbst durch, wir verweisen weiter.

Erfolgskontrolle

Wir haben noch nicht genügend Erfahrung mit diesem Nachlernprogramm, um den langfristigen Erfolg einschätzen zu können. Eine nüchterne Skepsis ist angebracht. Nach Berichten der englischen Kolleginnen und Kollegen, die ein ähnliches Programm seit vielen Jahren durchführen, ist die Rückfallquote nach konsequenter Teilnahme an dem Programm 50% – ohne die Teilnahme 80%. Von einem Wundermittel kann man also nicht sprechen. Ob der Umlernprozeß den Mißbraucher wirklich innerlich berührt hat, oder ob dieser die vielen Stunden einfach nur abgesessen hat, um äußere Vorteile zu erreichen, bleibt manchmal offen. Jedenfalls sollte die Erfolgsfrage – hat der Teilnehmer wirklich gelernt, auf Grenzen zu achten und selbst Grenzen zu ziehen? – von unabhängigen, nicht an dem Programm beteiligten Kollegen beurteilt werden.

Therapie mit Opfern und Arbeit mit Mißbrauchern

Es wird erkennbar geworden sein, daß es Parallelen, spiegelbildliche Entsprechungen zwischen der Opfertherapie und dem skizzierten Umlernprogramm für Mißbraucher gibt:

– Beide Bereiche sind zunächst von Realitätszweifeln umnebelt.

– In beiden Bereichen ist die detaillierte Rekonstruktion des Faktischen unerläßlicher Ausgangspunkt der Arbeit.

– Das Opfer muß lernen, die Verantwortung von sich zu weisen. Der Mißbraucher muß lernen, die Verantwortung zu übernehmen.

– Beide können lernen, daß sie noch mehr sind als Opfer bzw. Mißbraucher.

– Für beide sind die Vorgänge nicht auslöschbar, für beide bleiben sie ein Teil der Biographie.

– Und sensationelle Erfolge pflegen sich in beiden Bereichen nicht einzustellen.

Die beschriebene Arbeit mit den Mißbrauchern führt bei gleichzeitiger Arbeit mit Opfern keineswegs zu einem Solidaritätskonflikt. Von feministischer Seite wird dieser Einwand manchmal vorgebracht. Im Gegenteil machen wir tatsächlich die Erfahrung, daß es die parteiliche Haltung bei der Aufdeckungsarbeit und Opfertherapie eher noch steigert, wenn man die Verleugnungen und Ausflüchte, die Taktiken der Ablenkung, die Kommunikationsstrategie der verdeckten Machtausübung »live« erlebt und erkennen und durchschauen lernt.

Nachwort – Die Macht und das Ich

Verdeckte Macht kann das Ich beschädigen. Offene, als solche sich zeigende Macht engt das Ich des Adressaten ein. Es wird sich entweder wehren oder sich fügen, sich anpassen. Wenn es sich anpaßt, weiß es, daß es sich anpaßt. Zwar erleidet es Zwang, aber es verliert sich nicht. – Verdeckte Macht beschädigt und verletzt das Ich des Gegenüber bis zur Annullierung und Zerstörung. Dieses Ich wird sich nicht wehren, weil es die Übermächtigung nicht erkennt. Es wird sich anpassen, ohne zu wissen, daß es sich anpaßt. Ein solchermaßen angepaßtes Ich verliert sich.

Sexueller Mißbrauch ist dafür nur ein Beispiel. Wir haben zu zeigen versucht, daß die verdeckten Strategien der Mißbraucher im Kern die gleichen sind, wie wir sie alle aus dem Erziehungsalltag und aus der alltäglichen Beziehung zu Abhängigen bzw. Dominierenden kennen. Wir kennen diese Strategien als Adressaten und auch als Absender. Es sollte gezeigt werden, daß die Folgen beim Mißbrauchsopfer die gleiche Struktur haben wie diejenigen der verdeckten Übermächtigung im Alltag. Die Annulierung des gegenüberstehenden Ich ist das Ziel, ihrer selbst nicht bewußte Anpassung die Folge.

So stellt sich sexueller Mißbrauch als ein zwischenmenschliches Verhalten dar, das nicht isolierbar und damit nicht zählbar ist. Die unfruchtbare Diskussion darüber, ob nun 25% oder 20% oder »nur« 10% der Frauen Mißbrauchserfahrungen haben, ob 10% oder 5% oder doch 20% der Männer ebenfalls mißbraucht wurden, drückt nur den Versuch aus, dieses Verhalten zu isolieren, vom Alltag abzugrenzen: »Also mein Herbert würde so etwas nie machen.« – Nebel ist nicht zählbar, wenn es auch Gradunterschiede gibt. Es gibt den Mißbrauch, der bis zum genitalen

Verkehr und in seltenen Fällen bis zu perversen Sexualpraktiken mit Kindern eskaliert. Es gibt den Mißbrauch, der in der Erotisierung des Beziehungsalltags mit Kindern verbleibt. Aber es gibt eine breite Grauzone, die den fließenden Übergang zwischen sexuellem Mißbrauch und den täglichen kleinen Übermächtigungen belegt, die gar nicht auf sexuelle Verfügung abzielen.

Der Streit über Zahlen, die Mediendiskussion darüber, ob das Mißbrauchsthema nun aufgebauscht wird oder nicht, der Triumph in einigen Presseorganen, sobald Fachleuten in Mißbrauchverdachtsfällen unbesonnenes Vorgehen nachgewiesen werden kann – warum triumphiert man nicht ebenso hämisch, wenn ein Arzt sich in der Diagnose z.B. einer Herzkrankheit vertut? –, der Fachstreit darüber, was nun genau zum Mißbrauch zu zählen ist und was nicht, die Verteidigungsstrategie mancher Mißbraucher, die die Vorgänge damit als harmlos hinstellen zu können meinen, daß sie »ja höchstens 2 cm weit eingedrungen« seien und es folglich zu einem »richtigen« Geschlechtsverkehr gar nicht gekommen sei – all dies zeigt nur, wie inbrünstig man bemüht ist, das Thema einzugrenzen. Man wäre insofern dankbar, wenn Mißbrauch einfach eine neu entdeckte Perversion – seitens der Mißbraucher – bzw. ein neu entdecktes Symptombild – seitens der Opfer – wäre.

Die Einordnung und Bewertung der Frauenbewegung, wonach Mißbrauch logischer Teil einer patriarchalischen Gesellschaftsstruktur und eines sexistischen Frauenbildes (Brockhaus / Kolshorn 1993) ist, war ein wichtiger Schritt des Verständnisses. Wir halten diese theoretische Charakterisierung nicht für verkehrt, aber für zu kurz gegriffen. Jungen zählen ebenfalls zu den Opfern, und auch Frauen mißbrauchen. Schon dies spricht gegen eine monokausale Erklärung des sexuellen Mißbrauchs. Versucht man, ihn als gesellschaftliches Phänomen zu verstehen, so geht es im Kern nicht um Sexualität, sondern um Macht. Jeder – ob Mann oder Frau –, der seines Ich nicht sicher ist, ist in Gefahr, sowohl verdeckte Machtstrategien einzusetzen wie Opfer verdeckter

Machtstrategien zu werden. Sicher mag es besonders Männern naheliegen, diesen Machteinsatz zu sexualisieren, aber potentiell betroffen, gefährdet sind wir alle. Das vehemente Eingrenzungsbedürfnis, das sich in der zähl- und definitionswütigen öffentlichen und fachlichen Diskussion ausspricht, weist nur auf diese potentielle Betroffenheit hin. Man möchte das Phänomen handhabbar machen, sich ihm gegenüberstellen können: Hier bin ich, und *dort* ist der Mißbrauch.

Wir wollten darstellen, daß diese Haltung an dem vorbeigeht, worum es sich beim Mißbrauch im Kern handelt: Jeder ist potentiell betroffen, nicht weil jeder potentiell Mißbraucher, auch nicht weil jede Frau sexuell mißbraucht ist, sondern jeder aus eigenem Erleben weiß, wovon die Rede ist, wenn von verdeckten Übermächtigungsstrategien und ihren Folgen gesprochen wird.

So ist der Mißbrauch, der die Unabgegrenztheit, die Verwischung der Grenzen zwischen zwei Ichen und damit die Ent-Individualisierung zur Strategie macht und der die Unabgegrenztheit beim Opfer zur Folge hat, selbst schwer einzugrenzen. Der Mißbrauch selbst ist unabgegrenzt und löst deshalb entweder Abgrenzungsbedürfnis oder Überidentifikation aus. Der gesellschaftliche Umgang mit dem Mißbrauch gleicht dem Umgang, den das Opfer und der Mißbraucher damit pflegen: er entgrenzt. Der eine wird sich deshalb abzugrenzen versuchen: »Mißbrauch ist doch nicht so schlimm«; »Prüde Feministinnen bauschen das Thema auf«; »So häufig kommt das doch gar nicht vor«; »Mißbrauch liegt nur vor, wenn körperliche Gewalt dabei ist« – der andere wird sich überidentifizieren: »Nahezu jede Frau hat Mißbrauchserfahrung«; »Jeder Mann ist mißbrauchsverdächtig.«

Wie schützt das Ich sich vor solcher Macht? Da gibt es wohl nur eine enttäuschend banale Antwort: durch Wachsamkeit. Aber wann ist dem Ich solche Wachsamkeit möglich? Welches Ich ist nicht gefährdet, durch verdeckte Machtstrategien übermächtigt zu werden? Und welches Ich hat es nicht nötig, zu solchen Strategien zu greifen? Es ist das geachtete Ich. Nur wenn wir schon beim kleinen Kind mit einer eigenständigen und eigenberechtigten Individualität rechnen, nur wenn wir schon beim kleinen Kind den keiner Fremdverfügung unterstehenden Ich-Kern, den geistigen Wesenskern sehen können, wird dieses Ich später wachsam sein können. Nur wenn wir unsere Erziehungsaufgabe darin sehen, dieses sich langsam herauskristallisierende Ich zu befördern und zu schützen, und nicht versuchen, es einflußnehmend zu prägen oder gar zu deformieren, wird die Geschichte des Mißbrauchs ein Ende finden.

Immer noch versteht sich Pädagogik, auch die alltägliche familiäre und schulische Pädagogik, als eine Erziehung »zu« etwas. Sind wir angesichts des immer schon eigenberechtigten Ich dazu befugt? Uns scheint eine Erziehungshaltung angemessener, die dem Kind Chancen gibt und sich für die sich ausbildende Individualität herzlich interessiert – statt schon vorab festgelegt zu haben, wohin sich das Kind entwickeln soll. Jeder verdeckte Machteinsatz in der Erziehung schwächt den kindlichen Adressaten in der Kraft seines Eigenseins und raubt damit etwas von unserer aller Zukunft.

Literatur

Arendt, Hannah, *Elemente und Ursprünge totalitärer Herrschaft,* Frankfurt 1955

Bange, Dirk, *Die dunkle Seite der Kindheit,* Köln 1992

Bange, Dirk / Ursula Enders, *Auch Indianer kennen Schmerz – Sexuelle Gewalt gegen Jungen,* Köln 1995

Brockhaus, Ulrike / Maren Kolshorn, *Sexuelle Gewalt gegen Mädchen und Jungen,* Frankfurt 1993

Broek, Jan van den, *Verschwiegene Not: Sexueller Mißbrauch an Jungen,* Zürich 1993

Bruder, Klaus-Jürgen / Sigrid Richter-Unger, *Monster oder liebe Eltern? – Sexueller Mißbrauch in der Familie,* Berlin – Weimar 1993

Bullens, Ruud, Ambulante Behandlung von Sexualdelinquenten innerhalb eines gerichtlich verpflichtenden Rahmens, in: Gabriele Ramin (Hrsg.), *Inzest und sexueller Mißbrauch,* Paderborn 1993

Davis, Laura, *Verbündete – Ein Handbuch für Partnerinnen und Partner sexuell mißbrauchter Frauen und Männer,* Berlin 1992

Deegener, Günther, *Sexueller Mißbrauch: Die Täter,* Weinheim 1995

Dorpat, Christel, *Welche Frau wird so geliebt wie du,* Berlin 1982

Elliot, Michele (Hrsg.), *Frauen als Täterinnen,* Berlin 1995

Enders, Ursula (Hrsg.), *Zart war ich, bitter war's – Handbuch gegen sexuelle Gewalt an Mädchen und Jungen,* Köln 1995

Enders, Ursula / Johanna Stumpf, *Mütter melden sich zu Wort,* Köln 1991

Gallé, Ingrid, *Sexueller Mißbrauch von Kindern durch den Lebenspartner – Formen der Bewältigung bei betroffenen Müttern,* Diss. Dortmund 1991

Gardiner-Sirtl, Angelika (Hrsg.), *Als Kind mißbraucht – Frauen brechen das Schweigen,* München 1983

Herman, Judith Lewis, *Die Narben der Gewalt,* München 1993

Heyne, Claudia, *Tatort Couch – Sexueller Mißbrauch in der Therapie,* Frankfurt 1995

Kavemann, Barbara / Ingrid Lohstöter *Väter als Täter,* Reinbek 1984

Kramer, J. / D. Alstad, *Die Guru Papers – Masken der Macht,* Frankfurt 1995

Lappessen, Katharina, *Was ist mit Anna?,* München 1990

Masson, Jeffrey M., *Was hat man dir du armes Kind getan?, Sigmund Freuds Unterdrückung der Verführungstheorie,* Reinbek 1984

Outsem, Ron van, *Sexueller Mißbrauch an Jungen,* Ruhnmark 1993

Ramin, Gabriele (Hrsg.), *Inzest und sexueller Mißbrauch,* Paderborn 1992

Rush, Florence, *Das bestgehütete Geheimnis: sexueller Kindesmißbrauch,* Berlin 1985

Steinhage, Rosemarie, *Sexueller Mißbrauch an Mädchen. Ein Handbuch für Beratung und Therapie,* Reinbek 1989

Wais, Mathias, Sexueller Mißbrauch – Biographie an der Schwelle, in: M. Straube / R. Hasselberg (Hrsg.), *Schwellenerlebnisse – Grenzerfahrungen,* Stuttgart 1994

Wirtz, Ursula, *Seelenmord – Inzest und Therapie,* Zürich 1989

Wyre, Ray / Anthony Swift, *Und bist du nicht willig ... Die Täter,* Köln 1991